成本管理会计

CHENGBEN GUANLI KUAIJI

主 编 张小红　副主编 李泽雄　李 辉

复旦大学出版社

序 言

编者从事高职会计专业教学工作多年,多次承担成本会计、管理会计、财务管理的教学任务,在教学中发现这三门课程的教学内容部分重合。为了整合课程教学内容,对这三门课程进行了教学改革,经过多年的探索,将三门课程整合为成本管理会计和财务管理两门课程。成本管理会计主要包括成本核算和成本分析等成本会计课程的内容以及成本控制、责任会计和短期决策等管理会计的内容,将管理会计中的长期投资并入财务管理课程。

本教材共计十四个项目,在各个项目中安排了不同的学习任务,在各个任务中通过案例分析来帮助学生完成基本理论和方法的学习,并在此基础上利用 Excel 完成技能训练。

本教材项目一至项目四介绍了成本核算的基本理论和方法;项目五至项目九介绍了传统成本核算方法,即品种法、分批法、分步法以及分类法等;项目十至项目十三介绍了成本分析、成本管理、成本控制与评价方法,即成本分析、变动成本法、标准成本法和责任成本;项目十四介绍了短期经营决策方法。

本教材项目一至项目六、项目十、项目十一由重庆工商职业学院张小红老师编写,项目七至项目八由李泽雄老师编写,项目九由刘龙峰老师编写,项目十二至项目十四由李辉老师编写。全书由张小红老师负责总编纂。

本教材主要适用于高职院校财会类专业学生学习,以及企业财务人员、经营人员进修学习。本教材作为高职院校会计核心课程体系改革的探索尝试,既需要先进的职教理念和理论作指导,也需要会计教学探索实践,在教学改革中,困难和问题在所难免,敬请同行赐教。

张小红

2017 年 5 月 31 日

目 录

项目一 总论 / 1

任务一 成本及费用概述 / 1
　　学习情景一 成本与费用的概念 / 1
　　学习情景二 费用成本的作用 / 3
任务二 成本管理会计概述 / 5
　　学习情景一 成本会计的概念和内容 / 5
　　学习情景二 成本会计工作的组织 / 8

项目二 成本会计核算的基本要求和一般程序 / 13

任务一 成本核算的基本要求和一般程序 / 13
　　学习情景一 成本核算的基本要求 / 13
　　学习情景二 成本核算的一般程序 / 15
任务二 生产费用和期间费用的总分类核算 / 18
　　学习情景一 费用的分类 / 18
　　学习情景二 生产费用和期间费用的总分类核算 / 23
任务三 技能训练 / 27

项目三 要素费用的归集与分配 / 29

任务一 各项要素费用的归集和分配 / 29
　　学习情景一 材料费用的归集与分配 / 29
　　学习情景二 外购动力费用的归集与分配 / 39
　　学习情景三 燃料费用的归集与分配 / 41

　　　　学习情景四　职工薪酬费用的归集与分配/42

　　　　学习情景五　折旧费用及其他费用的归集和分配/53

　　　　学习情景六　待摊费用和预提费用的归集和分配/54

　　任务二　辅助生产费用的归集和分配/56

　　　　学习情景一　辅助生产费用核算的账户设置及核算程序/56

　　　　学习情景二　辅助生产费用的分配方法/59

　　任务三　制造费用的归集与分配/69

　　　　学习情景一　制造费用的归集/69

　　　　学习情景二　制造费用的分配/74

　　任务四　损失性费用的归集与分配/78

　　　　学习情景一　废品损失的确认、归集与分配/78

　　　　学习情景二　停工损失的确认、归集与分配/84

　　任务五　技能训练/87

项目四　生产费用在完工产品与在产品之间的归集与分配/97

　　任务一　在产品数量的核算/97

　　　　学习情景一　在产品与完工产品的关系/97

　　　　学习情景二　在产品数量的核算/98

　　任务二　生产费用在完工产品与月末在产品之间的分配/100

　　　　学习情景一　不计算在产品成本法/100

　　　　学习情景二　在产品按固定成本计价法/100

　　　　学习情景三　在产品按所耗直接材料成本计价法/101

　　　　学习情景四　约当产量比例法/102

　　　　学习情景五　在产品按定额成本计价法/107

　　　　学习情景六　定额比例法/109

　　任务三　技能训练/112

项目五　产品成本核算概述/117

　　任务一　生产特点和管理要求对产品成本核算的影响/117

　　　　学习情景一　工业企业的生产类型及其特点/117

　　　　学习情景二　产品成本核算方法的确定/119

任务二　产品成本核算的主要方法／122

　　　　　学习情景一　产品成本核算的基本方法／122

　　　　　学习情景二　产品成本核算的辅助方法／123

　　　　　学习情景三　产品成本核算方法的应用／124

　　　任务三　技能训练／126

项目六　产品成本核算的品种法／127

　　　任务一　品种法核算的程序／127

　　　　　学习情景一　品种法的含义及特点／127

　　　　　学习情景二　品种法的成本核算程序／128

　　　任务二　品种法核算的应用／130

　　　任务三　技能训练／137

项目七　分批法的成本计算与核算／142

　　　任务一　一般分批法／142

　　　　　学习情景一　分批法的概念及特点／142

　　　　　学习情景二　一般分批法计算／144

　　　任务二　简化分批法／151

　　　　　学习情景一　简化分批法的特点／151

　　　　　学习情景二　简化分批法的计算程序／152

　　　　　学习情景三　简化分批法的局限性／156

　　　任务三　技能实训／157

项目八　分步法的成本计算与核算／161

　　　任务一　分步法概述／161

　　　　　学习情景一　分步法的概念及适用范围／161

　　　　　学习情景二　分步法的特点／162

　　　任务二　逐步结转分步法／164

　　　　　学习情景一　逐步结转分步法的含义及适用范围／164

　　　　　学习情景二　逐步结转分步法的计算程序／165

　　　　　学习情景三　半成品成本结转的方式／167

学习情景四　逐步结转分步法的优缺点／179

任务三　平行结转分步法／181

学习情景一　平行结转分步法的含义、适用范围和特点／181

学习情景二　平行结转分步法的计算程序／182

学习情景三　平行结转分步法与逐步结转分步法的比较／187

任务四　技能实训／188

项目九　产品成本核算的分类法／194

任务一　分类法的核算程序及应用／194

学习情景一　分类法的含义及适用范围／194

学习情景二　分类法的特点／195

学习情景三　分类法的核算程序／196

学习情景四　分类法的应用／197

任务二　副产品、联产品和等级产品的成本核算／205

学习情景一　联产品成本的核算／205

学习情景二　副产品成本的核算／209

学习情景三　等级产品成本的核算／211

任务三　技能训练／214

项目十　变动成本法／216

任务一　本量利分析／216

学习情景一　本量利关系／216

学习情景二　成本性态／217

学习情景三　本量利关系式／219

任务二　盈亏临界分析／224

学习情景一　盈亏临界分析／224

学习情景二　企业经营安全分析／225

任务三　变动成本法／227

学习情景一　变动成本法概述／227

学习情景二　变动成本法与全部成本法的比较／228

学习情景三　变动成本法的优缺点／239

　　　　学习情景四　变动成本法与全部成本法的结合应用／240

　　任务四　技能训练／244

项目十一　标准成本法／247

　　任务一　标准成本及其制定／247

　　　　学习情景一　标准成本的定义及种类／247

　　　　学习情景二　标准成本的制定／249

　　任务二　标准成本差异的计算与分析／254

　　　　学习情景一　标准成本差异概述／254

　　　　学习情景二　各种成本差异分析的计算与分析／254

　　任务三　标准成本系统账务处理的程序／260

　　　　学习情景一　标准成本系统账务处理的特点／260

　　　　学习情景二　标准成本系统账务处理的程序／261

　　任务四　技能训练／267

项目十二　成本报表编制与分析／269

　　任务一　成本报表的编制／269

　　　　学习情景一　成本报表概述／269

　　　　学习情景二　成本报表编制的基本要求／271

　　　　学习情景三　成本报表的编制／272

　　任务二　成本报表的分析／276

　　　　学习情景一　成本报表分析的内容／276

　　　　学习情景二　成本报表分析的方法／277

　　　　学习情景三　产品成本计划完成情况的分析／280

　　　　学习情景四　全部产品生产成本分析／281

　　任务三　技能训练／293

项目十三　责任会计／296

　　任务一　认识责任会计／296

　　　　学习情景一　责任会计与分权管理模式／296

　　　　学习情景二　责任会计的主要内容／297

任务二　责任中心及其考核/298
　　　　学习情景一　成本中心及其考核/298
　　　　学习情景二　利润中心及其考核/302
　　　　学习情景三　投资中心及其考核/307
　　　　学习情景四　部门业绩的报告和考核/310
　　任务三　技能训练/313

项目十四　短期经营决策/314

　　任务一　决策分析概述/314
　　　　学习情景一　短期决策分析/314
　　　　学习情景二　短期经营决策的一般方法/316
　　任务二　生产决策/325
　　　　学习情景一　新产品开发决策/325
　　　　学习情景二　是否接受追加特殊订货的决策/327
　　　　学习情景三　零部件是自制还是外购的决策/329
　　任务三　定价决策/333
　　　　学习情景一　成本加成定价法/333
　　　　学习情景二　市场基础定价法/335
　　任务四　技能训练/337

参考文献/339

项目一 总 论

> 【知识学习目标】 掌握成本、费用的基本含义及其作用,了解成本管理会计的主要内容和成本会计工作的组织。
> 【能力培养目标】 会确定具体的成本、费用项目。
> 【教学重点】 成本、费用的含义。
> 【教学难点】 成本与费用的区别。

任务一 成本及费用概述

学习情景一 成本与费用的概念

一、成本的概念

(一)成本是商品价值中的 C+V 部分

商品是使用价值和价值的统一。商品价值取决于生产该种商品的社会必要劳动量。它由三个部分构成:一是生产中已消耗的生产资料的价值(C);二是劳动者为自己劳动所创造的价值(V);三是劳动者为社会劳动所创造的价值(M)。在商品价值的三个构成部分(C、V、M)中,成本是前两部分的价值之和,即成本是商品价值中的 C+V 部分。

成本是一个价值范畴,它同价值有着密切联系。成本是商品生产(广义的商品生产包括生产产品和提供劳务等)过程中已消耗的生产资料的价值与劳动者为自己劳动创造的价值之和。

(二) 成本是企业为生产产品、提供劳务等发生的各种耗费

成本是商品价值中的 C+V 部分。对成本概念的这一表述说明了成本的经济实质，但这只是一种"理论成本"。商品价值必须以货币形式来表现，商品生产过程中已消耗的生产资料的价值和劳动者为自己劳动所创造的价值都要以货币形式来表现。商品生产过程中已消耗的生产资料的价值表现为固定资产折旧费、材料费等耗费；劳动者为自己劳动所创造的价值表现为人工等耗费。因此，成本是企业生产产品、提供劳务等发生的各种耗费。

企业产品(商品)生产经营过程中发生的耗费是多种多样的。为了经济核算和成本管理的需要，这些耗费有的应当计入所生产产品和提供劳务的成本；有的作为期间费用，直接计入当期损益。成本是企业为生产产品、提供劳务等所发生的各种耗费，这一表述说明的是"实际成本"。

为了确保会计信息口径一致、相互比较，应当对企业产品成本、劳务成本包括的各种耗费的范围作出具体规定。企业对于哪些耗费应当计入产品成本、劳务成本，哪些耗费不应当计入产品成本、劳务成本所作的规定通常称为成本开支范围。对于成本开支范围，企业应当采用国家规定的、一致的会计政策。

二、费用的概念

(一) 费用

费用是指企业在日常活动中发生的、会导致所有者权益减少、与向所有者分配利润无关的经济利益的总流出。这里的费用包括营业成本和管理费用、销售费用、财务费用、资产减值损失等。

费用只有在经济利益很可能导致企业资产减少或者负债增加，且经济利益的流出额能够可靠计量时才能予以确认。

企业为生产产品、提供劳务等发生可归属产品成本、劳务成本等的费用，应当在确认产品销售收入、劳务收入等时，将已销售产品(商品)、已提供劳务的成本等计入当期损益。企业已销售产品(商品)和已提供劳务的成本称为营业成本，营业成本是企业费用的主要组成部分。

企业发生的支出不产生经济效益或者即使能够产生经济效益但不符合或者不再符合资产确认条件的，企业发生的交易或者事项导致其承担了一项负债而又不确认为一项资产的，都应在发生时确认为费用，直接计入当期损益。直接计入当期损益的费用包括管理费用、销售费用、财务费用和资产减值损失等。管理费用、销售费用和财务费用等项目通常称为期间费用。

(二) 生产费用

生产费用是指企业一定时期内在生产产品(商品)和提供劳务过程中发生的各种耗

费。生产费用中不包括期间费用。

生产费用和期间费用都是企业生产经营过程中发生的耗费,它们的区别在于:生产费用是计入产品成本的耗费;期间费用是不计入产品成本而直接计入当期损益的耗费。在实际工作中,可以将企业的生产费用和期间费用等合称为生产经营费用。

本书讲述的成本,指的是产品成本和劳务成本。产品成本是指企业为生产一定种类和数量的产品所发生的各种耗费的总和;劳务成本是指企业为提供一定种类和数量的劳务所发生的各种耗费的总和。

生产费用和产品成本、劳务成本在经济内容上是完全一致的,都是以货币形式表现的折旧费、材料费、人工费等物化劳动和活劳动的耗费。生产费用应当计入所生产产品、所提供劳务的成本;产品成本、劳务成本也是对象化的生产费用,只有生产费用才计入产品成本、劳务成本。因此,产品成本也称为产品生产成本或产品制造成本。

生产费用与产品成本、劳务成本的区别在于:生产费用与一定会计期间相联系;产品成本、劳务成本与一定种类和数量的产品、劳务相联系。从一定会计期间(月度、季度、半年度、年度)来看,一个企业的生产费用总额与其完工产品成本、完成劳务成本的总额不一定相等。

上述生产经营费用、生产费用、产品成本、期间费用、费用等概念的关系如图1-1所示,图中所指的产品是广义的产品,包括提供的劳务。

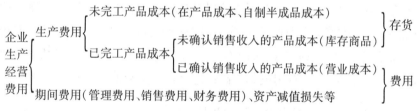

图1-1 费用、成本等概念的关系图

学习情景二　费用成本的作用

一、费用成本是补偿耗费的尺度

企业的生产经营过程也是生产耗费过程。企业在生产经营活动中耗费了什么,耗费了多少,是通过费用成本指标来反映的。为了保证再生产的顺利进行,生产经营活动中的耗费需要用企业的收入来补偿。也就是说,企业在取得营业收入以后,需要把相当于费用的部分划分出来,用于重新购买原材料、支付职工薪酬和其他费用,使企业生产经营过程中的各种耗费得到补偿。企业实现的营业收入减去营业成本、管理费用、销售费用、财务费用、资产减值损失等费用和营业税金及附加,等于营业利润。费用越低,营业利润就越高。费用成本这一补偿费用的尺度,对正确计算企业利润有重要意义。

二、费用成本是综合反映企业工作质量的重要指标

费用的发生和成本的形成与企业生产经营各个环节、各个方面的工作质量有紧密联系。企业产品产量的多少、产品质量的好坏、原材料使用的节约与浪费、工人劳动生产率的高低、职工平均工资的增减、机器设备等固定资产的利用程度、废品率的高低以及企业生产经营管理水平的高低等,都会或多或少、直接或间接地反映在费用成本上。因此,费用成本指标可以综合反映企业各个方面的工作质量。

三、费用成本是制定商品价格的重要依据

企业生产经营过程中的各种耗费需要通过销售收入来补偿,销售收入的多少取决于销售数量和销售价格两个因素。在市场经济条件下,企业必须独立核算、自负盈亏。为了企业的生存与发展,在确定商品销售价格时必须考虑费用成本这一重要因素。如果单位商品的销售价格低于其应补偿的费用和成本,则商品的生产量和销售量越大,企业亏损就越多。只有商品价格高于其应补偿的费用和成本,才能产销量越大、利润越多。

当然,在实际工作中,商品销售价格的制定是一项复杂的工作。在确定商品价格时,要考虑国家价格政策、产业政策和其他经济政策,以及产品比价关系、市场供求关系、企业在市场竞争中的态势等诸多因素,并不能直接根据企业自身的成本水平来制定商品价格,但在诸多因素中,费用成本的高低总是值得重视的一项重要因素。

四、费用成本是企业进行决策的重要依据

市场经济条件下,为了提高经济效益,企业必须及时作出正确的生产经营决策。在生产经营决策中需要考虑的因素很多,其中一个重要方面就是有关费用成本的资料。控制好费用成本,才可能有较好的经济效益和较强的竞争能力。

任务二　成本管理会计概述

学习情景一　成本会计的概念和内容

一、成本会计的概念

成本会计是运用会计的基本原理和一般原则，采用一定的技术方法，对企业生产经营过程中发生的各种耗费和产品（劳务）成本进行连续、系统、全面、综合的核算和监督的一种管理活动。

成本会计是现代会计的一个重要分支，它必须遵循会计的基本原理和一般原则。成本会计属于专业会计，具备会计的基本特征：以货币为主要计量单位；对其对象的核算和监督具有连续性、系统性、全面性和综合性。

成本会计的对象是企业日常活动中发生的各项费用和生产产品、提供劳务等的成本。产品成本、劳务成本是对象化的生产费用，企业为生产产品、提供劳务等发生的可归属于产品成本、已提供劳务的成本等确认为费用，应当在确认产品销售收入、劳务收入等时，将已销售产品、已提供劳务的成本等确认费用计入当期损益。费用、成本是密切联系的，都是成本会计的对象。从这一意义上来说，成本会计实际上是成本、费用会计。

成本会计是一种专业会计，它的基本职能与会计的基本职能相同，即具有核算和监督两个基本职能。监督职能又可以扩展为预测、决策、计划、控制、分析、考核和检查等诸多职能。在成本会计的诸多职能中，成本核算是基础，没有成本核算，其他各项职能都无法实现。因此，狭义的成本会计仅指进行成本核算的会计；广义的成本会计则是指进行成本预测、决策、计划、控制、核算、分析、考核和检查等管理活动的会计，即成本管理会计，本书以广义成本会计（成本管理会计）选取教学内容。

二、广义成本会计的内容

广义成本会计（成本管理会计）作为企业的一种重要管理活动，包括成本预测、成本决策、成本计划、成本控制、成本核算、成本分析、成本考核和成本检查等具体内容。

（一）成本预测

成本预测是根据成本数据和其他有关资料，运用定量分析和定性分析的方法，对企业未来成本水平及其变动趋势作出科学估计。

通过成本预测掌握企业未来的成本水平及其变动趋势,可以提高成本管理的科学性和预见性,可以为成本决策、成本计划和成本控制提供及时有效的信息。从成本管理的环节来说,成本预测是第一个环节。

企业在日常生活中经常需要进行成本预测。例如,编制成本计划前,需要对计划成本和成本降低的幅度进行预测;计划执行过程中,需要对计划完成情况和计划期末的成本水平及其变动趋势进行预测;企业在新建、改建和扩建以及在新产品设计和老产品改造的过程中,也需要进行成本预测。

(二)成本决策

决策是一个过程,它是制定备选方案并从中选择最优方案的过程。成本决策是在成本预测的基础上,根据企业的具体情况制定优化成本的各种可行性方案,并运用决策理论和方法对各种备选方案进行比较、分析,从中选择最优方案,决定应该达到的成本目标及应该采用的有关保障措施。

企业生产经营过程中的许多决策实际上就是成本决策。如企业新产品设计方案的选择、老产品改造的决策、零部件自制或外购的决策、自制半成品直接出售或继续加工的决策、外购材料和商品经济采购批量的决策、产品生产中经济投料批量的决策、产品质量成本的决策等都涉及备选方案之间的成本比较问题。

(三)成本计划

成本计划是在成本预测和决策的基础上,具体规定计划内企业生产费用和期间费用数额,以及各种产品的成本水平和降低任务。成本计划通常包括生产费用预算、期间费用预算、产品总成本计划、产品单位成本计划、可比产品降低计划及完成计划的措施等。

成本计划是一种书面文件,一经确定便对企业各个生产单位和职能部门具有约束力。它是企业进行成本控制、成本分析和成本考核的重要依据。成本计划也是企业编制利润计划、流动资产占用量计划等的依据。

(四)成本控制

成本控制是企业在生产经营费用的发生和产品成本的形成过程中,依据成本计划所规定的费用预算和成本标准,及时调节影响费用成本的各项因素,把各项费用的发生和产品成本的形成限制在成本计划和成本标准的范围内。

费用和成本是反映企业工作质量的综合经济指标。成本控制的范围涉及企业生产经营的各环节、各职能部门及生产单位。成本控制的内容包括企业人力、物力、财力消耗的每一项费用开支。

(五) 成本核算

成本核算是对企业生产经营过程中发生的费用和形成的产品所进行的核算。它是会计核算的重要内容,包括各项费用的核算和产品成本的核算。成本核算是会计核算的方法之一。

(六) 成本分析

成本分析是根据成本计划资料、成本核算资料以及其他有关资料,运用一系列专门方法,揭示影响费用发生和成本形成的各种因素,评价各个因素变动对费用预算和产品成本计划完成情况的影响程度,以挖掘企业降低成本、节约费用的潜力。成本分析通常包括生产费用和期间费用预算完成情况分析、产品总成本计划完成情况分析、主要产品单位成本计划完成情况分析、主要技术指标变动对成本影响的分析、不同企业之间同类型产品成本和期间费用的对比分析,以及车间、班组的成本分析等。

(七) 成本考核

成本考核是根据成本计划资料和成本核算资料,并结合成本分析资料和其他有关资料,定期进行企业成本计划完成情况的考察与评价。它是评价企业成本管理工作的成绩、检验成本管理目标是否实现的一项重要工作。

成本考核要以企业和各个责任者(单位或个人)为对象,以责任者可以控制的成本为界限,并按责任归属来核算和评价其工作业绩。成本考核要与奖惩制度结合起来,根据成本管理工作的业绩来决定奖惩,以充分调动各个责任者完成预定目标的积极性。

(八) 成本检查

成本检查(也称成本审查)是会计检查的一个重要方面,它通过对各项生产经营费用和商品产品成本的审核,检查企业各项费用支出的合法性、合理性(效益型)和真实性,以及商品产品成本计算的正确性。

通过成本检查,可以促使企业遵守国家有关法规和财政、财务、会计制度,正确划分成本和盈利的界限;同时,可以发现企业费用成本管理中挥霍浪费等不良现象和贪污舞弊等违法行为,以节约费用、降低成本、堵塞漏洞、防止舞弊。

成本检查既包括企业内部成本会计工作人员的日常审核和监督,又包括企业外部有关人员定期或不定期地对企业成本费用的审查。成本检查也是企业内部审计和外部审计工作的重要内容。

上述八个方面的内容互相联系、互相依存,构成企业成本会计工作的有机整体。成本预测是成本决策的前提,成本预测资料是企业进行成本决策的重要依据,成本决策又是成本预测的结果。成本计划是成本决策所确定的成本目标的具体化,又是企业进行成本控制、成本分析和成本考核的依据。成本控制是对企业成本计划的执行情况进行监督,保证成本决策目标实现的手段。成本核算通过对企业发生的各项费用和形成的产品成本进行核算,可以反映成本计划的实施结果,检验成本决策目标是否实现。成本核算和成本计划资料是企业成本分析的依据,成本分析则可以查明企业成本计划的完成程度和实际脱离计划的原因。成本考核依据企业成本计划、成本核算和成本分析的资料对责任者进行考核和评价,是实现成本决策目标、强化成本核算作用的重要手段。成本检查是成本核算的继续和深化,是保证企业成本核算资料的真实性、合法性、合理性的重要手段。

学习情景二　成本会计工作的组织

一、成本会计的机构和人员

为了完成成本会计的任务,企业应当合理设置成本会计机构,配备好专职或兼职的成本会计人员,并且严格按照与成本会计有关的法律、规章、制度等进行工作。

(一) 成本会计机构的设置原则

成本会计机构是企业负责组织领导和直接从事成本会计工作的职能部门,是企业会计机构的重要组成部分。企业应当在保证成本会计工作质量的前提下,按照节约成本会计工作时间和费用的原则,设置成本会计工作机构。

(二) 成本会计机构内部的组织分工

企业总部成本会计机构内部的组织分工,可以按照成本会计的职能来划分。成本会计包括预测、决策、计划、控制、核算、分析、考核和检查等职能,在企业总部成本会计机构内部可以设置成本核算、成本分析和成本检查等专门小组。

企业总部成本会计机构内部的组织分工,也可以按照成本会计的对象来划分。成本会计的对象包括产品成本和期间费用,在企业总部成本会计机构内部也可以设置产品成本核算和分析、期间费用核算和分析等专门小组。

(三) 企业内部各级成本会计机构的分工

企业总部和生产单位(分厂、车间)等各级成本会计机构之间的组织分工,既可以采用集中工作方式,也可以采用分散工作方式。

1. 集中工作方式

集中工作方式是指企业成本会计中的成本核算和分析等方面的工作,主要由总部成本会计机构集中进行。采用这种方式,分厂、车间等生产单位一般不设置专门的成本会计机构,只配备专职或兼职的成本核算人员,负责有关原始凭证的填写、审核、整理和汇总,为总部成本核算和成本分析工作提供资料。

采用集中工作方式,不但可以减少成本会计机构的层次和成本会计人员的数量,而且有利于企业总部集中使用电子计算机对成本数据进行处理,及时掌握企业有关成本的全面信息。但如果在大中型企业中采用这种方式,既不便于直接从事产品生产和劳务供应的各生产单位及时掌握本单位的成本信息,也不利于调动生产单位和生产工人在节约费用、控制成本方面的积极性,并且可能影响成本管理经济责任的实施。

2. 分散工作方式

分散工作方式是指企业成本会计中的核算和分析等方面的工作,由各分厂、车间等生产单位、其他有关部门和企业总部的成本会计机构或人员分别进行。企业总部成本会计机构负责对各生产单位和有关部门的成本会计机构和人员进行业务上的指导和监督,并对企业成本进行综合的预测、决策、计划、控制、核算、分析、考核和检查。

采用分散工作方式,增加了成本会计工作的时间和费用,但有利于成本费用的分级管理和责任成本的核算,有利于调动企业各个方面和全体职工增产节约、降低成本的积极性。

企业应当根据自身生产经营的特点和成本管理的要求,确定企业内部各级成本会计机构的分工。一般来说,大中型企业宜采用分散工作方式,小型企业宜采用集中工作方式。企业也可以将两种方式结合应用,例如,重要生产单位采用分散工作方式,其他部门和单位采用集中工作方式。

(四)成本会计人员

在企业成本会计机构中,配备好成本会计人员,提高成本会计人员的素质,是做好成本会计工作的前提。为了提高成本会计工作的效率,保证成本会计信息的质量,在成本会计机构内部和会计人员中应当建立岗位责任制,定岗、定编、定责,明确分工,各司其职。应当重视和加强成本会计人员的职业道德教育和业务培训,让每一个成本会计人员都明确自己的职责和权限,胜任自己的工作。

二、与成本会计有关的法律、行政法规、规章和制度

企业成本会计机构和会计人员必须严格按有关法律、行政法规和规章制度的规定组织成本核算,实行会计监督。与成本会计工作有关的法律、行政法规和规章制度可以

分为以下三个层次。

（一）中华人民共和国会计法

《中华人民共和国会计法》（以下简称《会计法》）是我国会计工作应遵循的基本法律，是制定会计方面其他法律、行政法规和规章制度等的依据。

企业成本会计机构和人员，必须按照《会计法》办理会计事务。例如，《会计法》第二十五条规定，公司、企业必须根据实际发生的经济业务事项，按照国家规定确认、计量和记录资产、负债、所有者权益、收入、费用和利润；第二十六条规定，公司、企业不得随意改变费用、成本的确认标准或者计量方式，不得虚列、多列、不列或者少列费用、成本。这些都是企业在进行成本核算时应当严格遵守的。

（二）企业会计准则

我国新企业会计准则体系包括基本准则、具体准则和应用指南等，属于法规体系的组成部分。以财政部部长令形式发布的《企业会计准则——基本准则》属于部门规章，以财政部文件形式发布的《企业会计准则第1号——存货》等38项具体准则和《企业会计准则——应用指南》属于规范性文件。

企业会计准则是指导企业进行会计核算的统一规范，企业进行成本核算、成本监督、设置成本会计机构和配备成本会计人员等，都应当遵循《会计法》和企业会计准则的规定。

（三）企业内部的会计制度和成本核算方法

企业成本会计实务必须由企业内部会计制度和成本核算办法等来规范。也就是说，企业内部的会计制度和成本核算方法，是企业组织费用和成本核算、处理各项具体会计成本会计业务的直接依据。

企业制定的内部会计制度和成本核算方法，必须符合《会计法》和企业会计准则的要求；必须适应企业生产经营活动和业务活动的特点；必须满足企业加强成本管理和成本监督的要求。

三、成本会计的基础工作

从经济内容来说，费用成本都是以货币形式表现的物资消耗和劳动报酬。要组织好成本会计工作，算好和管好费用成本，必须算好和管好各项实物消耗和工时消耗，并且做好以下各项基础工作。

（一）建立和健全原始记录制度

原始记录是反映企业生产经营活动的原始资料，是企业进行费用和成本核算，分析消耗定额、费用预算和成本计划完成情况的依据。企业必须建立、健全原始记录制度，及时提供真实可靠、内容完整的原始记录。原始记录制度应当明确企业各种原始记录的取得、登记、传递和保管等方面的工作程序和责任。企业原始记录主要包括：反映生产经营活动及其成果的原始记录，如生产通知书、产品入库单、废品报告单等；反映材料物资动态的原始记录，如领料单、退料单、材料盘点盈亏报告单等；反映劳动耗费的原始记录，如考勤记录、加班加点记录、工资结算单等。

（二）建立和健全定额管理制度

定额是企业根据本单位当前的生产条件和技术水平，充分考虑各方面的因素，在生产经营成果的数量和质量，以及人力、物力和财力的消耗等方面所规定的应达到的标准。各项定额是企业制定成本计划、实施成本控制和进行成本分析的重要依据。企业从总部到生产单位（车间、分厂）以及班组都应建立和健全定额管理制度。在制度中，应当明确企业定额的内容（种类），制定和修改定额的程序，定额完成情况检查、考核和分析的方法等。

企业定额按其反映的内容，主要分为原材料消耗定额、燃料和动力消耗定额、工具模具消耗定额、设备利用定额、工时消耗定额（产量定额）和各项费用（制造费用和期间费用）定额等。企业制定的定额应当既先进又切实可行，并且要随着企业生产条件、技术水平和管理要求的变化及时修订。

（三）建立和健全计量验收制度

计量验收是对各项财产物资的收、发、领、退进行正确的数量计算，并根据技术标准鉴定其质量的方法。它是正确计算费用成本的前提。企业必须建立和健全计量验收制度，明确计量器具标准，质量检验的程序和机构，各项财产物资的收、发、领、退的程序和手续要求等。为此，企业应当根据实际情况，配备各种必要的度、量、衡工具和有关的仪器、仪表等计量工具，并定期进行检修、校正；企业应当设立质量检测机构，指定专人负责计量验收工作。

财产清查是会计核算的一种专门方法，在建立和健全计量验收制度工作中，要注意做好财产清查工作。企业应当定期或者不定期地进行财产清查，及时处理各项财产物资的盘盈、盘亏、毁损、报废，做到账实相符。只有对原材料、自制半成品、在产品、产成品等加强实物管理，才能保证费用成本计算的真实和正确。

（四）建立和健全内部结算价格制度

内部结算价格是指企业对原材料、自制零部件、半成品和内部各生产单位相互提供的劳务（如修理、运输、动力等）制定的在企业内部各部门、各生产单位之间进行结算的价格。建立和健全内部结算价格制度,以合理的内部结算价格作为企业内部结算和考核依据,可以分清内部各单位的经济责任,考核和分析内部各单位费用预算和成本计划的执行情况,并简化和加快成本核算工作。

　　上述四个方面既是成本核算的基础工作,也是企业成本会计以及财务管理必须加强的基础工作。在四项基础工作中,原始记录、计量验收和定额管理制度是最基本的三项,没有这三个方面的基础工作,成本会计和其他企业管理工作就无法进行。

项目二　成本会计核算的基本要求和一般程序

【知识学习目标】　掌握成本核算中各种界限的划分；了解成本核算的一般程序；掌握成本按经济性质和经济用途的分类。

【能力培养目标】　会设置成本核算总分类科目和明细科目。

【教学重点】　成本核算的基本要求：划分各种支出的界限、各期费用成本的界限、产品成本与期间费用的界限、各种产品成本的界限、本期完工产品成本与期末在产品成本的界限。成本核算的一般程序：按成本核算对象归集和分配生产费用、在本期完工产品和期末在产品之间分配生产费用。生产费用（产品成本）和期间费用的内容及其总分类核算。

【教学难点】　划分各种支出的界限、各期费用成本的界限、产品成本与期间费用的界限、各种产品成本的界限、本期完工产品成本与期末在产品成本的界限。

任务一　成本核算的基本要求和一般程序

学习情景一　成本核算的基本要求

一、正确划分各种支出的界限

一个会计主体在其业务活动中会发生多种性质的支出，除了与正常生产经济活动有关的支出外，还有资本性支出、福利性支出、营业外支出等。在企业支出中，只有在日常活动中发生的与正常生产经营活动有关的支出，才称作生产经营费用（生产费用和期间费用）。为了正确计算产品成本和期间费用，企业首先应当正确划分应计入产品成本和期间费用的生产经营费用与不应计入产品成本和期间费用的其他各种支出的界限。

正确划分各种支出的界限,也称为严格费用成本的开支范围。企业必须按照国家有关规定采用一致的会计政策,严格费用成本开支范围。

例如,企业为购置和建造固定资产、无形资产和其他资产的支出,以及对外投资的支出等,都属于资本性支出,应当计入固定资产、无形资产等资产的价值,不能计入费用成本;企业支付职工福利费、交纳社会保险费和住房公积金等,只能由"应付职工薪酬"支付,不能再计入费用成本;企业发生的非流动资产处置损失、非货币性资产交换损失、债务重组损失、公益性捐赠支出、非常损失、盘亏损失等,只能列入"营业外支出",不能计入费用成本;企业向投资者支付股利或利润,应当由"应付股利"开支,不能计入成本费用。

二、正确划分各期费用成本的界限

对于可以计入费用成本的支出,企业应当根据权责发生制原则,正确划分各期费用成本的界限。按照权责发生制原则,凡是本期已经发生的费用成本,不论其款项是否已经付出,都应当作为本期费用成本入账;凡是不属于本期费用成本的支出,即使款项已经在本期付出,也不应当作为本期的费用成本处理。正确划分各期费用成本的界限,是合理确定各期产品成本和期间费用、正确计算各期营业损益的需要。

为了按期结算费用,计算本期产品成本和期间费用,企业发生的不能全部计入当年损益,应在以后年度内分期摊销的租入固定资产改良支出等,应当记作"长期待摊费用",在受益期限内平均摊销。

严格掌握"长期待摊费用"的摊销,对于正确计算各期产品成本和如实反映各期期间费用有重要意义。要注意防止利用"长期待摊费用"等项目来调节各期费用成本(产品成本和期间费用),虚增或者虚减企业利润的错误做法。

三、正确划分产品成本和期间费用的界限

在正确区分各种支出和各期费用成本的基础上,还应当正确划分产品成本和期间费用的界限。企业生产经营费用包括生产费用和期间费用,生产费用构成产品生产成本,期间费用直接计入当期损益。为了正确计算产品成本和营业损益,应当计入产品成本的费用,企业不得列为期间费用;应当列作期间费用的支出,企业不得计入产品成本。

四、正确划分各种产品成本的界限

为了正确计算各种产品的成本,可以计入本期产品成本的各项生产费用,还必须在各种产品之间进行划分。应计入本期产品成本的各项生产费用,有两种情况:一是能够直接计入某种产品成本的;二是多种产品共同发生的。正确划分各种产品成本的界限,要求凡是能够分清由某种产品成本负担的费用,应当直接计入该种产品的成本;凡是不

能分清由哪种产品成本负担,即由几种产品成本共同负担的费用,应当按照收益原则,采用合理的分配标准,在各种产品之间进行分配之后,再计入各种产品的成本。

五、正确划分本期完工产品成本与期末在产品成本的界限

企业本期发生的生产费用,经过在各种产品之间进行划分,确定了各种产品应负担的生产费用。为了分期确定损益,企业需要分期计算产品成本。企业期末计算产品成本时,除了本期已完工产品外,还可能有未完工的产品(期末在产品)。这样,为了正确计算出本期完工产品的实际总成本和单位成本,必须正确划分本期完工产品成本与期末在产品成本的界限。企业期末计算产品成本时,应当注意核实期末在产品的数量和完工程度,采用合理的分配方法,将已经计入该种产品成本的生产费用在本期完工产品和期末在产品之间进行分配,正确计算本期完工产品的实际总成本和单位成本。企业不得以计划成本、估计成本或者定额成本代替实际成本,不得任意压低或者提高本期完工产品成本和期末在产品成本。

学习情景二　成本核算的一般程序

企业可以根据生产经营特点、生产经营组织类型和成本管理的要求,自行确定成本计算方法。不同生产工艺过程和生产组织的企业,其成本计算的具体方法是不同的,企业内部不同的生产部门(车间、分厂)也可以采取不同的成本计算方法。但是,产品成本计算的目的在于控制生产过程中的耗费,计算出各个成本核算对象的实际总成本和单位成本。为了达到这一目的,首先,应当对企业所发生的生产经营费用进行审核和控制,确定本期生产经营费用应计入产品成本和期间费用的数额;其次,应当将计入本期产品成本的生产费用在各个成本核算对象之间进行归集和分配,计算出各个成本核算对象本期发生的生产费用;第三,如果某成本核算对象既有本期已完工产品,又有期末在产品,还要在本期完工产品和期末在产品之间分配生产费用,以确定该成本核算对象本期完工产品的实际总成本和单位成本。因此,各个企业成本核算的一般程序是相同的,都可以归纳为上述三个步骤。

一、生产经营费用的审核和控制

生产经营费用的审核和控制,是以国家有关法律、行政法规和规章以及企业内部有关制度和管理方法为依据,审核和控制生产经营费用的开支,以确定应计入本期产品成本和期间费用的数额。

生产经营费用的审核和控制实际上就是本项目学习情景一中所讲述的要正确划分

各种支出的界限、正确划分各期费用成本的界限、正确划分产品成本和期间费用的界限。企业应当严格遵守国家规定的费用成本开支范围,严格按照企业内部财务会计制度和成本费用核算方法所规定的费用审核标准,进行生产经营费用的审核和控制。企业只有对所发生的费用支出进行严格的审核和控制,才能够正确确定应计入产品成本和期间费用的数额。

二、生产费用在各个成本核算对象之间进行分配和归集

成本核算对象是指企业承担费用的对象。确定了成本核算对象,也就解决了生产费用应由谁负担、分配给谁、按什么目标来归集等问题。企业发生的生产经营费用,有的应当计入产品成本,有的应当计入期间费用。企业计入产品成本的生产费用,应由各种产品来负担。这样,各种产品就是企业的成本核算对象。企业的成本核算对象除了产品品种外,还可以是产品批次、产品类别或者生产步骤等。产品成本核算对象一经确定,不得随意变更。如需变更,应当根据惯例权限,经股东大会或董事会,或经理(厂长)会议或类似机构批准,并在会计报表附注中予以说明。

生产费用在各个成本核算对象之间进行分配和归集,实际上就是本项目学习情景一所讲的要正确划分各种产品成本的界限,以正确确定本期应计入各种产品(各成本核算对象)成本的费用。这里,必须注意以下三点:

(1) 分配和归集生产费用必须按成本项目进行。成本项目是指构成企业产品生产成本的项目,一般分为直接材料、直接人工和制造费用。多个成本核算对象共同消耗的直接材料、直接人工和制造费用,在生产过程中发生的情况不同,必须采用不同的分配方法进行分配。

(2) 需要进行分配和归集的,只是本期发生的生产费用。以前各期发生的生产费用已经在当期分配给了各成本核算对象。

(3) 分配生产费用的方法多种多样,分配生产费用的原则只有一个,就是受益原则。按照受益原则分配和归集生产费用,对能直接计入各成本的核算对象的生产费用,应当直接计入;不能直接计入的,应当按照受益程度的大小分配计入各成本核算对象。

经过费用的审核和控制以及生产费用在各成本对象之间的分配这两个步骤,确定了本期发生的应计入各成本核算对象的生产费用。如果没有期末在产品,则各成本核算对象所归集的生产费用就是本期完工产品成本;如果本期没有完工产品,则各成本核算对象所归集的生产费用就是期末在产品成本;如果既有本期完工产品,又有期末在产品,则还需进行下一个步骤。

三、生产费用在本期完工产品和期末在产品之间进行分配

如果本期既有完工产品又有期末在产品,各成本核算对象所承担的生产费用还应

当在本期完工产品和期末在产品之间进行分配。这里应当注意以下两点：

（1）生产费用的分配应当分成本项目进行，不同成本项目的费用发生情况不同，有的在生产开始时一次投入，如构成产品实体的原材料；有的在生产过程中陆续发生，如产品生产工人的工资和制造费用等。

（2）分配的生产费用数额是该成本核算对象承担的生产费用合计数（或者称累计生产费用），即期初在产品成本加上本期发生的生产费用。

经过生产费用在本期完工产品和期末在产品之间的分配，可以确定各成本核算对象本期完工产品的实际总成本，再除以本期完工产品总产量，就可以求得本期完工产品的单位成本。

生产费用在本期完工产品和期末在产品之间进行分配，也就是本项目情景一所讲述的正确划分本期完工产品与期末在产品成本的界限，可见，成本核算基本要求中应当划清的五个界限，是按照成本核算的一般程序的顺序来叙述的。

任务二　生产费用和期间费用的总分类核算

学习情景一　费用的分类

一、按费用的经济内容（或性质）分类

产品的生产经营过程，也就是劳动对象、劳动手段和活劳动的耗费过程。因此，费用按其经济内容（或性质）划分，主要有劳动对象方面的费用、劳动手段方面的费用和活劳动方面的费用三大类。为了具体反映生产经营费用的构成和水平，还应在此基础上将费用进一步划分为以下八个费用要素。

（1）外购材料，指企业为生产产品、提供劳务等耗费的由外部购入的原料及主要材料、外购半成品、辅助材料、包装物、修理用配件和低值易耗品等。

（2）外购燃料，指企业为生产产品、提供劳务等耗费的一切由外部购入的固体、液体、气体燃料。

（3）外购动力，指企业为生产产品、提供劳务等耗费的一切由外部购入的电力、蒸汽等各种动力。

（4）职工薪酬，指企业为生产产品、提供劳务等发生的职工薪酬。

（5）折旧费，指企业生产单位（分厂、车间）按照规定方法计提的固定资产折旧费用。

（6）利息支出，指企业为借入生产经营资金而发生的利息支出（扣除利息收入）。

（7）税金，指企业发生的各种税金，包括房产税、车船使用税、印花税、土地使用税等。

（8）其他支出，指企业为生产产品、提供劳务等发生的不属于以上各要素的费用支出，如生产单位（分厂、车间）发生的办公费、差旅费、租赁费、外部加工费、保险费等。

上述费用要素反映的费用称为要素费用。按照要素费用核算企业的生产经营费用，可以反映企业在一定时期内发生了哪些生产经营费用，数额是多少；可以据以分析各个时期各种生产经营费用的结构和水平，并为制定有关计划和定额等提供资料。但这种分类也有不足之处，它不能说明各种费用的用途，因而不便于分析各种费用的支出是否合理。

二、按费用的经济用途分类

费用按照经济用途的不同,可以分为计入产品成本的费用和不应计入产品成本的费用两大类。在此基础上,对计入产品成本的费用,需要进一步划分为若干产品成本项目;对不应计入产品成本的费用,则需要进一步区分为若干期间费用项目。

(一)产品成本项目

工业企业产品生产成本的构成项目,一般可以分为以下三个:

(1)直接材料,指企业生产过程中实际消耗的原材料、辅助材料、设备配件、外购半成品、燃料、动力、包装物及其他直接材料。

(2)直接人工,指企业直接从事产品生产、劳务提供等人员的薪酬,包括工资、奖金、津贴和补贴等报酬及其他相关支出。

(3)制造费用,指企业各个生产单位(分厂、车间)为生产产品、提供劳务等所发生的各项间接费用,包括生产单位管理人员的薪酬和生产单位的房屋、建筑物、机器设备等的折旧费,以及原油储量有偿使用费、油田维护费、租赁费(不包括融资租赁费)、机物料消耗、低值易耗品摊销、取暖费、水电费、办公费、差旅费、运输费、保险费、设计制图费、试验检验费、劳动保护费、季节性停工损失、修理期间停工损失和其他制造费用等。企业行政管理部门为组织和管理生产经营活动而发生的管理费用,不包括在本项目内。

上述三个成本项目,是按费用的用途而不是按费用的经济内容来划分的。例如,企业支付给职工的薪酬,只有产品生产工人的薪酬才计入"直接人工"项目;企业生产单位(分厂、车间)管理人员的薪酬应当计入产品成本,计入"制造费用"项目;企业总部(厂部、公司总部)管理人员的薪酬不计入产品成本,而是计入"管理费用"项目,直接计入当期损益。

企业应当根据其生产特点和成本管理的要求,选择适合本企业的成本项目,例如,燃料和动力费用比重较大的企业,可以将"直接材料"项目分成"原材料""燃料及动力"(或"外购动力费")两个成本项目;经常有停工损失的企业,可以增设"停工损失"成本项目;需要单独核算废品损失的企业,可以增设"废品损失"成本项目。企业成本项目一经确定,不得随意更改。如需变更,应当根据管理权限,经股东大会或董事会,或经理(厂长)会议或类似机构批准并在会计报表附注中予以说明。

对费用按其经济用途分类,可以了解企业产品的成本构成情况,为考核企业成本计划的执行程度,寻找降低产品成本的途径提供依据。

(二)期间费用

生产企业直接计入当期损益的期间费用,按其经济用途,可以分为销售费用、管理费用和财务费用。

1. 销售费用

销售费用是指企业销售商品和材料及提供劳务的过程中发生的各项费用。销售费用主要包括：

（1）一般销售费用，指应当由企业负担的因销售商品和材料、提供劳务发生的运输费、装卸费、包装费、保险费、商品维修费、预计产品质量保证损失等。

（2）展览费和广告费。展览费是指企业为自己的商品、劳务参加展览和展销活动而支付的费用；广告费是指企业为推销商品、劳务所支付的宣传和广告费用。

（3）专设销售机构经费，指企业专设销售机构（含销售网点、售后服务网点等）所发生的职工薪酬、业务费、折旧费、修理费等经营费用。

2. 管理费用

管理费用是指企业为组织和管理企业生产经营所发生的费用，包括企业筹建期间内发生的开办费用、董事会和行政管理部门在企业的经营管理中发生的或者应当由企业统一负担的公司经费、工会经费、董事会费、聘请中介机构费、咨询费（含顾问费）、诉讼费、业务招待费、房产税、车船税、土地使用税、印花税、技术转让费、矿产资源补偿费、研究费用、排污费等。企业与固定资产有关的后续支出，包括固定资产发生的日常修理费、大修理费用、更新改造支出、房屋的装修费用等，不满足固定资产准则规定的固定资产确认条件的也列入管理费用。下面分项加以说明。

（1）开办费，指企业在筹建期间内发生的职工薪酬、办公费、培训费、差旅费、印刷费、注册登记费及不计入固定资产价值的借款费用等。

（2）公司经费，指企业行政管理部门的职工薪酬、差旅费、办公费、物料消耗、低值易耗品摊销等费用。

（3）工会经费，指企业按照规定计提并拨给工会的经费。

（4）董事会费，指企业董事会及其成员为执行职能而发生的各项费用，包括差旅费、会议费、董事会成员津贴等。

（5）咨询费（含顾问费），指企业在有关咨询机构进行科学技术、经营管理咨询所支付的费用，包括聘请经济技术顾问、法律顾问等支付的费用。

（6）聘请中介机构费，指企业聘请中介机构所支付的费用，如聘请会计师事务所进行查账验资、资产评估等支付的费用。

（7）诉讼费，指企业因起诉或者应诉而发生的各项费用。

（8）排污费，指企业按规定交纳的排污费用。

（9）税金，指企业按照规定交纳的房产税、车船税、土地使用税、印花税等。

（10）矿产资源补偿费，指企业在生产经营过程中利用国家矿产资源所支付的矿产资源补偿费。

(11)技术转让费,指企业使用非专利技术所支付的费用。

(12)研究费用,指企业研究开发新产品、新技术、新工艺所发生的产品设计费、工艺规程制定费、设备调试费、原材料和半成品的试验费、技术图书资料费、未纳入国家计划的中间试验费、研究人员的薪酬、研究设备的折旧、与新产品试制和技术研究有关的其他经费、委托其他单位进行科研试制的费用以及试制失败损失等。企业自行开发无形资产发生的研发支出,不符合无形资产确认条件的列入管理费用。

(13)折旧费和修理费,指企业行政管理部门计提的固定资产折旧、企业生产车间(部门)和行政管理部门等发生的固定资产修理费用等后续支出。

(14)无形资产摊销,指企业专利权、非专利技术、商标权、著作权、土地使用权、特许权等无形资产的摊销。某项无形资产包括的经济效益通过所生产的产品或其他资产实现的,其摊销金额应计入相关资产成本,而不包括在管理费用中。

(15)业务招待费,指企业为业务经营的合理需要而支付的招待费用。

(16)其他,指企业没有包括在上述项目中的其他管理费用。

3. 财务费用

财务费用是指企业为筹集生产经营所需资金而发生的费用,包括利息支出(减利息收入)、汇兑损益、相关机构的手续费、企业发生的现金折扣或收到的现金折扣等。下面分项加以说明。

(1)利息支出(减利息收入)是指企业生产经营期间各种负债的应计利息支出减去各项存款利息收入后的净额。企业为构建或生产满足资本化条件的资产发生的应予以资本化的借款费用、计入构建或生产的资产价值,而不包括在财务费用中。

(2)汇兑损益是指企业生产经营期间发生的汇兑损益减去汇兑收益后的净额。

(3)手续费是指企业生产经营期间发生的,因筹集资金和办理各种结算业务而支付给银行和非银行金融机构等相关机构的各项手续费用。

(4)现金折扣是指在赊销方式下,债权人为了鼓励债务人在规定时间及早付款而给予的债务扣除。企业为了鼓励客户提前偿付贷款而给予的现金折扣,在实际发生时计入财务费用,企业提前偿付货款而收到的现金折扣,在实际发生时冲减财务费用。

三、费用的其他分类

(一)生产费用按其计入产品成本的方式分类

1. 直接计入费用

直接计入费用是指企业为生产某种产品(成本核算对象)而发生的费用。在计算产品成本时,该类费用可以根据费用发生的原始凭证直接计入该种产品(成本核算对象)的成本。如直接用于某种产品生产的原材料、生产工人的薪酬等,就可以根据有关领料单和职工薪酬结算单等原始凭证直接计入该种产品成本。

2. 间接计入费用

间接计入费用是指企业为生产几种产品（成本核算对象）共同发生的费用。这类费用无法根据发生费用的原始凭证直接计入该种产品（成本核算对象）的成本，需要采用适当的方法在各种产品之间进行分配，再分别计入有关产品（成本核算对象）成本。

生产费用按其计入产品成本的方式分为直接计入费用和间接计入费用，有利于企业正确计算产品成本。对于直接计入费用，必须根据有关费用的原始凭证直接计入该产品（成本核算对象）的成本；对于间接计入费用，要选择合理的分配方法，分配计入各有关产品（成本核算对象）的成本。

（二）生产费用按其与产品产量的关系分类

1. 变动费用

变动费用（变动成本）是指总额随着产品产量（或业务量）的变动而正比例变动的费用，如产品生产直接耗用的原料及主要材料、采用计件工资制的生产工人薪酬等费用。就产品单位成本而言，这类费用是固定的，无论产品产量（或业务量）如何变动，单位产品成本应负担的这类费用基本不变。

2. 固定费用

固定费用（固定成本）是指在一定产品（或业务量）范围内总额相对固定的费用，即不随产品产量（或业务量）的变动而变动其总额的费用，如生产单位管理人员的薪酬、房屋建筑物的折旧费等。就单位产品成本而言，这类费用是变动的，随着产品产量（或业务量）的增加，单位产品所负担的这类费用数额将随之减少。

根据生产费用与产品产量的依存关系将生产费用区分为固定费用和变动费用，有助于寻找降低产品成本的途径。

（三）生产费用按其与生产工艺的关系分类

1. 基本费用

基本费用是指由于企业生产工艺本身引起的各种费用，如生产工艺技术过程耗用的原料及主要材料、燃料及动力、产品生产工人的薪酬等。

2. 一般费用

一般费用是指企业内部各生产单位（分厂、车间）为组织和管理生产所发生的各项费用，如生产单位管理人员的薪酬、办公费、差旅费等。

根据生产费用与生产工艺的关系将生产费用划分为基本费用和一般费用，有助于考察和分析企业的管理水平。企业管理水平越高，产品成本中一般费用的比重就越低。

学习情景二　生产费用和期间费用的总分类核算

一、产品成本(生产费用)核算的账户设置

为了核算和监督企业生产过程中发生的各项费用,正确计算产品、劳务成本,需要设置有关成本类账户,组织生产费用的总分类核算和明细分类核算,计算产品、劳务的实际总成本和单位成本。

不同行业的企业,可以根据本行业生产特点和成本管理的要求确定成本类账户的名称和核算内容。工业企业一般设置"生产成本""制造费用"等账户,施工企业(建筑承包商)一般设置"工程施工""机械作业"等账户,交通运输企业一般设置"劳务成本"等账户,农业企业一般设置"农业生产成本"等账户,房地产开发企业一般设置"开发成本"等账户。下面主要介绍工业企业"生产成本"和"制造费用"账户的设置与运用。

(一)"生产成本"账户

"生产成本"账户用来核算企业进行工业性生产发生的各项生产成本。工业性生产包括生产各种产品(如产成品、自制半成品等)、自制材料、自制工具、自制设备等。企业对外提供劳务发生的成本,应当另行设置"劳务成本"账户组织核算。

根据各生产单位任务的不同,工业企业生产可以分为基本生产和辅助生产。基本生产是指为完成企业主要生产任务而进行的产品生产或劳务供应。辅助生产是指为企业基本生产单位或其他部门服务而进行的产品生产或劳务供应。如企业内部的供水、供电、供汽、自制材料、自制工具和运输、修理等。企业辅助生产单位的产品和劳务,虽然有时也对外销售一部分,但主要是服务于企业基本生产单位和管理部门。

企业生产分为基本生产和辅助生产,根据企业生产费用核算和产品成本计算的需要,一般可以在"生产成本"这一总分类账户下分设"基本生产成本"和"辅助生产成本"两个二级科目,也可以将"生产成本"账户分设为"基本生产成本"和"辅助生产成本"两个总分类账户,业务量较小的企业还可以将"生产成本"和"制造费用"两个总分类账户合并为"生产费用"一个总分类账户。本书按照一般工业企业的情况,设置"生产成本"和"制造费用"两个成本类总分类账户,在"生产成本"总分类账户下设置"基本生产成本"和"辅助生产成本"两个二级账户。

"生产成本——基本生产成本"账户的借方,登记企业从事基本生产活动的生产单位(分厂、车间)所发生的直接材料费用、直接人工费用、其他直接费用和自"制造费用"账户转入的基本生产单位发生的制造费用;该账户的贷方,登记结转的基本生产单位完

工入库产品成本和已完成的劳务成本;该账户的期末余额在借方,表示基本生产单位期末尚未完工的在产品成本。

"生产成本——辅助生产成本"账户的借方,登记企业从事辅助生产活动的生产单位(分厂、车间)所发生的各项直接费用和自"制造费用"账户转入的辅助生产单位发生的制造费用;该账户的贷方,登记结转的辅助生产单位完工入库产品(如自制材料、工具等)的成本和分配给各受益对象的已完成劳务(如修理服务)的成本;该账户的期末余额在借方,表示辅助生产单位期末尚未完工的在产品(如自制材料、工具等)的成本。

为了正确计算各种产品和劳务的实际总成本,在按照企业生产单位设置的生产成本二级账户下还应按照各个生产单位的成本核算对象(产品的品种、类别、订单、批别、生产阶段等)设置产品(劳务)生产成本明细账。按成本核算对象设置的产品生产成本明细账,用来归集该成本核算对象所发生的全部生产费用,并计算该对象完工产品的实际总成本和期末在产品成本。因此,产品生产成本明细账也称成本计算单。

企业按生产单位设置的基本生产成本二级账户和辅助生产成本二级账户,以及按成本核算对象设置的生产成本明细账(成本计算单),都应当按成本项目设专栏组织生产费用的核算和产品成本的计算。期末,"生产成本"总分类账户应与所属的生产成本二级账户核对,生产成本二级账户应与所属生产成本明细账(成本计算单)核对;不设生产成本二级账户的企业,"生产成本"总分类账户直接与所属的产品生产成本明细账(成本计算单)核对。

(二)"制造费用"账户

"制造费用"账户用来核算企业各个生产单位(分厂、车间)为生产产品和提供劳务所发生的各项间接费用。该账户的借方登记企业各生产单位为生产产品、提供劳务等发生的各项间接费用;贷方登记期末分配结转(转入"生产成本""劳务成本"等账户)的制造费用;除季节性生产企业外,该账户期末结转后应无余额。

"制造费用"账户应当按照企业生产账户设置明细账,并按费用项目设专栏组织明细核算。

企业行政管理部门为组织和管理企业生产经营活动所发生的管理费用,企业在销售商品和材料、提供劳务的过程中发生的销售费用,以及企业为筹集生产经营资金而发生的筹资费用等,都应作为期间费用,不计入"制造费用"账户,而是分别记入"管理费用""销售费用""财务费用"等账户。

二、跨期费用核算的账户设置

为了正确划分各期费用的界限,企业应当设置"长期待摊费用"等账户。长期待摊费用是指企业已经发生但应由本期和以后各期负担的摊销期限在1年以上的各项费用,如以经营租赁方式租入固定资产发生的改良支出等。

"长期待摊费用"账户的借方登记企业发生的各项长期待摊费用;贷方登记分期摊销计入管理费用、销售费用等的数额;企业余额在借方,表示企业已经发生尚未摊销完毕的长期待摊费用数额。

长期摊销费用的摊销期限应当合理估计,如以经营方式租入固定资产的改良支出,应当按租赁期限与租赁资产尚可使用年限孰短确定摊销期限,在摊销期限内平均摊销。

三、期间费用核算的账户设置

为了正确核算企业直接计入当期损益的期间费用,应当设置"管理费用""销售费用""财务费用"等账户。

(一)"管理费用"账户

管理费用是指企业行政管理部门为组织和管理企业生产经营活动所发生的费用。它的发生和结转是通过设置"管理费用"账户核算的。该账户借方登记企业本期发生的各项管理费用;期末,应将该账户的余额转入"本年利润"账户;期末结转后该账户应无余额。

(二)"销售费用"账户

销售费用是指企业在销售产品和材料、提供劳务的过程中发生的各项费用。它的发生和结转是通过设置"销售费用"账户核算的。该账户借方登记企业本期发生的各项销售费用;期末应将该账户的余额转入"本年利润"账户;期末结转后该账户应无余额。

(三)"财务费用"账户

财务费用是指企业为筹集生产经营资金所发生的费用。它的发生和结转是通过设置"财务费用"账户核算的。该账户借方登记企业本期发生的各项财务费用,贷方登记企业发生的应冲减财务费用的利息收入、汇兑损益、收到的现金折扣等;期末,应将该账户的余额转入"本年利润"账户;期末结转后该账户应无余额。

四、生产费用和期间费用总分类核算的程序

(一)登记本期发生的各项费用

企业本期发生的材料费、职工薪酬、折旧费和其他各项费用,在贷记"原材料""应付职工薪酬""累计折旧""银行存款"和"库存现金"等资产、负债账户的同时,应当根据费用的用途和所属期间,分别记入有关成本类账户、跨期费用账户和期间费用账户的借方。

例如，企业产品生产直接消耗的原材料、产品生产工人的薪酬等，记入"生产成本"账户的借方；生产单位（分厂、车间）管理部门的机物料消耗、管理人员的薪酬、固定资产折旧费、办公费等，记入"制造费用"账户的借方；企业行政管理部门的物料消耗、管理人员的薪酬、固定资产折旧费、修理费、办公费等，记入"管理费用"账户的借方；销售过程中领用的包装物及专设销售机构的职工薪酬、办公费等，记入"销售费用"账户的借方；企业发生的跨期摊销费用，记入"长期待摊费用"等账户的借方。

（二）摊销长期待摊费用

按照权责发生制，应由本期成本费用负担已经发生或支付的费用，应当摊销计入本期成本费用。本期摊销的费用，在记入"长期摊销费用"账户贷方的同时，分别记入"管理费用""销售费用"等账户的借方。

（三）分配结转制造费用

期末，企业应当将本期发生的制造费用，按照收益原则，分配给各种产品和劳务，在记入"制造费用"账户贷方的同时，记入"生产成本""劳务成本"等账户的借方，由有关成本核算对象的成本负担。期末分配结转后，除季节性生产企业外，"制造费用"账户应无余额。

（四）结转本期完工入库产品成本

期末，按照一定方法计算出本期完工产品的总成本以后，应当将本期完工入库产品的总成本结转到"库存商品""自制半成品"等账户。

结转本期完工入库产成品成本，在记入"生产成本"账户贷方的同时，记入"库存商品"账户的借方；结转本期完工入库自制半成品成本，在记入"生产成本"账户贷方的同时，记入"自制半成品"账户的借方；结转本期已对外提供劳务的成本，在记入"劳务成本"账户贷方的同时，记入"主营业务成本""其他业务成本"等账户的借方。

（五）结转期间费用

期末，企业应将"管理费用""销售费用""财务费用"等账户归集的期间费用，转入"本年利润"账户。

结转期间费用，在记入"管理费用""销售费用""财务费用"等账户贷方的同时，记入"本年利润"账户的借方；期末结转后，"管理费用""销售费用""财务费用"等账户应无余额。

任务三　技能训练

【实训一】　成本费用的划分

某公司生产甲、乙两种产品,20××年9月,该公司的有关资料如下：

1. 生产甲产品领用原材料90 000元,生产乙产品领用原材料50 000元,生产车间一般耗用原材料1 000元,在建工程领用原材料30 000元。

2. 甲产品生产工人工资为70 000元,乙产品生产工人工资为50 000元,车间管理人员工资为30 000元,行政管理人员工资为40 000元,销售机构人员工资为30 000元,在建工程人员工资为40 000元,并按工资总额的14%计提职工福利费。

3. 本月计提固定资产折旧费50 000元,其中,生产用固定资产折旧费40 000元,行政部门用折旧费10 000元。

4. 用银行存款支付外购动力费80 000元,其中,甲产品耗用30 000元,乙产品耗用20 000元,生产车间照明耗用5 000元,行政管理部门耗用5 000元,在建工程耗用20 000元。

5. 以银行存款支付第三季度银行短期借款利息5 000元,其中,已预提4 000元。

6. 以银行存款支付购买设备款250 000元。

7. 固定资产清理报废损失3 000元。

8. 以银行存款100 000元向希望工程捐款。

9. 以银行存款支付广告费50 000元。

10. 以银行存款500 000元向投资者支付股利。

11. 将制造费用结转到生产成本,按生产工人工资比例分配。

12. 计算完工产品和在产品成本。甲产品本月完工100件,在产品1件,按完工产品与在产品数量比例分配生产费用;乙产品本月投产200件,全部完工。

【要求】根据上述资料计算：

（1）应计入生产经营费用的数额；

（2）应计入本月生产经营费用的数额；

（3）应计入本月产品成本的数额；

（4）应计入甲、乙产品成本的数额；

（5）分别计算本月完工的甲、乙产品的成本。

【实训二】　要素费用和成本项目的计算

某企业本月共耗用外购材料40 000元,辅助材料20 000元,低值易耗品10 000元,外购半成品 10 000 元,其中,生产耗用 75 000 元,基本生产车间耗用 5 000 元。本月应计入产品成本的生产工人工资 20 000 元,基本生产车间管理人员工资 3 000 元,行政管理部门人员工资 4 000 元,销售部门人员工资 3 000 元。本月基本生产车间计提折旧费 3 000 元,行政管理部门计提折旧费 5 000 元。

【要求】

(1) 计算采购材料、工资、折旧等的数额;

(2) 计算直接材料、直接人工、制造费用的金额。

项目三　要素费用的归集与分配

【知识学习目标】　掌握材料费用等各项要素费用的归集和分配；了解辅助生产费用核算的特点，熟悉辅助生产费用、制造费用、废品损失和停工损失的内容及其费用归集和分配的方法。

【能力培养目标】　会要素费用归集与分配的账务处理；会编制各要素费用分配表。会利用直接分配法、交互分配法等方法对辅助生产费用进行分配；会制造费用的分配；会损失性费用的确认和核算。

【教学重点】　材料费用的归集和分配；人工费用的归集和分配；辅助生产费用的归集和分配；制造费用的归集和分配。

【教学难点】　材料费用的定额比例分配法；职工薪酬的归集；辅助生产费用的归集。

任务一　各项要素费用的归集和分配

学习情景一　材料费用的归集与分配

一、材料的含义及分类

（一）材料的含义及特点

材料是制造企业生产过程中的劳动对象，是生产过程中不可缺少的物资要素。在生产过程中直接取自自然界的劳动对象，一般称为原料，如冶炼金属的矿砂、用以纺织的棉花以及制造面粉的小麦。以经过工业加工的产品作为劳动对象的，一般称为材料，如各种钢材。在实际工作中，有时把原料和材料合并起来统称为原材料。

材料是产品成本的重要组成部分，与其他资产相比，具有以下特点：

（1）材料是企业日常活动中持有的，以备在生产或提供劳务过程中耗用的财产物资，其最终目的是为了销售，这是材料有别于固定资产等非流动资产的最本质特点。

（2）材料是企业流动资产的一部分。虽然为构建固定资产等各项工程而储备的各种物资也属于材料，但应作为"工程物资"账户进行核算，不在"原材料"账户核算。

（3）企业在生产中使用的材料是多种多样的，有的直接为生产某种产品所耗用，有的为生产几种产品所耗用，有的则属于车间、部门的一般耗用。对于用途不同的材料的费用，企业应采用适当的方法进行分配，以保证材料费用分配的准确性。

（二）材料的分类

材料在产品生产过程中所起的作用是不同的，有的经过加工后构成产品的主要实体，称为主要材料，其余各种材料只在生产过程中起辅助作用，称为辅助材料。在实践中，企业使用的材料名目繁多，如果简单地将其归为上述两种，既不利于材料管理，也不利于加强材料核算。为此，一般将材料按其用途分为以下六大类。

1. 原料及主要材料

原料及主要材料是指经过加工后构成产品主要实体的各种原料和材料，如机械制造业中的金属材料、炼铁企业使用的矿石以及纺织企业使用的原棉和棉纱外购半成品。对于购入企业来说，外购半成品同原材料一样都是劳动对象，在继续加工过程中形成产品的主要实体，从理论上说也应列入此类别。但是，有些企业为了加强外购半成品专项管理和核算，将外购半成品作为材料的一个独立类别。

2. 辅助材料

辅助材料是指在生产中不构成产品主要实体，只起一定辅助作用的各种材料。辅助材料在生产中的具体作用不同，有的与产品的主要材料相结合，从而有助于产品形成，如染料、漂白粉和油漆等；有的供劳动资料消耗，如起润滑、防护作用的润滑油和防锈剂等；有的为正常劳动提供条件，如各种清洁用具和照明灯具等。

3. 燃料

燃料是指生产过程中用来燃烧发热的各种材料，包括燃烧时能产生热能、动力和光能的可燃物质。按形态不同，燃料可分成固体燃料（如煤、炭、木材）、液体燃料（如汽油、煤油、石油）、气体燃料（如天然气、煤气、沼气）。按类型不同，燃料可分成化石燃料（如石油、煤、油页岩、甲烷、油砂等）、生物燃料（如乙醇、生物柴油等）、核燃料（如铀235、铀233、铀238、铀239、钍232等）。一些气体燃料可压缩为液体，如液化石油气。燃料有多种用途，有的用于生产动力，如发电车间使用的燃料；有的用于一般用途，如取暖用的燃料。

4. 修理用备件

修理用备件是指为修理本企业机器设备和运输工具所专有的各种备品备件，如齿轮、轴承、阀门、轮胎等。修理用的一般零件属于辅助材料一类。在修理设备时,用来更换磨损和老化零件的零件称为配件;为了缩短设备修理停歇时间,在备件库内经常保存一定数量的配件称为备件。

配件和备件是做好设备维修工作的重要物质条件。配件和备件供应及时,不仅可以提高企业的设备完好率,而且可以缩短设备修理停歇时间,机械制造企业的维修备件一般应包括以下六种零件:(1)使用期限短(3~4个月)的易损零件;(2)制造工序较长,需用专用刀具、夹具加工而又易损坏的零件,如涡轮、花键等;(3)设备上相同零件数量很大,或企业内同类设备多而消耗量大的零件;(4)需要制造的大型复杂零件及铸、锻件;(5)需向外企业委托加工的零件、外购件,如皮腕、链条、液压元件;(6)稀有、关键设备的全部配件等。

5. 包装物

包装物是指为包装本企业产品,随同产品一起出售或在销售产品时租给、借给购货单位使用的各种包装物品。如桶、瓶、坛、袋、盒等包装容器。各种包装用料,如纸张、绳子、铁丝、塑料袋等,不属于包装物,应列入辅助材料一类。

6. 低值易耗品

低值易耗品是指单项价值在规定限额以下,或使用期限不满1年,不能作为固定资产管理的各种物品,如工具、管理工具、劳动保护用品等。

上述各类材料还可以按其性质、技术特征和规格等标准进一步分类,以满足实物管理的需要和会计核算要求。企业材料的品种、规格、数量很多,为了保证材料名称在使用时的一致性,避免相互混淆,出现差错,简化核算,可以编制材料目录。材料目录应列明各种材料的类别、编号、名称、规格、性能、计量单位和计划单价等项目。材料目录应根据技术管理要求,由材料供应部门和财务部门共同制定。

二、材料费用的归集与分配

(一)材料费用的归集

企业在生产经营活动中耗用的材料有着不同的用途,有的用于产品生产,有的用于组织和管理生产。通常情况下,材料费用的归集是按耗用材料的部门、用途及受益对象来进行的。具体来说,基本生产车间用于产品生产的材料费用由各种产品负担,应计入"生产成本——基本生产成本"总账及明细账的有关成本项目;基本生产车间用于一般管理所耗用的材料费用(如维护设备),应计入基本生产车间的"制造费用"账户;辅助生产车间发生的材料费用,应计入"生产成本——辅助生产成本"总账及明细账的有关成本项目;辅助生产车间用于维护设备发生的材料费用,应计入辅助生产车间的"制造费用"账户。若辅助生产车间发生的费用较少时,也可不设"制造费用"账户,而直接计入"生产成本——辅助生产成本"账户。企业行政管理部门为组织和管理生产发生的材料费用,应计入"管理费用"账户;企业用于销售所耗用的材料费用,应计入"销售费用"账户。总之,材料费用是以谁受益谁负担为原则来归集的。

(二) 材料费用的分配方法

本期发生的材料费用,应根据审核后的领退料凭证,按材料的具体用途进行分配。企业归集材料费用时,凡能直接分清某一成本计算对象的费用,应单独列示,以便直接计入该对象产品成本计算单中;凡属于几个成本计算对象共同耗用的直接材料费用,属于间接费用,需要选择适当的方法,采用一定的分配标准分配后,才能计入有关产品的成本计算单中。材料费用的分配标准有重量比例分配法、定额耗用量分配法、定额费用分配法、系数分配法等。

1. 重量比例分配法

重量比例分配法是指以各种产品的重量作为分配标准,分配共同发生的材料费用的方法。如果企业生产的几种产品共同消耗同种材料或燃料,耗用量的多少与产品重量又有直接关系,则可以选用重量分配法。其计算公式为:

$$材料费用分配率 = \frac{材料实际耗用量 \times 材料单价}{各产品的重量之和}$$

$$某产品应分配的材料费用 = 该产品重量 \times 材料费用分配率$$

重量分配法的分配标准为产品重量,当分配标准为产品产量或产品的面积、体积、长度等时,可以分别称为产量分配法、面积分配法等,其公式与重量分配法类似。

【案例分析3-1】 泰达工厂生产甲、乙两种产品,20××年5月份生产两种产品共消耗A材料52 000千克,每千克材料的价格为5元。甲产品的重量为14 000千克,乙产品的重量为26 000千克。采用产品重量比例分配法分配材料费用,编制A材料费用分配表如表3-1所示。

表3-1 泰达工厂材料费用分配表

材料名称:A材料　　　　　　　　　　20××年5月

产品名称	产品重量(千克)	分配率	分配金额(元)
甲产品	14 000		91 000
乙产品	26 000		169 000
合　计	40 000	6.5	260 000

其中:

$$A材料费用分配率 = \frac{52\,000 \times 5}{14\,000 + 26\,000} = 6.5$$

甲产品应分配的材料费用 = 14 000 × 6.5 = 91 000(元)

乙产品应分配的材料费用 = 26 000 × 6.5 = 169 000(元)

2. 定额耗用量分配法

定额耗用量分配法是指以一定数量的产品按材料消耗定额计算的可以消耗的材料数量限额为比例,进行材料费用分配的方法。其计算公式为:

某产品材料定额耗用量 = 该产品实际产量 × 单位产品材料消耗定额

$$材料定额耗用量分配率 = \frac{材料实际总耗用量}{各产品材料定额耗用量}$$

某产品应分配的材料实际耗用量 = 该产品材料定额耗用量 × 材料定额耗用量分配率

【案例分析3-2】 泰达工厂生产甲、乙、丙三种产品,20××年5月共耗用A材料3 240千克,每千克4元。甲产品实际产量为200件,单位产品材料定额耗用量为6千克;乙产品实际产量为150件,单位产品材料定额耗用量为3千克;丙产品实际产量为300件,单位产品材料定额耗用量为8千克,采用定额耗用量分配法分配材料费用的过程如下:

(1)计算总定额:

甲产品材料定额耗用量 = 200 × 6 = 1 200(千克)

乙产品材料定额耗用量 = 150 × 3 = 450(千克)

丙产品材料定额耗用量 = 300 × 8 = 2 400(千克)

(2)编制材料定额耗用量计算表(见表3-2)。

表3-2 泰达工厂材料定额消耗量计算表

材料名称:A材料　　　　　　　　　　20××年5月　　　　　　　　　　单位:千克

产品名称	产量(件)	单位产品消耗定额	材料消耗总定额
甲产品	200	6	1 200
乙产品	150	3	450
丙产品	300	8	2 400
合　计	650		4 050

(3)计算材料费用分配率及分配材料费用,具体为:

$$A材料定额耗用量分配率 = \frac{3\ 240}{4\ 050} = 0.8$$

甲产品应分配的材料实际数量 = 1 200 × 0.8 = 960(千克)

乙产品应分配的材料实际数量 = 450 × 0.8 = 360(千克)

丙产品应分配的材料实际数量 = 2 400 × 0.8 = 1 920(千克)

甲产品应分配的材料费用 = 960 × 4 = 3 840(元)

乙产品应分配的材料费用 = 360 × 4 = 1 440(元)

丙产品应分配的材料费用 = 1 920 × 4 = 7 680(元)

(4) 编制 A 材料费用分配表(见表3-3)。

表3-3 泰达工厂材料费用分配表

材料名称：A 材料　　　　　　　　　20××年5月

产品名称	材料定额消耗总量(千克)	材料消耗量分配率	材料实际消耗总量(千克)	材料实际单价(元/千克)	应分配材料费用(元)
甲产品	1 200		960		3 840
乙产品	450		360		1 440
丙产品	2 400		1 920		7 680
合　计	4 050	0.8	3 240	4	12 960

采用上述方法计算分配材料费用,不仅能计算出每种产品应分配的材料费用,还能计算出每种产品耗用材料的实际数量。这就为考核材料消耗定额的执行情况提供了资料,有利于加强成本的核算和管理。但这种计算方法比较麻烦,为了简化材料费用的分配工作,对于不需要考核材料实际耗用量的企业,可采用按材料定额耗用量的比例直接分配材料费用的方法。其计算公式为：

$$\text{材料费用分配率} = \frac{\text{材料实际总耗用量} \times \text{材料单价}}{\text{各产品材料定额耗用量之和}}$$

$$\text{某产品应分配的材料费用} = \text{该产品材料定额耗用量} \times \text{材料费用分配率}$$

以【案例分析3-2】的资料为例,采用以上公式的计算结果为：

$$\text{A 材料费用分配率} = \frac{3\,240 \times 4}{1\,200 + 450 + 2\,400} = 3.2$$

甲产品应分配的材料费用 = 1 200 × 3.2 = 3 840(元)

乙产品应分配的材料费用 = 450 × 3.2 = 1 440(元)

丙产品应分配的材料费用 = 2 400 × 3.2 = 7 680(元)

上述两种计算方法的计算结果相同,企业可根据具体情况选择使用。

3. 定额费用分配法

定额费用分配法是指以一定数量的产品按材料的费用定额计算的材料费用的限额

为比例,进行材料费用分配的方法。其计算公式为:

某产品材料定额费用 = 该产品实际产量 × 单位产品材料消耗定额 × 材料计划单价

$$材料费用分配率 = \frac{实际材料费用总额}{各产品定额材料费用总额}$$

某产品应分配的材料费用 = 该产品定额材料费用 × 材料费用分配率

【案例分析3-3】 泰达工厂生产甲、乙两种产品,20××年5月耗用A材料3 000千克,每千克6元。甲产品实际产量为350件,单位产品材料定额成本为20元。乙产品实际产量为620件,单位产品材料定额成本为25元。采用定额费用分配法分配材料费用的过程如下:

(1) 计算材料定额成本分配率:

甲产品材料定额成本 = 350 × 20 = 7 000(元)

乙产品材料定额成本 = 620 × 25 = 15 500(元)

材料定额成本分配率 = 3 000 × 6/(7 000 + 15 500) = 0.8

(2) 计算甲、乙产品应分配的材料费用:

甲产品应分配的材料费用 = 7 000 × 0.8 = 5 600(元)

乙产品应分配的材料费用 = 15 500 × 0.8 = 12 400(元)

(3) 编制材料费用分配表(见表3-4)。

表3-4 泰达工厂材料费用分配表

材料名称: A材料　　　　　　　　20××年5月

产品种类	产品数量(件)	单位产品材料定额成本(元)	材料定额成本(元)	分配率	应分配材料费用(元)
甲产品	350	20	7 000		5 600
乙产品	620	25	15 500		12 400
合 计			22 500	0.8	18 000

4. 系数分配法(标准产量比例分配法)

系数分配法是指将各种产品的实际产量按照预定的折合系数折算为标准产量,以标准总产量(总系数)为分配标准来分配直接材料费用的方法。这种方法的分配标准为标准总产量,因此又称标准产量比例分配法。

【案例分析3-4】 泰达工厂生产甲、乙、丙、丁、戊五种产品,20××年5月共同耗用A材料59 852元。五种产品的单位产品的A材料消耗定额分别为30千克、27.5千克、

25千克、20千克、17.5千克,五种产品实际产量分别为400件、500件、1 000件、200件、160件。运用系数分配法计算和分配A材料费用的过程如下:

(1) 选择标准产品。企业一般应当选择正常生产、大量生产的产品作为标准产品,也可以选择系列产品中规格、型号居中的产品作为标准产品。泰达工厂生产一个系列五种产品,可以选择正常生产和大量生产且在系列产品中居中的产品——丙产品为标准产品。

(2) 计算各产品系数。系数是某种产品与标准产品的比例关系。企业可以根据单位产品的定额消耗量、定额费用、售价以及产品的体积、面积、长度和重量等来计算各种产品的系数,标准产品的系数为1。系数一经确定,在年度内一般不作变动,产品系数的计算公式为:

$$某产品系数 = \frac{该产品定额消耗量(或定额费用、售价等)}{标准产品定额消耗量(或定额费用、售价等)}$$

泰达工厂选定丙产品为标准产品,其系数为1,其他产品的系数计算如表3-5所示。

表3-5 泰达工厂产品系数计算表
20××年度使用

产品名称	消耗定额(千克)	系 数
甲产品	30	1.2
乙产品	27.5	1.1
丙产品	25	1.0
丁产品	20	0.8
戊产品	17.5	0.7

(3) 计算总系数。总系数是指各种产品的实际产品按预定系数换算成标准产品的产量,即费用分配标准,其计算公式为:

$$某产品总系数(标准产量) = 该产品本期实际产量 \times 该产品系数$$

泰达工厂各种产品的总系数(标准总产量)计算如表3-6所示。

表3-6 泰达工厂产品系数(标准产量)计算表
20××年5月

产品名称	实际产量(件)	系 数	总系数
甲产品	400	1.2	480
乙产品	500	1.1	550

(续表)

产品名称	实际产量(件)	系 数	总系数
丙产品	1 000	1.0	1 000
丁产品	200	0.8	160
戊产品	160	0.7	112
合 计			2 302

(4) 计算费用分配率。费用分配率即单位标准产品应分配费用，其计算公式为：

$$费用分配率 = \frac{各种产品共同耗用的直接材料费用}{各种产品系数(标准产量)之和}$$

泰达工厂 A 材料费用分配率 $= \frac{59\ 852}{2\ 302} = 26$（元／件）

(5) 计算各产品应分配费用。各产品应分配费用为该产品折合的标准产量乘以费用分配率，其计算公式为：

$$某产品应分配费用 = 该产品总系数(标准产量) \times 费用分配率$$

甲产品应分配 A 材料费用 $= 26 \times 480 = 12\ 480$（元）

其他产品应分配材料费用计算同上。

(6) 根据以上步骤的计算公式，编制泰达工厂本月 A 材料费用分配表，如表 3-7 所示。

表 3-7 泰达工厂材料费用分配表

材料名称：A 材料　　　　　20××年5月　　　　　单位：元

产品名称	总系数(标准产量)	费用分配率	应分配材料费用
甲产品	480		12 480
乙产品	550		14 300
丙产品	1 000		26 000
丁产品	160		4 160
戊产品	112		2 912
合 计	2 302	26	59 852

(三)材料费用分配的核算及账务处理

在实际工作中,材料费用的分配是通过编制材料费用分配表的方式进行的。材料费用分配表可先按各生产车间和部门分别编制,然后全厂合并编制一张材料费用汇总分配表。一般来说,对于用于产品生产,并构成产品主要实体或有助于产品形成的各种材料,其分配原则是直接材料费用直接计入某种产品成本的"直接材料"成本项目,间接材料费用分配计入各有关产品成本的"直接材料"成本项目;对于生产车间、销售和行政管理部门一般耗用的材料,应分别计入"制造费用""销售费用"和"管理费用"的相关项目中。在材料费用分配中,对于直接用于生产各种产品的材料,如果数量较少、金额较小,根据重要性原则和可以采用简化的分配方法,即全部记入"制造费用"账户;除了生产过程中使用的材料外,对于发出的其他用途的材料,应根据其发生的具体用途,分别计入"其他业务成本""在建工程"等相关项目中。

【案例分析3-5】 泰达工厂有两个基本生产车间,生产甲、乙两种产品,20××年5月根据各种领料凭证编制的材料费用分配表如表3-8所示。

表3-8 泰达工厂材料费用分配表

材料名称:A材料　　　　　　20××年5月31日　　　　　　单位:元

应借账户		成本或费用项目	分配计入			直接计入	合计
			消耗材料(千克)	分配率	分配额		
基本生产车间	甲产品	直接材料	1 400		16 800	0	16 800
	乙产品	直接材料	3 600		43 200	0	43 200
	小计		5 000	12	60 000	0	60 000
制造费用	第一车间	机物料				2 500	2 500
	第二车间	机物料				3 200	3 200
	小计					5 700	5 700
销售费用		材料费				1 700	1 700
管理费用		材料费				1 200	1 200
在建工程		材料费				50 000	50 000
合计							118 600

根据材料费用分配表,编制会计分录如下:

借:生产成本——基本生产成本——甲产品　　　　16 800
　　　　　　　　　　　　　　——乙产品　　　　43 200
　　制造费用——第一车间　　　　　　　　　　　 2 500
　　　　　　——第二车间　　　　　　　　　　　 3 200

销售费用	1 700
管理费用	1 200
在建工程	50 000
贷：原材料	118 600

学习情景二　外购动力费用的归集与分配

动力费用主要是指外购的电力、热力和蒸汽等。动力费用可分为外购和自制两种情况。外购动力是由企业外部有关单位（如供电公司、供气公司等）提供的；自制动力是由企业辅助生产单位（如供电车间、供气车间等）提供的。

一、外购动力费用归集的核算

外购动力费用支出的核算一般分为以下两种情况。

（1）每月支付动力费用的时间基本固定，而且每月付款日到月末的应付动力费用相差不多，将每月支付的动力费用作为应付费用，在付款时借记各成本、费用账户，贷记"银行存款"账户。

（2）一般情况下，要通过"应付账款"账户来核算，即在付款时先作为暂付款处理，借记"应付账款"账户，贷记"银行存款"账户，月末按照外购动力的用途分配费用时再借记各成本、费用账户，贷记"应付账款"账户，冲销原来记入"应付账款"账户借方的暂付款。"应付账款"账户借方所记本月所付动力费用与贷方所记本月应付动力费用，往往不相等。如果是借方余额，为本月支付款大于应付账款的多付动力费用，可以抵冲下月应付费用；如果是贷方余额，为本月应付款大于支付款的应付未付动力费用，可以在下月支付。

外购动力实际上相当于外购的材料，由于没有价值实体，因而无法设置专门账户进行核算，也无收、发、存等环节的核算，所以，外购动力费用应根据其具体用途直接借记各种成本、费用账户。

二、外购动力费用分配的核算

直接用于产品生产的动力费用应该单独记入产品成本的"燃料及动力"成本项目。外购动力费用的分配，在有仪表记录的情况下，应根据仪表所示耗用动力的数量以及动力的单价计算；在没有仪表记录的情况下，可按生产工时比例、机器工时比例、定额耗电量比例进行分配。

外购动力费用的分配可通过编制外购动力费用分配表来进行。直接用于产品生产、设有"燃料及动力"成本项目的动力费用,应单独记入"生产成本——基本生产成本"总账账户和所属有关的产品成本明细账的借方;直接用于辅助生产的动力费用、用于基本生产和辅助生产但未专设成本项目的动力费用、用于组织和管理生产经营活动的动力费用,则应分别记入"生产成本——辅助生产成本""制造费用"和"管理费用"总账账户和所属明细账的借方。

外购动力费用总额,应根据有关转账凭证或付款凭证记入"应付账款"或"银行存款"账户的贷方,记入"生产成本——基本生产成本""制造费用""生产成本——辅助生产成本""管理费用"等账户的借方。

如果生产工艺用的燃料和动力没有专门设立成本项目,直接用于产品生产的燃料费用和动力费用,可以分别记入"原材料"成本项目和"制造费用"成本项目,作为原材料费用和制造费用进行核算。

【案例分析3-6】 泰达工厂20××年5月份耗用外购电力共60 000度,每度电的价格为1.0元。其中,基本生产车间生产甲、乙两种产品耗电40 000度,锅炉车间耗电9 000度,机修车间耗电6 000度,基本生产车间照明用电3 000度,公司管理部门用电2 000度。该公司对产品生产用电按机器工时数在两产品之间进行分配,甲、乙两种产品的机器功率时数分别为4 000小时和6 000小时。根据上述资料编制的外购动力费用分配表如表3-9所示。

表3-9 泰达工厂外购动力费用(电费)分配表

20××年5月　　　　　　　　　　　　　　　　　　　　　　　　单位:元

应借账户	成本项目或费用项目	耗用电量分配			每度电费	分配金额
		机器工时(小时)	分配率	分配量(度)		
生产成本——基本生产成本	甲产品	燃料及动力	4 000		16 000		16 000
	乙产品	燃料及动力	6 000		24 000		24 000
	小计		10 000	4	40 000		40 000
生产成本——辅助生产成本	锅炉	燃料及动力			9 000		9 000
	机修	燃料及动力			6 000		6 000
	小计				15 000		15 000
制造费用	基本生产车间	水电费			3 000		3 000
管理费用		水电费			2 000		2 000
合计					60 000	1.0	60 000

根据表3-9,编制会计分录如下:

借：生产成本——基本生产成本——甲产品	16 000
	——乙产品	24 000
生产成本——辅助生产成本——锅炉	9 000
	——机修	6 000
制造费用——基本生产成本	3 000
管理费用	2 000
贷：应付账款	60 000

学习情景三　燃料费用的归集与分配

燃料实际上也是材料，所以，燃料费用的分配与原材料费用的分配程序和方法相同。燃料费用分配的核算方法为：直接用于生产的燃料费用，如果分产品领用，根据领料凭证直接记入各产品"生产成本"总账户和所属明细账户借方的"燃料及动力"成本项目；如果不能分产品领用，则应采用适当的分配方法，分配记入各有关产品的成本项目。分配标准有重量、体积、所耗原材料的数量或费用，以及燃料的定额消耗量或定额费用等。车间一般耗用的燃料费用、辅助生产耗用的燃料费用、厂部进行生产经营管理耗用的燃料费用、进行产品销售耗用的燃料费用等，应分别记入"制造费用（基本生产车间）""生产成本——辅助生产成本""管理费用""销售费用"等账户的费用、成本项目。

【案例分析3-7】 泰达工厂20××年5月直接用于甲、乙两种产品生产的燃料费用共计为12 600元，按甲、乙两种产品所耗用的原材料比例分配，甲产品材料费用52 500元，乙产品材料费用73 500元，则甲、乙两种产品应分配燃料费用计算如下。

（1）计算燃料费用分配率：

$$燃料费用分配率 = \frac{12\,600}{52\,500 + 73\,500} = 0.1$$

（2）计算分配燃料费用：

甲产品应分配燃料费用 = 52 500 × 0.1 = 5 250（元）

乙产品应分配燃料费用 = 73 500 × 0.1 = 7 350（元）

假定辅助生产车间耗用燃料费用4 000元，其中，第一车间耗用3 000元。第二车间耗用1 000元，厂部进行生产经营管理消耗燃料费用2 000元，进行产品销售消耗燃料费用1 000元，编制燃料费用分配表如表3-10所示。

表 3-10　泰达工厂燃料费用分配表

20××年5月　　　　　　　　　　　　　　　　　　　　　　　　　　　　　　单位：元

应借账户		成本项目	直接计入	分配计入			合计
				原材料费用	分配率	分配额	
基本生产成本	甲产品	燃料及动力		52 500		5 250	5 250
	乙产品	燃料及动力		73 500		7 350	7 350
	合计			126 000	0.1	12 600	12 600
辅助生产成本	第一车间	燃料及动力	3 000				3 000
	第二车间	燃料及动力	1 000				1 000
	合计		4 000				4 000
管理费用			2 000				2 000
销售费用			1 000				1 000
合计							19 600

根据上述材料编制会计分录如下：

借：生产成本——基本生产成本——甲产品　　　　　　　　5 250
　　　　　　　　　　　　　　——乙产品　　　　　　　　7 350
　　生产成本——辅助生产成本——第一车间　　　　　　　3 000
　　　　　　　　　　　　　　——第二车间　　　　　　　1 000
　　管理费用　　　　　　　　　　　　　　　　　　　　　2 000
　　销售费用　　　　　　　　　　　　　　　　　　　　　1 000
　　贷：原材料　　　　　　　　　　　　　　　　　　　　19 600

学习情景四　职工薪酬费用的归集与分配

一、职工薪酬的内容

职工薪酬是指企业为获得职工提供的服务而给予的各种形式的报酬以及其他相关支出，包括职工在职期间和离职后提供给职工的全部货币性薪酬和非货币性福利。企业提供给职工配偶或其他被赡养人的福利等也属于职工薪酬。

职工薪酬主要包括以下八项内容。

（1）职工工资、奖金、津贴和补贴，是指按照国家统计局的规定构成工资总额的计时工资、计件工资、支付给职工的超额劳动报酬和增收节支的劳动报酬、为了补偿职工特殊或额外的劳动消耗和因其他特殊原因支付给职工的津贴,以及为了保证职工工资水平不受物价影响支付给职工的物价补贴等。

(2) 职工福利费,主要是尚未实行分离办社会职能或主辅分离、辅业改制的企业,内设医务室、职工浴室、理发室、托儿所等集体福利机构人员的工资、医务经费、职工因公负伤赴外地就医路费、职工生活困难补助,以及按照国家规定开支的其他职工福利支出。

(3) 医疗保险费、养老保险费、失业保险费、工伤保险费和生育保险费等社会保险费,是指企业按照国务院、各地方政府或企业年金计划规定的基准和比例计算,向社会保险经办机构缴纳的医疗保险费、养老保险费(包括向社会保险经办机构缴纳的基本养老保险费和向企业年金基金相关管理人缴纳的补充养老保险费)、失业保险费、工伤保险费和生育保险费。企业以购买商业保险形式提供给职工的各种保险待遇属于企业提供的职工薪酬,应当按照职工薪酬的原则进行确认、计量和披露。

(4) 住房公积金,是指企业按照国务院《住房公积金管理条例》规定的基准和比例计算,向住房公积金管理机构缴存的住房公积金。住房公积金是住房分配社会化、货币化和法制化的主要形式。住房公积金制度是国家法律规定的重要的住房社会保障制度,具有强制性、互助性、保障性,单位和职工个人必须依法履行缴存住房公积金的义务。职工个人缴存的住房公积金以及单位为其缴存的住房公积金实行专户存储,归职工个人所有。

(5) 工会经费和职工教育经费,是指企业为了改善职工文化生活、为职工学习先进技术和提高文化水平和业务素质,用于开展工会活动和职工教育及职业技能培训等相关支出。

(6) 非货币性福利,是指企业以自己的产品或外购商品发放给职工作为福利,企业提供给职工无偿使用自己拥有的资产或租赁资产给职工无偿使用,如提供给企业高级管理人员使用的住房等,免费为职工提供诸如医疗保健的服务或向职工提供企业支付了一定补贴的商品或服务等,以低于成本的价格向职工出售住房等。

(7) 辞退福利,因解除与职工的劳动关系给予的补偿,是指由于分离办社会职能、实施主辅分离、辅业改制分流安置富余人员、实施重组、改组计划、职工不能胜任等原因,企业在职工劳动合同尚未到期之前解除与职工的劳动关系,或者为鼓励职工自愿接受裁减而提出补偿建议计划中给予职工的经济补偿,及国际财务报告准则中所指的辞退福利。

(8) 其他与获得职工提供的服务相关的支出,是指除上述七种薪酬以外的其他未获得职工提供的服务而给予的薪酬,如企业提供的职工以权益性形式结算的认股权、以现金形式结算但以权益工具公允价值为基础确定的现金股票增值权等。

总之,从薪酬的涵盖时间和支付形式来看,职工薪酬包括企业职工在职期间和离职后给予的所有货币性薪酬和非货币性福利;从薪酬的支付对象来看,职工薪酬包括提供给职工本人及其配偶、子女或其他被赡养人的福利,如支付给因公伤亡职工的配偶、子女或其他被赡养人的抚恤金。

二、职工薪酬的计算

（一）工资的计算

工资是职工薪酬的主要内容，工资的计算是企业直接工资费用归集的基础，也是企业与职工之间进行工资结算的依据。企业可以根据具体情况采用各种不同的工资制度，其中，最基本的是计时工资制度和计件工资制度。

1. 计时工资的计算

计时工资的计算有月薪制和日薪制两种计算方法。

（1）月薪制。

月薪制是指按职工的月标准工资，扣除缺勤工资，计算应付职工薪酬的一种方法。采用月薪制，不论该月是多少天，只要职工出满勤，就可以拿到全勤工资薪酬。如有缺勤，则应从月标准工资中扣除缺勤工资。因此，这种方法又称为扣缺勤法。其具体计算公式为：

$$某职工应得计时工资 = 该职工月标准工资 - 缺勤天数 \times 日标准工资$$

在按小时计算缺勤时间时，上述公式可改为：

$$某职工应得计时工资 = \frac{该职工月标准工资 - 缺勤小时数 \times 日标准工资}{每班工作小时数}$$

（2）日薪制。

日工资薪酬（日标准工资）是指每位职工在单位时间（如每小时、每天）应得的平均工资数额。日工资薪酬的计算有以下三种方法：

① 按全年平均月计薪天数计算。

按全年平均月计薪天数计算日工资薪酬，是用月工资收入除以全年平均月计薪天数计算的。根据我国劳动和社会保障部《关于职工全年月平均工作时间和工资折算问题的通知》规定，日标准工资按月计薪天数 21.75 天[月计薪天数=(365-104)/12月]折算。其计算公式为：

$$日工资薪酬 = \frac{月工资薪酬}{21.75}$$

采用这种方法计算日工资薪酬比较简单，双休日不付工资薪酬，缺勤期间是双休日的，不扣工资薪酬。

【案例分析3-8】 泰达工厂职工小张的月工资薪酬为 2 500 元，6 月份缺勤 4 天（缺勤期间有休息日 2 天），有双休日 8 天，应付小张计时工资薪酬的计算结果为：

$$日工资薪酬 = \frac{2\ 500}{21.75} = 114.94（元）$$

应付小张计时工资薪酬 = 2 500 - 2×114.94 = 2 270.12（元）

② 按全年平均每月日历日数计算。

按全年平均每月日历日数计算日工资薪酬,是根据月工资薪酬收入除以全年平均每月日历日数计算的。其计算公式为:

$$日工资薪酬 = \frac{月工资薪酬}{30}$$

采用这种方法计算时,日工资薪酬包括双休日的工资薪酬,缺勤期间若是双休日,照扣工资薪酬。

【案例分析3-9】 泰达工厂职工小李的月工资薪酬为3 300元,6月份缺勤4天(缺勤期间有休息日2天),有双休日8天。应付小李计时工资薪酬的计算结果为:

$$日工资薪酬 = \frac{3\,300}{30} = 110(元)$$

应付小李计时工资薪酬 = 3 300 - 4 × 110 = 2 860(元)

③ 按当月满勤日数计算。

按当月满勤日数计算日工资薪酬,是根据月工资薪酬收入除以当月满勤日数计算的。其计算公式为:

$$日工资薪酬 = 月工资薪酬 / 当月满勤日数$$

$$当月满勤日数 = 当月日历日数 - 当月双休日天数 - 当月节假日天数$$

采用这种计算方法,由于每个月的双休日和节假日不相同,所以,每个月计算的当月满勤日数不相同,日工资薪酬也不同。虽然采用这种方法计算工作量较大,但是计算的应付职工薪酬的金额比较准确。

【案例分析3-10】 泰达工厂职工小张的月工资薪酬为2 580元,7月份病假2天,事假2天,有双休日9天,出勤18天,病假、事假期间没有节假日,病假工资薪酬按月工资薪酬的80%计算。采用不同日工资薪酬的计算过程如下:

(1) 若日工资薪酬按21.75天计算,则:

$$日工资薪酬 = \frac{2\,580}{21.75} = 118.62(元)$$

应付小张计时工资薪酬 = 18 × 118.62 + 2 × 118.62 × 80% = 2 324.95(元)

(2) 若日工资薪酬按30天计算,则:

$$日工资薪酬 = \frac{2\,580}{30} = 86(元)$$

应付小张计时工资薪酬 = (18 + 9) × 86 + 2 × 86 × 80% = 2 459.60(元)

(3) 若日工资薪酬按当月满勤天数 22 天(31-9=22)计算,则:

$$日工资薪酬 = \frac{2\,580}{22} = 117.27(元)$$

应付小张计时工资薪酬 = 18 × 117.27 + 2 × 117.27 × 80% = 2 298.49(元)

2. 计件工资的计算

计件工资薪酬按照支付对象的不同,可分为个人计件工资薪酬和集体计件工资薪酬。在计算计件工资薪酬时,对于由于材料缺陷等客观原因产生的废品(即料废),应照付计件工资薪酬;对于由于工人加工过失等原因而产生的废品(即工废),则不应支付计件工资薪酬。计件工资薪酬一般只适合用于生产工人工资薪酬的计算。其计算公式为:

$$应付计件工资薪酬 = \sum[(合格品数量 + 料废品数量) \times 计件单价]$$

(1) 个人计件工资薪酬的计算。

个人计件工资薪酬是以个人完成的产品数量和规定的计件单位计算的工资薪酬。

$$应付计件工资薪酬 = (合格品数量 + 料废品数量) \times 定额工时 \times 小时工薪率$$

【案例分析 3-11】 泰达工厂职工小张 20××年 5 月份生产甲产品 1 000 件,乙产品 800 件,验收时发现甲产品料废 3 个,工废 5 个,其余合格,甲、乙产品的计件单价分别为 0.8 元和 2.5 元。小张本月应得计件工资薪酬为:

应付小张 5 月份的计件工资薪酬 = (1 000 - 5) × 0.8 + 800 × 2.5 = 2 796(元)

【案例分析 3-12】 泰达工厂职工小王 20××年 5 月份生产甲产品 500 件,乙产品 800 件,验收时发现甲产品料废 3 个,工废 5 个,其余合格,甲、乙产品的定额工时分别为 0.2 小时和 0.1 小时,该职工的小时工薪率为 10 元。小王本月应得计件工资薪酬为:

应付小王计件工资薪酬 = [(500 - 5) × 0.2 + 800 × 0.1] × 10 = 1 790(元)

(2) 集体计件工资薪酬的计算。

在企业中,有的产品生产是按集体(班、组)进行的,则计件工资薪酬需以集体为对象进行计算。具体分两步:第一步,先按上述计算个人计件工资薪酬的方法,计算出集体计件工资薪酬总额;第二步,采用一定的方法,将集体计件工资薪酬总额在集体各成员之间进行分配。其计算公式为:

$$集体应付计件工薪总额 = 集体完成工作量总和 \times 计件单价$$

$$某职工应付计件工资薪酬 = 该职工应付计时工资薪酬 \times 计件工薪分配率$$

$$某职工应付计时工资薪酬 = 该职工工作小时数 \times 小时工薪率$$

$$计件工薪分配率 = \frac{集体应付计件工薪总额}{集体职工应付计时工薪之和}$$

【案例分析 3-13】 泰达工厂有 4 名职工组成生产小组,20××年 5 月份生产甲产品

567件,计件单价为18元,其余资料如表3-11所示。计算每名职工本月应得计件工资薪酬的过程如下:

(1) 计算计件工资薪酬总额及计时工资薪酬总额:

计件工资薪酬总额 = 18 × 567 = 10 206(元)

计时工资薪酬总额 = 5 × 260 + 7 × 270 + 7 × 290 + 9 × 230 = 7 290(元)

(2) 计算计件工薪分配率及每名职工应得计件工资薪酬:

计件工资薪酬分配率 = 10 206 ÷ 7 290 = 1.4

小李应得计件工资薪酬 = 1 300 × 1.4 = 1 820(元)

小王应得计件工资薪酬 = 1 890 × 1.4 = 2 646(元)

小周应得计件工资薪酬 = 2 030 × 1.4 = 2 842(元)

小吴应得计件工资薪酬 = 2 070 × 1.4 = 2 898(元)

(3) 编制泰达工厂计件工资薪酬分配表,如表3-11所示。

表3-11 泰达工厂计件工资薪酬分配表

20××年5月 单位:元

姓名	小时工薪率	实际工作小时	分配标准	分配率	应得计件工资
小李	5	260	1 300		1 820
小王	7	270	1 890		2 646
小周	7	290	2 030		2 842
小吴	9	230	2 070		2 898
合计			7 290	1.4	10 206

3. 加班工资的计算

(1) 职工全年月平均工作时间和工资折算的规定。

根据我国劳动和社会保障部《关于职工全年月平均工作时间和工资折算问题的通知》(劳社部〔2008〕3号)的规定,有以下内容:

① 实施综合计算工时工作制的劳动者,其实际工作时间超过制度工作时间的部分应视为延长工作时间,即每年实际工作时间超过250天(或2 000小时)、每季度实际工作时间超过62.5天(或500小时)、每月实际工作时间超过20.83天(或166.64小时)的部分属于延长工作时间。

② 月工资收入是指劳动者在制度工作时间内提供正常劳动情况下,由用人单位按月支付给劳动者的劳动报酬。月工资收入按月计薪天数21.75天折算的日工资,可以作为劳动者延长工作时间的日工资标准计算加班工资。月工资收入按月计薪小时数174

小时折算的小时工资,可以作为劳动者延长工作时间的小时工资标准计算加班工资。

在计算日或者小时工资基数时,首先应按照劳动合同约定的劳动者本人工资标准确定;劳动合同没有约定的,按照集体合同约定的加班工资基数以及休假期间工资标准确定;劳动合同、集体合同均未约定的,按照劳动者本人正常劳动应得的工资薪酬确定。依据上述原则确定的加班工资基数不得低于当地规定的最低工资标准。

(2) 加班工资薪酬的支付标准(系数)。

安排劳动者在日标准工作时间以外延长工作时间的,按照不低于小时工资基数的150%支付加班工资;安排休息日工作的,应当安排其同等时间补休,不能安排补休的,按照不低于日或者小时工资基数的200%支付加班工资;安排在节假日工作的,按照不低于日或者小时工资基数的300%支付加班工资。

【案例分析3-14】 泰达工厂职工小李的月工资薪酬为2 175元,如果公司安排小李在5月1日法定休假日加班,则公司应支付给小李的加班工资薪酬为:

$$日工资薪酬 = \frac{2\ 175}{21.75} = 100(元)$$

应支付给小李的加班工资薪酬 = 100 × 3 = 300(元)

即如果公司安排小李在5月1日法定休假日加班,则除了应支付给小李当日的100元以外,还应当支付其不低于300元的加班工资薪酬。如果5月2日是星期日,小李继续加班,公司首先应安排补休,否则,需支付两倍的工资薪酬。

(3) 加班工资薪酬的例外情况。

除以上两种情况外,还有两种特殊的加班工资算法,一种是因工作性质需要,企业采取集中上班、集中休息的方式安排工作,并经劳动保障部门批准的实行综合计算工时工作制。企业应当按照劳动者实际工作的时间计算其工资;劳动者总实际工作时间超过总标准工作时间的部分,视为延长工作时间,应支付不低于小时工资基数150%的加班工资;安排劳动者在法定休假日工作的,应支付不低于日或者小时工资基数300%的加班工资。另一种是经劳动保障部门批准实行不定时工作制岗位的劳动者,在明确工作量的前提下,其本人的工作时间和休息时间可以自主安排,所以,用人单位可以不支付加班工资。

(二) 职工福利费的计算

企业依据国家有关规定,按照职工工资总额的一定比例从有关成本费用中提取,形成用于职工医疗卫生和生活困难补助等方面支出的资金,称为提取职工福利费。提取职工福利费是通过编制提取职工福利费计算表来计算的。

【案例分析3-15】 泰达工厂确定的职工福利费提取比例为工资总额的6%,20××年5月根据其工资薪酬情况编制的职工福利费计算表,如表3-12所示。

表 3-12 泰达工厂提取职工福利费计算表

20××年5月　　　　　　　　　　　　　　　　　　　　　单位：元

车间、部门	工资总额	计提比例	应计提职工福利费
基本生产车间	105 000	6%	6 300
产品生产工人	80 000	6%	4 800
车间管理人员	25 000	6%	1 500
辅助生产车间	15 000	6%	900
第一车间	8 500	6%	510
第二车间	6 500	6%	390
企业管理部门	10 000	6%	600
专设销售机构	3 000	6%	180
在建工程人员	7 000	6%	420
合　计	140 000	6%	8 400

（三）社会保险费的计算

对医疗保险费、养老保险费（包括基本养老保险费和补充养老保险费）、失业保险费、工伤保险费和生育保险费等社会保险费，国家规定了计提基础和计提比例的，企业应当按照国家规定的标准计提。

【案例分析 3-16】 泰达工厂按照国家规定对医疗保险费、养老保险费、失业保险费、工伤保险费和生育保险费等社会保险费依据职工工资总额分别按照8%、20%、2%、0.8%和0.8%的比例计提，编制社会保险费计算表，如表3-13所示。

表 3-13 泰达工厂社会表现费计算表

20××年5月　　　　　　　　　　　　　　　　　　　　　单位：元

车间、部门	工资总额	医疗保险费(8%)	养老保险费(20%)	失业保险费(2%)	工伤保险费(0.8%)	生育保险费(0.8%)	合计
基本生产车间	105 000	8 400	21 000	2 100	840	840	33 180
产品生产工人	80 000	6 400	16 000	1 600	640	640	25 280
车间管理人员	25 000	200	5 000	500	200	200	7 900
辅助生产车间	15 000	1 200	3 000	300	120	120	4 740
第一车间	8 500	680	1 700	170	68	68	2 686
第二车间	6 500	520	1 300	130	52	52	2 054
企业管理部门	10 000	800	2 000	200	80	80	3 160

（续表）

车间、部门	工资总额	医疗保险费（8%）	养老保险费（20%）	失业保险费（2%）	工伤保险费（0.8%）	生育保险费（0.8%）	合 计
专设销售机构	3 000	240	600	60	24	24	948
在建工程人员	7 000	560	1 400	140	56	56	2 212
合　计	140 000	11 200	28 000	2 800	1 120	1 120	44 240

（四）住房公积金、工会经费、职工教育经费的计算

对住房公积金、工会经费、职工教育经费等，国家规定了计提基础和计提比例的，企业应当依据国家规定的标准计提。

【案例分析3-17】 泰达工厂按照国家规定计提住房公积金、工会经费、职工教育经费，提取比例分别为工资总额的8%、2%和1.5%，编制住房公积金、工会经费、职工教育经费计算表，如表3-14所示。

表3-14　泰达工厂住房公积金、工会经费、职工教育经费计算表

20××年5月　　　　　　　　　　　　　　　　　　　　　　　　　单位：元

车间、部门	工资总额	住房公积金（8%）	工会经费（2%）	职工教育经费（1.5%）	合　计
基本生产车间	105 000	8 400	2 100	1 575	12 075
产品生产工人	80 000	6 400	1 600	1 200	9 200
车间管理人员	25 000	2 000	500	375	2 875
辅助生产车间	15 000	1 200	300	225	1 725
第一车间	8 500	680	170	127.5	997.5
第二车间	6 500	520	130	97.5	747.5
企业管理部门	10 000	800	200	150	1 150
专设销售机构	3 000	240	60	45	345
在建工程人员	7 000	560	140	105	805
合　计	140 000	11 200	2 800	2 100	16 100

（五）职工薪酬结算汇总表编制

企业按规定计算出每一职工的应付工资薪酬后，应在规定日期发放给职工。为了反映企业与职工之间工资薪酬的结算情况，企业财务部门应根据各车间、部门的职工工资薪酬单，汇总编制职工薪酬结算汇总表，作为应付职工薪酬的依据。职工薪酬结算汇

总表的格式如表3-15 所示。

表3-15 泰达工厂职工薪酬结算汇总表

部门	标准工资薪酬	奖金	津贴和补贴		加班加点工薪	特殊情况下支付的工薪		应付工薪	代扣款项			实发工薪
			岗位津贴	副食津贴		病假	探亲		水电费	房租	小计	
…												
…												

三、职工薪酬费用的分配

为了如实地反映企业与职工之间各项工资薪酬费用的结算情况,企业应设置"应付职工薪酬"账户。该账户属于负债类账户,用来核算企业根据有关规定应付给职工的各种薪酬。"应付职工薪酬"账户应当设置"工资""职工福利费""社会保险费""住房公积金""工会经费""职工教育经费""非货币性福利""辞退福利"等项目进行明细核算。

(一)职工薪酬费用的分配方法

采用计件工资形式支付的产品工人工资,一般可以直接计入所生产产品的成本,不需要在各成本核算对象之间进行分配。采用计时工资形式支付的工资,如果生产车间(班组)或工人只生产一种产品,可以将工资费用直接计入该种产品成本,也不需要分配;如果生产多种产品,则需要选用合理的分配方法,在各成本核算对象之间进行分配。按照职工工资总额的一定比例提取的职工福利费、社会保险费等其他工资薪酬,应当并入工资总额、直接计入或者分配计入所生产产品的成本。

职工薪酬费用的分配方法有生产工时分配法、直接材料成本分配法和系数分配法等。直接材料成本分配法的分配标准是受益对象的直接材料成本,只适用于产品材料成本比重较大,且工资费用的发生与材料成本的多少直接相关的情况;系数分配法主要适用于同类产品中不同规格、型号的产品之间费用的分配。因此,这两种方法都有一定的局限性。

生产工时分配法的分配标准是产品实际生产工时,在计时工资制度下,生产工时的多少与工资费用的多少直接相关,因此,该方法比较合理。其计算公式为:

$$费用分配率 = \frac{应分配的直接人工费用}{各种产品实际生产工时之和}$$

【案例分析3-18】 泰达工厂生产甲、乙两种产品,20××年5月份应付生产工人工资为2 500元,本月生产甲产品的实际生产工时为3 000小时,生产乙产品的生产工时为2 000小时,采用生产工时分配法分配生产工人工资的过程如下:

(1) 计算职工薪酬费用分配率：

职工薪酬费用分配率 = 2 500/5 000 = 0.5

(2) 分配职工薪酬费用：

甲产品应负担职工薪酬费用 = 3 000 × 0.5 = 1 500(元)

乙产品应负担职工薪酬费用 = 2 000 × 0.5 = 1 000(元)

(3) 根据计算结果，登记职工薪酬费用分配表(见表3-16)。

表3-16　泰达工厂职工薪酬费用分配表

20××年5月　　　　　　　　　　　　　　　　　　　　　　　　单位：元

产品名称	实际生产工时(小时)	分配率	分配金额
甲产品	3 000		1 500
乙产品	2 000		1 000
合　计	5 000	0.5	2 500

(二) 分配结转职工薪酬费用的账务处理

1. 货币性职工薪酬的账务处理

企业应当在职工为其提供服务的会计期间，根据职工提供服务的受益对象，将应确认的职工薪酬(包括货币性薪酬和非货币性福利)计入相关资产成本或当期损益，同时确认为应付职工薪酬。基本生产部门职工薪酬记入"生产成本——基本生产成本"账户借方，辅助生产部门职工薪酬记入"生产成本——辅助生产成本"账户借方，生产部门管理人员薪酬记入"制造费用"账户借方，管理部门人员薪酬记入"管理费用"账户借方，销售部门人员薪酬记入"销售费用"账户借方，同时贷方记入"应付职工薪酬"账户。

【**案例分析3-19**】　泰达工厂生产甲、乙两种产品，20××年5月份根据有关资料编制的工资费用分配表如表3-17所示。并据此编制会计分录如下：

借：生产成本——基本生产成本——甲产品　　　　　　　　　　4 500
　　　　　　　　　　　　　　　　——乙产品　　　　　　　　　　6 000
　　生产成本——辅助生产成本——第一车间　　　　　　　　　　3 500
　　　　　　　　　　　　　　　　——第二车间　　　　　　　　　4 000
　　制造费用——基本生产车间　　　　　　　　　　　　　　　　2 000
　　管理费用　　　　　　　　　　　　　　　　　　　　　　　　2 800
　　销售费用　　　　　　　　　　　　　　　　　　　　　　　　1 000
　　在建工程　　　　　　　　　　　　　　　　　　　　　　　　1 200
　　贷：应付职工薪酬　　　　　　　　　　　　　　　　　　　 25 000

表 3-17　泰达工厂工资费用分配表

20××年5月　　　　　　　　　　　　　　　　　　　　　　　单位：元

应借账户		成本或费用账户	直接计入	分配计入			合计
				生产工时	分配率	分配额	
基本生产成本	甲产品	直接人工	3 000	3 000		1 500	4 500
	乙产品	直接人工	5 000	2 000		1 000	6 000
	小　计		8 000	5 000	0.5	2 500	10 500
制造费用	基本生产车间	工资	2 000				2 000
辅助生产成本	第一车间	工资	3 500				3 500
	第二车间	工资	4 000				4 000
	小　计		7 500				7 500
管理费用		工资	2 800				2 800
销售费用		工资	1 000				1 000
在建工程		工资	1 200				1 200
合计			22 500			2 500	25 000

2. 非货币性薪酬的账务处理

企业以非货币性资产作为福利发给职工的,应根据非货币性资产的不同性质以及不同的受益对象进行相应的账务处理。

学习情景五　折旧费用及其他费用的归集和分配

一、折旧费用的归集和分配

固定资产在长期使用过程中保持实物形态不变,但其价值随着固定资产的使用和时间的推移逐渐减少,这部分减少的价值就是固定资产折旧,它以折旧费用的形式计入产品成本和期间费用。折旧费用按使用车间、部门进行汇总,然后与生产单位(车间)、部门的其他费用一起分配计入产品成本和期间费用,即借记"制造费用""管理费用""销售费用"等科目,贷记"累计折旧"科目。

折旧费用的计算和分配是通过编制固定资产折旧费用分配表进行的,并据此编制会计分录,登记有关总账和明细账。

【案例分析3-20】 假设某企业6月份的折旧费用分配表如表3-18。

表 3-18 折旧费用分配表

20××年6月 单位：元

应借科目	车间部门	5月固定资产折旧额	5月增加固定资产的折旧额	5月减少固定资产的折旧额	本月固定资产折旧额
制造费用	基本生产车间	90 000	30 000	20 000	100 000
辅助生产成本	供电车间	13 000	2 000	3 000	12 000
	机修车间	2 000			2 000
	小　计	15 000	2 000	3 000	14 000
管理费用	行政管理部门	28 000	2 000		30 000
销售费用	专设销售部门	7 000	3 000		10 000
合　计		140 000	37 000	23 000	154 000

根据表 3-18 编制下列会计分录：

借：制造费用——基本生产车间　　　　　　　　　　100 000
　　生产成本——辅助生产成本——供电车间　　　　 12 000
　　　　　　　　　　　　　　　——机修车间　　　　2 000
　　管理费用　　　　　　　　　　　　　　　　　　 30 000
　　销售费用　　　　　　　　　　　　　　　　　　 10 000
　　贷：累计折旧　　　　　　　　　　　　　　　　154 000

二、利息、税金及其他费用的归集和分配

企业要素费用中的利息费用、税金不属于产品成本的组成部分，属于期间费用。利息费用一般按季计算，支付时，全部计入当期的"财务费用"账户。

企业按规定交纳房产税、车船使用税、土地使用税前需要预先计算应交税金，然后交纳，这些税金通过"应交税费"账户核算。计算交纳时，借记"应交税费"科目，贷记"银行存款"科目。印花税可以直接计算并缴纳，不通过"应交税费"账户核算，企业于月末根据有关规定和实际发生额，将其直接计入"管理费用"账户。

学习情景六　待摊费用和预提费用的归集和分配

一、待摊费用的核算

企业生产车间发生的待摊费用，是指本月发生、应由本月和以后各月产品共同负担

的成本。这种成本发生以后,不是一次全部计入当期成本,而是按照其受益期限分摊计入各月成本。这样做是为了正确划分各个月份的成本界限,从而正确计算各月产品成本。待摊费用一般要在一年内摊销完。生产车间的待摊费用主要包括预付保险费和预付固定资产租金等。待摊费用的发生和分配是通过增设"待摊费用"(或其他应收款)科目进行核算的。成本发生时,应借记"待摊费用"科目,贷记"银行存款"等科目。

由于摊销的成本一般不专设成本项目,因而生产车间摊销相关成本时,一般应按各车间进行分配。摊销时,借记"制造费用"科目,贷记"待摊费用"(或其他应收款)科目。

二、预提费用的核算

预提费用是指预先分月计入成本,但由以后月份支付的成本。这样做也是为了正确划分各个月份的成本界限,从而正确计算各月产品成本。预提费用的预提期限也应按其受益期确定。预提费用的受益期一般不得超过一年。

预提费用的预提和支付,通过增设"预提费用"(或其他应付款)科目进行。生产车间预提成本时,应借记"制造费用"科目及所属明细账相应的项目,贷记"预提费用"科目。实际支付预提成本时,应借记"预提费用"(或其他应付款)科目,贷记"银行存款"等科目。"预提费用"(或其他应付款)科目的贷方余额,为已经预提但尚未支付的成本。如果预提期内实际发生的成本大于已预提的成本,该科目会出现借方余额,该余额属于已经支付但尚未计入生产成本的支出,应作为待摊费用,在预提期末前分月摊销。预提成本应按其种类进行明细核算,分别反映各种预提成本的预提和支付情况。

任务二　辅助生产费用的归集和分配

学习情景一　辅助生产费用核算的账户设置及核算程序

一、辅助生产费用核算的账户设置

辅助生产是为企业基本生产单位、企业行政管理部门及其他部门，或辅助生产单位自身服务而进行的产品生产和劳务供应，是企业生产的重要组成部分。辅助生产单位提供的产品和劳务，有的比较单一，如供水、供电、修理、运输等；有的品种、项目比较多，如自制材料、工具、模具和包装物、低值易耗品等。辅助生产单位提供的产品和劳务，有的需要验收入库，期末有可能有在产品，如自制材料、低值易耗品、包装物等；有的不需要存放于仓库，也没有在产品，如供水、供电、供气和修理、运输等。

由于各个辅助生产单位提供的产品和劳务种类不同，其费用分配和成本结转的方式也不一样。按照费用分配和成本结算方式的不同，辅助生产可以分为两种类型：一是生产需要结转验收入库产品（自制材料、包装物、低值易耗品等），一般有期末余额；二是生产不能结转入库产品（电力、蒸汽、水等）和提供劳务（运输、修理等）。

辅助生产费用是辅助生产部门在生产产品和提供劳务过程中所发生的各种耗费，又称辅助生产成本。辅助生产费用的归集可以通过设置"生产成本——辅助生产成本"账户进行，也可以将"辅助生产成本"作为总分类账户，再按辅助生产单位设置二级账户来归集。本书采用通过设置"生产成本——辅助生产成本"账户归集生产费用的方法。

"生产成本——辅助生产成本"应按照成本核算对象（产品或提供劳务的种类）开设辅助生产成本明细账，用来归集辅助生产费用，计算辅助生产单位生产的各种产品或提供劳务的实际总成本和单位成本。

辅助生产成本明细账的成本项目，可以和基本生产成本明细账（产品成本计算单）一样，设置直接材料、直接人工、制造费用等原始成本项目，也可以根据辅助生产单位自身的生产特点和成本管理要求设置成本项目。辅助生产成本二级账及所属生产成本明细账，都应当按照确定的成本项目开设专栏，组织辅助生产费用的明细核算及辅助生产单位产品和劳务成本的核算。

辅助生产单位发生的制造费用有两种归集方法：一是在"制造费用"总分类账户下，按照辅助生产单位设置制造费用明细账，归集辅助生产单位发生的制造费用以后，月末再分配转入辅助生产成本二级账所属的产品生产成本明细账;二是直接计入或分配计入辅助生产成本二级账及所属的产品生产成本明细账,在"制造费用"总分类账户下不设置辅助生产单位的制造费用明细账。

在一般情况下,为了便于考核和分析辅助生产单位制造费用预算执行情况,辅助生产的制造费用应通过按辅助生产单位设置的制造费用明细账进行归集。只有在辅助生产单位规模很小、产品或劳务单一、制造费用很少,而且不对外提供产品和劳务,不需要按照规定的成本项目计算产品成本的情况下,为了简化核算,才可以不设置辅助生产单位制造费用明细账,直接将制造费用计入辅助生产成本二级账和明细账。在不设置辅助生产单位制造费用明细账的情况下,辅助生产成本二级账和所属的产品生产成本明细账,应将产品和劳务的成本项目与制造费用的费用项目结合起来设置专栏,组织辅助生产费用的明细核算和产品、劳务成本的计算。

表3-19 某工厂辅助生产成本明细账

供电车间　　　　　　　　　　20××年5月　　　　　　　　　　单位:元

摘要	项目			合计
	直接材料	直接人工	制造费用	
辅助材料	4 000			4 000
动力费用	600			600
工资费用		7 000		7 000
福利费用		980		980
折旧费用			2 200	2 200
水电办公费			220	220
待分配费用总额				15 000
分配转出总额	4 600	7 980	2 420	15 000

当辅助生产部门提供单一产品或劳务时,辅助生产部门所发生的费用不必区分直接费用和间接费用,因此,设置一个"生产成本——辅助生产成本"账户即可,辅助生产单位不必单独设置"制造费用"账户,此时,辅助生产成本明细账的格式采用按直接材料、直接人工、制造费用原始成本项目设置栏目的方法,其一般格式如表3-19和表3-20所示。如果辅助生产的自制材料、包装物、低值易耗品等有多种,辅助生产部门发生的费用需要在两个或两个以上的受益对象之间进行分配,辅助生产费用就需要区分直接费用和间接费用,需要同时设置"生产成本——辅助生产成本"账户和"制造费用"账户,分别核算直接费用和间接费用,此时,辅助生产成本明细账的格式与基本生产成本明细账的格式相同。

表3-19中本月发生额合计15 000元,即为当月供电车间归集的辅助生产费用总额;表3-20中本月发生额合计24 000元,即为当月机修车间归集的辅助生产费用总额。

表3-20 某工厂辅助生产成本明细账

机修车间　　　　　　　　　　　　20××年5月　　　　　　　　　　　　单位：元

摘要	项目			合计
	直接材料	直接人工	制造费用	
修理备件	7 000			7 000
动力费用	900			900
工资费用		10 000		10 000
福利费用		1 400		1 400
折旧费用			3 000	3 000
水电办公费			1 700	1 700
待分配费用总额				24 000
分配转出	7 900	11 400	4 700	24 000

二、辅助生产费用的核算程序

（一）需要验收入库产品的核算

辅助生产单位为基本生产单位提供的自制材料、包装物、自制工具和模具等产品，完工后需要办理验收入库手续，再由各生产单位到仓库领用。在这种情况下，辅助生产单位应当办理验收入库手续，再由各生产单位到仓库领用。在这种情况下，辅助生产单位应当以提供各产品品种作为成本核算对象，分别计算各种产品的实际总成本和单位成本。辅助生产单位当月发生的各项费用，应直接计入或分配计入各种产品生产成本明细账；计入产品生产成本明细账的费用（包括期初在产品成本和本期发生的生产费用）应当在本期完工产品和期末在产品之间进行分配，计算出本期完工产品的实际总成本和单位成本。这类辅助生产单位产品成本的计算程序和方法，与基本生产单位产品成本的计算程序和方法是相同的。月末，当产品完工结转入库时，将辅助生产单位当月完工入库的自制材料、包装物、低值易耗品等产品的实际总成本，从"生产成本——辅助生产成本"账户的贷方，转入"原材料""包装物""低值易耗品"等账户的借方，结转后，"生产成本——辅助生产成本"账户期末如果有借方余额，就是该辅助生产单位月末在产品成本。

（二）需要分配给各受益对象的产品（劳务）成本核算

如果辅助生产单位提供的是水、电等不需要入库的产品或提供机修、运输等劳务所发生的费用，则以提供的各种产品或劳务作为成本核算对象，分别计算各种产品或劳务的实际总成本和单位成本，在各受益对象之间，按所消耗数量采用一定的分配方法进行运算，转入各受益对象的费用成本。辅助生产单位当月发生的各项费用，应当直接计入或分配计入各种产品和劳务的生产成本明细账。由于这种生产一般没有月末在产品,所以,当月计入各种产品或劳务生产成本明细账中的各项生产费用之和,就是该产品或劳务的实际总成本,不需要在本月完工产品和月末在产品之间进行分配。

辅助生产单位提供的产品和劳务的受益对象,有企业基本生产单位、企业管理部门、专设销售机构、企业外部客户、在建固定资产等,也有相互提供产品和劳务的辅助生产单位。各个受益对象应负担的辅助生产费用,应从"生产成本——辅助生产成本"账户贷方分别转入"生产成本——基本生产成本""制造费用""管理费用""销售费用"等账户的借方;为企业固定资产建造、安装等工程提供的水、电和修理等劳务成本,转入"在建工程"账户。辅助生产车间之间相互提供产品和劳务,在相互分配费用时,也要标志有关成本结算的会计分录,转入有关辅助生产成本账户。在月末进行产品或劳务成本结转以后,辅助生产成本明细账应无余额。

学习情景二 辅助生产费用的分配方法

辅助生产费用分配时,企业如果只有一个辅助生产单位,辅助生产费用的分配比较简单,通常按各受益对象耗用的该辅助生产单位的产品或劳务数量比例在各受益对象之间进行分配。企业如果同时拥有两个或两个以上的辅助生产单位,而且辅助生产单位之间相互提供产品或劳务,这就使得辅助生产费用分配比较复杂,在分配费用时,首先要在各辅助生产单位之间进行交互分配,然后再在辅助生产单位以外的各受益对象之间进行分配,从而形成辅助生产费用分配的特点,也增加了辅助生产费用分配的难度。

在实际工作中,辅助生产费用的分配通常采用直接分配法、交互分配法、计划成本分配法和代数分配法等专门方法。

一、直接分配法

直接分配法是指将各辅助生产单位归集的辅助生产费用,直接分配给辅助生产单位以外的各受益对象的方法。其特点是:辅助生产单位虽然相互耗用产品或提供劳务,但并不相互分配费用,而是将待分配的辅助生产费用直接分配给辅助单位以外的各受益对象。

采用直接分配法分配辅助生产费用时,由于辅助生产费用只对辅助生产单位以外的受益对象进行分配,因而计算工作简便,但辅助生产单位之间相互提供产品和劳务却不分配费用,造成分配结果不够准确。因此,直接分配法一般适用于辅助生产单位之间相互提供产品和劳务较少的企业。

直接分配法下,辅助生产费用的费用分配率计算公式为:

$$费用分配率 = \frac{待分配辅助生产费用总额}{为辅助生产单位以外的各受益部门提供的劳务量}$$

某受益对象应负担的费用 = 该受益对象的劳务量 × 费用分配率

【案例分析3-21】 某工厂设有供电和机修两个辅助生产单位,根据20××年5月"生产成本——辅助生产成本"明细账(表3-19和表3-20)的资料,供电车间本月发生费用为15 000元,机修车间本月发生费用为24 000元。各辅助生产单位提供的产品与劳务数量如表3-21所示。

表3-21 某工厂辅助生产单位提供的产品与劳务数量

20××年5月

受益对象(生产单位和部门)	机修车间(小时)	供电车间(度)
本月劳务供应量	4 000	30 000
辅助生产单位耗用		
机修车间	—	5 000
供电车间	1 000	—
基本生产单位耗用		
产品生产耗用		10 000
产品一般耗用	2 200	3 000
专设销售机构	300	4 000
行政管理部门	500	8 000
合计	4 000	30 000

根据表3-21的资料,采用直接分配法分配辅助生产费用的计算过程如下:

(1) 计算费用分配率:

$$供电车间费用分配率 = \frac{15\,000}{30\,000 - 5\,000} = \frac{15\,000}{25\,000} = 0.6(元/度)$$

$$机修车间费用分配率 = \frac{24\,000}{4\,000 - 1\,000} = \frac{24\,000}{3\,000} = 8(元/小时)$$

(2) 计算辅助生产部门以外的各受益对象应分配的辅助生产费用。

① 分配电费:

基本生产车间产品生产应负担的电费 = 10 000 × 0.6 = 6 000(元)

基本生产车间一般消耗应负担的电费 = 3 000 × 0.6 = 1 800(元)

专门销售机构应负担的电费 = 4 000 × 0.6 = 2 400(元)

厂部管理部门应负担的电费 = 8 000 × 0.6 = 4 800(元)

② 分配机修费：

基本生产车间应负担的机修费 = 2 200 × 8 = 17 600(元)

专设销售机构应负担的机修费 = 300 × 8 = 2 400(元)

厂部管理部门应负担的机修费 = 500 × 8 = 4 000(元)

（3）根据上述计算过程和结果，编制直接分配法下的辅助生产费用分配表，如表3-22所示。

表 3-22　某工厂辅助生产费用分配表（直接分配法）

20××年5月　　　　　　　　　　　　　　　　　　　　　　　单位：元

项　目	分配机修费		分配电费	
	数量（小时）	金　额	数量（度）	金　额
待分配费用		24 000		15 000
辅助生产以外单位受益劳务量	3 000		25 000	
费用分配率（单位成本）		8		0.6
受益对象				
基本生产单位耗用				
产品生产耗用			10 000	6 000
车间一般耗用	2 200	17 600	3 000	1 800
专设销售机构	300	2 400	4 000	2 400
行政管理部门	500	4 000	8 000	4 800
合　计	3 000	24 000	25 000	15 000

根据表3-22编制会计分录如下：

借：生产成本——基本生产成本　　　　　　　　　　　　　　6 000

　　制造费用——基本生产车间　　　　　　　　　　　　　　19 400

　　销售费用　　　　　　　　　　　　　　　　　　　　　　4 800

　　管理费用　　　　　　　　　　　　　　　　　　　　　　8 800

　贷：生产成本——辅助生产成本——供电　　　　　　　　　15 000

　　　　　　　　　　　　　　　　——机修　　　　　　　　24 000

二、交互分配法

交互分配法又称一次交互分配法，它是将归集的辅助生产费用根据辅助生产单位相互提供的劳务数量和费用分配率(产品或劳务的单位成本),在辅助生产成本之间进行一次交互分配,然后计算出交互分配后待分配的辅助生产费用(即交互分配前的待分配费用加上交互分配转入的费用减去交互分配转出的费用),再在辅助生产单位以外的各受益对象之间进行分配的方法。其特点是费用的分配分为两个步骤进行,第一步是交互分配,第二步是对外分配。

(一) 辅助生产交互分配

$$交互分配费用分配率 = \frac{辅助生产车间交互分配前的待分配费用}{该辅助生产车间提供的产品或劳务总量}$$

某辅助车间交互分配额 = 该辅助生产车间耗用量 × 交互分配费用分配率

(二) 辅助生产对外分配

$$\frac{某辅助车间}{对外分配率} = \frac{辅助生产车间交互分配后的待分配费用}{该辅助生产车间为辅助生产单位以外的各受益部门提供的产品或劳务总量}$$

$$\frac{辅助生产车间交互}{分配后的待分配费用} = \frac{该辅助生产车间交互}{分配前的待分配费用} + \frac{交互分配}{转入的费用} - \frac{交互分配}{转出的费用}$$

某受益对象应负担的费用 = 该受益对象耗用量 × 对外分配率

【案例分析3-22】 根据表3-19、表3-20、表3-21提供的某厂资料,用交互分配法分配辅助生产费用,有关计算如下。

第一步:交互分配。

(1) 计算交互分配的费用分配率:

供电车间交互分配的费用分配率 = 15 000/30 000 = 0.5(元/度)

机修车间交互分配的费用分配率 = 24 000/4 000 = 6(元/小时)

(2) 计算交互分配的费用:

供电车间应负担的机修费 = 1 000 × 6 = 6 000(元)

机修车间应负担的电费 = 5 000 × 0.5 = 2 500(元)

第二步:对外分配。

(1) 计算交互分配后待分配费用的总额:

供电车间交互分配后待分配费用总额 = 15 000 + 6 000 − 2 500 = 18 500(元)

机修车间交互分配后待分配费用总额 = 24 000 + 2 500 − 6 000 = 20 500(元)

(2) 计算交互分配后对外分配的分配率:

供电车间交互分配后对外分配的分配率 = 18 500/(30 000 − 5 000) = 0.74(元/度)

机修车间交互分配后对外分配的分配率 = 20 500/(4 000 − 1 000) ≈ 6.833 3(元/小时)

(3) 计算辅助部门之外各受益对象应负担的费用：

① 分配电费：

基本生产车间生产产品应负担的电费 = 10 000 × 0.74 = 7 400(元)

基本生产车间一般消耗应负担的电费 = 3 000 × 0.74 = 2 220(元)

专设销售机构应负担的电费 = 4 000 × 0.74 = 2 960(元)

厂部管理部门应负担的电费 = 8 000 × 0.74 = 5 920(元)

② 分配机修费：

基本生产车间应负担的机修费 = 2 200 × 6.833 3 = 15 033.26(元)

专设销售机构应负担的机修费 = 300 × 6.833 3 = 2 049.99(元)

厂部管理部门应负担的机修费 = 20 500 − 15 033.26 − 2 049.99 = 3 416.75(元)

根据表3-22中的有关资料和上述计算结果，编制辅助生产费用分配表，如表3-23所示。

表3-23 某工厂辅助生产费用分配表(一次交互分配法)

20××年5月　　　　　　　　　　　　　　　　　　　　　　　　　　单位：元

项目		机修车间费用			供电车间费用		
		数量(小时)	分配率(元/小时)	金额	数量(度)	分配率(元/度)	金额
交互分配前的辅助生产费用		4 000	6	24 000	30 000	0.5	15 000
交互分配	供电车间	1 000		6 000			
	机修车间				5 000		2 500
交互分配后的辅助生产费用		3 000	6.833 3	20 500	25 000	0.74	18 500
对外分配	基本生产车间						
	产品生产				10 000		7 400
	一般消耗	2 200		15 033.26	3 000		2 220
	专设销售机构	300		2 049.99	4 000		2 960
	厂部管理部门	500		3 416.75	8 000		5 920
合计		3 000		20 500	25 000		18 500

根据辅助生产费用分配表，编制会计分录如下：

① 交互分配：

借：生产成本——辅助生产成本——供电　　　　　　　6 000
　　　　　　　　　　　　　　——机修　　　　　　　2 500
贷：生产成本——辅助生产成本——供电　　　　　　　2 500
　　　　　　　　　　　　　　——机修　　　　　　　6 000

② 对外分配：

借：生产成本——基本生产成本　　　　　　　　　　　7 400
　　制造费用——基本生产车间　　　　　　　　　　　17 253.26
　　销售费用　　　　　　　　　　　　　　　　　　　5 009.99
　　管理费用　　　　　　　　　　　　　　　　　　　9 336.75
贷：生产成本——辅助生产成本——供电　　　　　　　18 500
　　　　　　　　　　　　　　——机修　　　　　　　20 500

采用交互分配法分配辅助生产费用时，由于各辅助生产单位相互提供的产品或劳务进行了一次交互分配，与直接分配法相比，提高了费用分配结果的正确性。但由于再分配费用时要计算交互分配和对外分配两个分配率，进行两次分配，增加了分配计算的工作量。同时，交互分配的费用分配率是根据交互分配前的待分配费用计算的，而不是辅助生产单位产品或劳务的实际单位成本，因此，分配结果也不是很准确，一般情况下，该分配方法适用于各辅助生产单位之间相互提供产品或劳务较多却差异较大的企业。在实际工作中，为了简化计算工作，如果各月辅助生产的成本水平相差不大，也可以用上月辅助生产单位生产该产品或劳务的实际单位成本，作为本月交互分配费用分配率（产品或劳务的单位成本）。

三、计划成本分配法

计划成本分配法是指先按照辅助生产单位提供产品或劳务的计划单位成本（计划分配率）和各受益对象（包括辅助生产单位在内）的实际耗用量，在各受益对象（包括辅助生产单位）之间进行分配，然后再计算各辅助生产单位实际发生的费用（待分配费用加上其他辅助生产单位按计划成本分配转入的费用）与各辅助生产单位按计划成本分配转出的费用之间的差额，即辅助生产单位产品和劳务成本差异。为了简化分配工作，辅助生产的成本差异一般全部调整计入管理费用，不再分配给其他受益对象。计划成本分配法的特点是：辅助生产费用的分配分为两个步骤进行，第一步，按计划单位成本在各受益对象之间进行分配；第二步，计算实际发生的费用与计划成本分配转出费用之间的差异，并计入管理费用。

【案例分析 3-23】　根据表 3-19、表 3-20、表 3-21 提供的资料，假定供电车间的计划分配率为 0.50 元/度，机修车间的计划分配率为 7 元/小时。采用计划成本分配法的分配过程如下。

（1）按计划成本计算全部受益对象（包括辅助生产单位）应负担的辅助生产费用（计算过程略）。分配结果如表3-24所示"某工厂辅助生产费用分配表（计划成本分配法）"。

表3-24　某工厂辅助生产费用分配表（计划成本分配法）

20××年5月　　　　　　　　　　　　　　　　　　　　　　　　单位：元

项　目	按计划成本分配				成本差异分配	
	分配电费		分配机修费		供电车间	机修车间
	数量/度	金额	数量/小时	金额		
待分配费用		15 000		24 000		
劳务供应总量	30 000		4 000			
计划单位成本（费用分配率）		0.5		7		
受益单位和部门						
供电车间			1 000	7 000		
机修车间	5 000	2 500				
基本生产车间						
产品生产	10 000	5 000				
一般耗用	3 000	1 500	2 200	15 400		
专设销售机构	4 000	2 000	300	2 100		
厂部管理部门	8 000	4 000	500	3 500	7 000	-1 500
合　计	30 000	15 000	4 000	28 000	7 000	-1 500

（2）计算辅助生产费用、实际成本和计划成本之间的成本差异：

供电车间实际总成本 = 15 000 + 7 000 = 22 000（元）

供电车间按计划成本分配转出的费用 = 30 000 × 0.5 = 15 000（元）

供电车间成本差异 = 22 000 - 15 000 = 7 000（元）

机修车间实际总成本 = 24 000 + 2 500 = 26 500（元）

机修车间按计划单位成本分配转出的费用 = 4 000 × 7 = 28 000（元）

机修车间成本差异 = 26 500 - 28 000 = -1 500（元）

（3）根据表3-24编制会计分录如下：

① 按计划单位成本分配辅助生产费用：

借：生产成本——基本生产成本　　　　　　　　　　　　　5 000
　　生产成本——辅助生产成本——供电　　　　　　　　　7 000
　　　　　　　　　　　　　　　——机修　　　　　　　　2 500
　　制造费用　　　　　　　　　　　　　　　　　　　　　16 900
　　销售费用　　　　　　　　　　　　　　　　　　　　　4 100
　　管理费用　　　　　　　　　　　　　　　　　　　　　7 500
　贷：生产成本——辅助生产成本——供电　　　　　　　　15 000
　　　　　　　　　　　　　　　——机修　　　　　　　　28 000
② 分配结转辅助生产成本差异：
借：管理费用　　　　　　　　　　　　　　　　　　　　　5 500
　贷：生产成本——辅助生产成本——供电　　　　　　　　7 000
　　　　　　　　　　　　　　　——机修　　　　　　　　1 500

上述结转辅助生产成本差异的会计分录是调整分录，因而不论成本差异是超支差异还是节约差异，账户对应关系相同，但超支差异用蓝色字表示补加，节约差异用红色字表示冲减。

计划成本分配法下，由于预先制定了辅助生产单位产品或劳务的计划单位成本，根据各受益对象耗用辅助生产单位的产品或劳务数量，即可直接进行费用分配，各辅助生产费用只需分配一次，因而简化和加速了费用分配工作；同时，按照计划单位成本分配，排除了辅助生产实际费用的高低对各受益对象成本的影响，便于考核分析各受益对象的经济责任；通过计算和分配辅助生产单位的成本差异，还可以查明辅助生产单位计划的完成情况。采用计划成本分配法，辅助生产产品或劳务的计划成本必须比较正确。

四、代数分配法

代数分配法是运用代数中多元一次联立方程组的原理，先根据辅助生产单位交互提供劳务的关系列出二元一次方程组，计算出辅助生产单位产品或劳务的实际单位成本；然后根据各受益对象的产品或劳务的实际数量和实际单位成本分配辅助生产费用的一种方法。

采用代数分配法分配辅助生产费用时分为两个步骤。

第一步，根据辅助生产单位交互提供劳务的关系列出二元一次方程组，求出各辅助生产单位费用的单位成本（及费用分配率），其计算公式为：

某辅助生产车间待分配辅助生产费用 + 该辅助生产车间接受的其他辅助车间产品或劳务数量 × 其他辅助车间生产车间费用分配率 = 该辅助车间对外提供的劳务总量 × 该车间的费用分配率

第二步,计算各受益对象应负担的辅助生产费用,其计算公式为:

某受益对象应负担的辅助生产费用 = 该受益对象接受的劳务量 × 费用分配率

【案例分析3-24】 利用表3-19、表3-20、表3-21提供的某工厂的资料,运用代数分配法分配辅助生产费用的过程如下。

假设某工厂供电车间的费用分配率(即每度电的单位成本)为X(元/度),机修车间的费用分配率(即每小时的机修成本)为Y(元/工时)。

根据辅助生产单位交互提供劳务的关系列出二元一次方程组:

$$\begin{cases} 15\,000 + 1\,000Y = 30\,000X \\ 24\,000 + 5\,000X = 4\,000Y \end{cases}$$

解得:

$$\begin{cases} X = 0.73 \\ Y = 6.913 \end{cases}$$

根据以上计算结果分配辅助生产费用,编制辅助生产费用分配表,如表3-25所示。

根据表3-25编制会计分录如下:

借:生产成本——基本生产成本　　　　　　　　　　　　　　7 300
　　生产成本——辅助生产成本——供电　　　　　　　　　　6 913
　　　　　　　　　　　　　　　——机修　　　　　　　　　3 650
　　制造费用——基本生产车间　　　　　　　　　　　　　　17 398.6
　　销售费用　　　　　　　　　　　　　　　　　　　　　　4 993.9
　　管理费用　　　　　　　　　　　　　　　　　　　　　　9 307.5
　贷:生产成本——辅助生产成本——供电　　　　　　　　　21 913
　　　　　　　　　　　　　　　——机修　　　　　　　　　27 650

采用代数分配法时,分配结果最准确,但在辅助生产单位较多的情况下,计算工作较复杂。这种分配方法适用于已实现会计电算化的企业。

表3-25　某工厂辅助生产费用分配表(代数分配表)

20××年5月　　　　　　　　　　　　　　　　　　　　　　　　单位:元

项　目	分配电费		分配机修费	
	数量/度	金　额	数量/小时	金　额
待分配费用		15 000		24 000
劳务供应总量	30 000		4 000	
费用分配率(单位成本)		0.730		6.913

(续表)

项　　目	分　配　电　费		分　配　机　修　费	
	数量/度	金　额	数量/小时	金　额
受益部门				
供电车间			1 000	6 913
机修车间	5 000	3 650		
基本生产车间				
产品生产	10 000	7 300		
车间一般消耗	3 000	2 190	2 200	15 208.6
专设销售机构	4 000	2 920	300	2 073.9
厂部管理部门	8 000	5 853	500	3 454.5
合　　计	30 000	21 913	4 000	27 650

任务三 制造费用的归集与分配

学习情景一 制造费用的归集

一、制造费用的归集

制造费用是指工业企业内部各生产单位(分厂和车间)生产产品或提供劳务而发生的各项间接费用。它主要包括生产单位车间管理人员的工资及福利费、生产单位的房屋、建筑物、机器设备等的折旧费和修理费、固定资产租赁费、机物料消耗、低值易耗品摊销、取暖费、水电费、办公费、差旅费、运输费、保险费、设计制图费、实验检验费、劳动保护费、季节性停工和生产用固定资产大修理期间停工的损失以及其他制造费用等。

为了归集与分配制造费用,企业应设置"制造费用"账户,该账户应按不同车间设置明细账,账内按费用项目设置专栏进行明细核算。制造费用的归集和材料费用、外购动力费用、固定资产折旧费用和修理费用、薪酬费用、辅助生产费用的分配密切相关。制造费用发生时,应根据有关付款凭证、转账凭证和各种费用分配表编制记账凭证,借记"制造费用"账户,贷记"原材料""应付职工薪酬""累计折旧""长期待摊费用""应付账款""生产成本——辅助生产成本""银行存款"等账户,期末按照一定的标准分配时,从该账户的贷方转出,转入"生产成本——基本生产成本"账户的借方;除季节性生产的车间、分厂外,"制造费用"账户期末应无余额。制造费用明细账的一般格式如表 3-26 所示。

表 3-26 某工厂制造费用明细账

生产单位:第一车间　　　　　　　　　　　　　　　　　　　　　　　　　单位:元

摘　要	费　用　明　细　账									
	机物料消耗	工资	职工福利	折旧费	修理费	劳动保护费	保险费	水电费	办公费	合计
购买劳保用品及办公用品						1 300			700	2 000
材料费用分配表	8 000									8 000
工资及福利费用分配表		10 000	1 400							11 400

（续表）

摘 要	费用明细账								
	机物料消耗	工资	职工福利	折旧费	修理费	劳动保护费	保险费	水电费	办公费	合计
折旧费用分配表				5 800						5 800
待摊费用分配表							1 000			1 000
辅助生产费用分配表					3 000			5 000		8 000
本月合计	8 000	10 000	1 400	5 800	3 000	1 300	1 000	5 000	700	36 200

应该注意的是，如果辅助生产单位的制造费用是通过"制造费用"账户单独核算，则应比照基本生产发生的费用进行核算；如果辅助生产单位的制造费用不通过"制造费用"账户核算，则应全部借记"生产成本——辅助生产成本"账户，并计入有关辅助生产成本明细账相应的成本或费用项目。

二、制造费用中主要费用项目的核算

（一）固定资产折旧费和修理费

1. 固定资产折旧费

生产车间所用固定资产折旧费用的分配工作比较复杂，为了简化成本核算工作，生产成本明细账中没有专门设立折旧费用成本项目，而是全部作为间接费用归集在"制造费用"账户中，期末再随其他间接费用合并计入有关产品的"制造费用"成本项目中。

企业行政管理部门和其他经营业务部门的固定资产折旧费，分别计入"管理费用""销售费用""其他业务支出"等账户。

固定资产折旧费是通过按月编制折旧计算表或折旧费用分配表，确定本期折旧费，据以编制会计分录，登记有关总账及所属明细账（见表3-27、表3-28）。

表3-27 某工厂固定资产折旧费分配表

20××年5月　　　　　　　　　　　　　　　　　　　　　　　单位：元

使用部门	固定资产项目	上月折旧额	上月增加固定资产		上月减少固定资产		本月折旧额
			原价	折旧额	原价	折旧额	
基本生产车间	房 屋	4 000					4 000
	机器设备	3 000					3 000
	其 他	1 200	100 000	800			2 000
	小 计	8 200	100 000	800			9 000

(续表)

使用部门	固定资产项目	上月折旧额	上月增加固定资产		上月减少固定资产		本月折旧额
			原价	折旧额	原价	折旧额	
修理车间	房　屋	1 500					1 500
	机器设备	500					500
	小　计	2 000					2 000
运输车间	房　屋	1 000					1 000
	运输工具	1 400			50 000	200	1 200
	小　计	2 400			50 000	200	2 200
厂部管理部门	房屋建筑	5 000					5 000
	其　他	2 800					2 800
	小　计	7 800					7 800
合　计		20 400	100 000	800	50 000	200	21 000

表 3-28　某工厂固定资产折旧费用汇总表

20××年 5 月　　　　　　　　　　　　　　　　　　　单位：元

应借账户	费用项目	基本生产车间	修理车间	运输车间	行政管理部门	合计
制造费用	折旧费	9 000				9 000
生产成本——辅助生产成本	折旧费		2 000	2 200		4 200
管理费用	折旧费				7 800	7 800
合　计		9 000	2 000	2 200	7 800	21 000

根据表 3-28 编制会计分录如下：

借：制造费用——基本生产车间　　　　　　　　　　　9 000
　　生产成本——辅助生产成本——修理　　　　　　　2 000
　　　　　　　　　　　　　　　　——运输　　　　　2 200
　　管理费用　　　　　　　　　　　　　　　　　　　7 800
　贷：累计折旧　　　　　　　　　　　　　　　　　　21 000

折旧费用的分配可用图 3-1 表示。

2. 固定资产修理费

生产单位的固定资产修理费，一般可以在发生时直接计入该生产单位当期有关制造费用明细账和管理费用明细账的"修理费"项目中。当修理费用发生不均衡或一次发生的费用额度较大时，也可以采用分期摊销或按计划预提计入制造费用的办法。

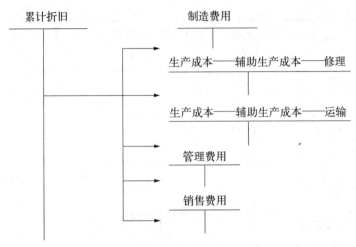

图 3-1　折旧费用分配

根据《企业会计准则》的规定,对于固定资产后续支出,当符合资本化要求时,应当予以资本化;对于不符合资本化要求的后续支出,应当直接计入当期损益,不得采用待摊或预提的方法。

【案例分析 3-25】　某工厂以银行存款支付本月发生的固定资产日常修理费共计 5 000 元,其中,基本生产车间 3 000 元,辅助生产车间 400 元,行政管理部门 1 000 元,专设销售机构 600 元。编制会计分录如下:

借:生产成本——辅助生产成本　　　　　　　　　　　　　　　400
　　制造费用——基本生产车间　　　　　　　　　　　　　　　3 000
　　管理费用　　　　　　　　　　　　　　　　　　　　　　　1 000
　　销售费用　　　　　　　　　　　　　　　　　　　　　　　　600
　贷:银行存款　　　　　　　　　　　　　　　　　　　　　　5 000

3. 租入固定资产的改良支出

租入固定资产的改良支出,需要在固定资产租赁期内平均摊销。企业采用经营租赁方式租入的固定资产,所有权不属于企业,但发生的改良支出应比照自有固定资产的折旧费和修理费计入制造费用。

(二) 机物料消耗和低值易耗品摊销

1. 机物料消耗

制造费用中的机物料消耗,包括用于机器设备的润滑油、清洁工具等。机物料消耗一般可以依据发出材料汇总表确定的金额,直接计入制造费用。

2. 低值易耗品摊销

低值易耗品包括各种工具、模具和管理用具等,属于劳动手段,但价值较低、容易损耗，为了方便核算，列入流动资产管理。低值易耗品的价值可以一次性计入有关成本费用（一次摊销法），也可以分期摊销计入有关成本费用（分次摊销法）。

（三）车间管理人员工资和其他制造费用

制造费用中，生产单位管理人员的工资和提取的福利费，应当根据工资结算汇总表和提取福利费计算表编制会计分录，记入制造费用明细账；办公费、水电费、差旅费、取暖费、运输费、设计制图费、试验检验费、劳动保护费、财产保险费等，通常以现金或银行存款支付，应当根据有关付款凭证，记入制造费用明细账；需要分期摊销的费用，先记入待摊费用明细账，再分期摊销记入制造费用明细账。

企业各生产单位本期发生的制造费用，都应根据有关记账凭证记入制造费用明细账。

（四）利息、税金及其他费用的核算

企业要素费用中的利息费用，不属于产品成本的组成部分，而属于期间费用中的财务费用。借款利息一般按季结算支付，根据权责发生制原则，可以采用预提利息费用的办法分月按计划预提，季末实际支付时冲减应付利息，实际支付的利息费用与预提利息费用的差额，调整计入季末月份的财务费用。每月预提利息费用时，借记"财务费用"账户，贷记"应付利息"账户；季末实际支付利息费用时，借记"应付利息"账户，贷记"银行存款"账户。季末调整实际利息费用与按计划预提利息费用的差额。如果利息费用数额不大，为了简化核算也可以不采用预提利息费用的办法，而在季末实际支付时一次全部计入当月的财务费用，借记"财务费用"账户，贷记"银行存款"账户。

企业要素费用中的税金，不属于产品成本的组成部分，而属于期间费用中的管理费用，如印花税、房产税、车船使用税、土地使用税等。对于需要预先计算应交金额，然后缴纳的税金，如印花税、房产税、车船使用税、土地使用税等，在计算出应交税金时，借记"管理费用"账户，贷记"应交税费"账户；在缴纳税金时，借记"应交税费"账户，贷记"银行存款"等账户。

企业要素费用中的其他费用，是指上述各项要素费用以外的其他费用支出，包括修理费、差旅费、邮电费、保险费、劳动保护费、运输费、办公费、水电费、技术转让费、租赁费、排污费、业务招待费、误餐补助费等。这些费用在发生时，按照发生的车间、部门和用途，分别借记"制造费用""管理费用""生产成本""销售费用"等账户，贷记"银行存款"或"现金"账户。

【案例分析3-26】 某工厂以银行存款支付本月发生的办公费、运输费、邮电费、业务招待费等，共计10 000元，其中，基本生产车间8 000元，辅助生产单位1 000元，管理部门700元，销售部门300元。为了简化核算，根据付款凭证汇总数，编制会计分录如下：

```
借：生产成本——辅助生产成本         1 000
    制造费用                        8 000
    管理费用                          700
    销售费用                          300
  贷：银行存款                              10 000
```

学习情景二 制造费用的分配

为了正确计算产品成本,必须合理分配制造费用。制造费用的分配是按各个生产单位进行的,月份终了时,企业应将各生产单位制造费用明细账中归集的制造费用直接转入或分配转入有关成本核算对象。只生产一种产品或劳务的生产单位,其归集的制造费用全部由该种产品或劳务承担,月末将制造费用直接转入该种产品或劳务的成本;生产多种产品或劳务的生产单位,其归集的制造费用应由该生产单位生产的各种产品或劳务负担,月末应采用适当的方法分配转入各种产品或劳务的成本。

制造费用常用的分配方法有生产工时比例法、直接成本比例分配法、机器工时比例法等。

一、生产工时比例法

生产工时比例法是指以各种产品所耗用的实际(或定额)生产工时为标准分配制造费用的一种方法。其计算公式为:

$$费用分配率 = \frac{待分配制造费用总额}{各种产品实际(或定额)生产工时之和}$$

某产品应分配的制造费用 = 该产品实际(或定额)生产工时 × 费用分配率

【案例分析 3-27】 某工厂 20××年 5 月第一基本生产车间归集的制造费用为 36 200 元(如表 3-29 所示)。该车间本月生产甲、乙两种产品的实际生产工时分别为 5 000 工时和 3 500 工时。按生产工时比例法分配制造费用的过程为:

$$费用分配率 = \frac{36\ 200}{5\ 000 + 3\ 500} = 4.258\ 8(元/小时)$$

甲产品应分配的制造费用 = 5 000 × 4.258 8 = 21 294(元)

乙产品应分配的制造费用 = 36 200 − 21 294 = 14 906(元)

根据计算结果编制的制造费用分配表如表 3-29 所示。

表 3-29 某工厂制造费用分配表（生产工时比例法）

生产单位：第一车间　　　　　　　　20××年5月　　　　　　　　　　单位：元

产品名称	分配标准（生产工时）	分配率	分配金额
甲产品	5 000		21 294
乙产品	3 500		14 906
合　计	8 500	4.258 8	36 200

根据表 3-29 编制会计分录如下：
借：生产成本——基本生产成本——甲产品　　　　　　21 294
　　　　　　　　　　　　　　——乙产品　　　　　　14 906
　　贷：制造费用——第一车间　　　　　　　　　　　　36 200

生产工时比例法把劳动生产率与制造费用的分配联系在一起，分配结果比较合理，在实际工作中应用较广泛。当企业定额资料比较健全时，制造费用的分配也可以按照产品定额总工时进行分配。产品定额总工时是按实际产量（工作量）和单位产品（单位工作量）的定额工时计算的。其计算公式为：

$$产品定额总工时 = \sum(某种产品实际产量 \times 该产品单位产品定额工时)$$

以上公式中的产品定额总工时，作为采用生产工时分配法的分配标准总量。

二、直接成本（或直接材料费、直接人工费用、生产工人工资等）比例分配法

直接成本比例分配法是以本期发生的直接计入各种产品成本的各项直接成本，即直接材料费用、直接人工费用之和，为标准分配制造费用的方法。其计算公式为：

$$制造费用分配率 = \frac{待分配制造费用总额}{各种产品直接成本（直接材料、直接人工）之和}$$

$$某产品应分配的制造费用 = 该产品的直接成本（直接材料、直接人工）\times 制造费用分配率$$

直接材料费用比例分配法是以本期发生的直接计入各种产品成本的直接材料费用为标准分配制造费用的方法。这种方法适用于各种产品所耗用的原材料及主要材料相同，产品成本中材料费用所占比重较大，并且制造费用中原材料费用较多的生产单位。

直接人工费用比例分配法是以本期发生的直接计入各种产品成本的各项直接人工费用为标准分配制造费用的方法。这种方法适用于各种产品生产的机械化程度大致相同的生产单位。如果直接人工费用是按照生产工时比例分配法分配计入各种产品成本的，那么，按照直接人工比例分配制造费用，实际上就是按照生产工时比例分配制造费

用,分配结果是完全相同的。

【案例分析3-28】 根据【案例分析3-25】提供的某工厂第一基本生产车间制造费用的资料,该车间本月生产甲、乙两种产品所耗用的直接材料费用分别为100 000元和80 000元,直接人工费用分别为30 000元和20 000元,直接成本总额分别为130 000元和100 000元。分别采用直接材料分配法、直接人工费用比例分配法和直接成本比例法分配制造费用,分配结果见表3-30、表3-31、表3-32。

表3-30 某工厂制造费用分配表(直接材料费用比例分配法)

生产单位:第一车间　　　　　20××年5月　　　　　　　　单位:元

生产名称	直接材料费用	分配率	分配金额
甲产品	100 000		20 110
乙产品	80 000		16 090
合 计	180 000	0.201 1	36 200

表3-31 某工厂制造费用分配表(直接人工费用比例分配法)

生产单位:第一车间　　　　　20××年5月　　　　　　　　单位:元

产品名称	直接人工费用	分配率	分配金额
甲产品	30 000		21 720
乙产品	20 000		15 738
合 计	50 000	0.724	36 200

表3-32 某工厂制造费用分配表(直接成本比例分配法)

生产单位:第一车间　　　　　20××年5月　　　　　　　　单位:元

产品名称	直接成本	分配率	分配金额
甲产品	130 000		20 462
乙产品	100 000		15 738
合 计	230 000	0.157 4	36 200

甲产品直接成本 = 100 000 + 30 000 = 130 000(元)

乙产品直接成本 = 80 000 + 20 000 = 100 000(元)

$$制造费用分配率 = \frac{36\ 200}{130\ 000 + 100\ 000} = 0.157\ 4$$

甲产品应分配的制造费用 = 130 000 × 0.157 4 = 20 462(元)

乙产品应分配的制造费用 = 36 200 − 20 462 = 15 738(元)

三、机器工时比例法

机器工时比例法是以各种产品(受益对象)耗用的机器设备工时(运转时间)为标准分配制造费用的一种方法。当生产单位产品生产机械程度较高,即该生产单位制造费用中机器设备的折旧费用比重较大时,制造费用(折旧费用)与机器设备运转的时间有密切联系,采用这种方法分配比较合理。但企业必须具备各种产品生产所耗机器工时的原始记录。其计算公式为:

$$费用分配率 = 待分配制造费用 \div 各种产品实际机器工时之和$$

$$某产品应分配的制造费用 = 该产品机器工时 \times 费用分配率$$

按产品机器工时分配制造费用,分配后单位机器工时负担相同的费用。但实际上,各类设备单位工时所耗费用的水平不同,按自然运行时间分配费用不合理。因此,当生产单位内存在折旧费用差别较大的机器设备时,应将机器设备按单位工时费用发生的多少合理分类,确定各类机器的工时换算系数,将自然工时换算为标准工时,然后将标准工时作为分配制造费用的依据。这种方法适用于产品机械化程度较高的企业。标准机器工时的计算公式为:

$$某产品标准机器工时 = 该产品实际机器工时 \times 机器设备的工时换算系数$$

无论企业采用哪种分配方法,都应根据分配计算的结果,编制制造费用分配表,根据制造费用分配表进行制造费用的总分类核算和明细分类核算。制造费用分配后,月末无余额。

任务四　损失性费用的归集与分配

损失性费用是指企业由于生产组织不合理、经营管理不善或生产工人未执行技术操作规程等原因，导致企业产生废品或停工停产，造成企业人力、物力或财力上的损失。损失性费用包括废品损失、停工损失以及在产品盘亏和毁损等。

学习情景一　废品损失的确认、归集与分配

一、废品损失的确认

废品是指不符合规定的技术标准，不能按原定用途加以利用，或需要加工修复后才能使用的在产品、半成品或产成品。

废品按修复技术上的可能性和经济上的合理性，可分为可修复废品和不可修复废品。可修复废品是指技术上可以修复，在经济上合算的废品；不可修复废品是指在技术上不可修复，或者虽可修复但经济上不合算的废品。

废品按其产生的原因，可分为工废品和料废品。工废品是指由于生产工人操作上的原因造成的废品，属于操作工人的过失，工废品的损失应由操作工人承担；料废品是指由于被加工的原材料、半成品或零部件的质量不符合规定要求而造成的废品，不属于操作工人的过失，料废品的损失不应由操作工人承担。

废品损失是指企业因产生废品而造成的损失。具体而言，不可修复废品产生的废品损失是指不可修复废品的生产成本扣除回收的残料价值以及责任人赔偿后的净额；可修复废品的废品损失是指可修复废品在修复过程中发生的修复费用扣除回收残料价值及责任人赔偿后的净额。企业发生的废品损失应计入合格产品的生产成本。应当注意的是，产品质量虽不符合规定的技术标准，但经检验不需要返修，可以降价出售的产品，应作为次品处理，其降价损失作为销售损益，不能作为废品损失处理；产品入库后，由于保管不善等原因造成产品毁损而发生的损失，应作为当期损益处理，不能作为废品损失；实行包退、包修、包换的企业，在产品出售以后发现废品所发生的一切损失，应当将处置收入扣除账面价值和相关税费后的差额计入当期损益，不包括在废品损失内。

在产品质量检验过程中，一旦发现废品，应由产品质量检验部门填制废品通知单。

废品通知单内应填明废品的名称、种类、数量、发生废品的原因和相关责任人以及废品的生产工时、修复费用和生产成本等内容。成本会计人员应会同检验人员对废品通知单所列项目进行审核,审核无误后,将其作为废品损失核算的依据。

二、废品损失的归集与分配

废品损失的核算方式有不单独核算废品损失和单独核算废品损失两种。

在不单独核算废品损失的企业中,不可修复废品只扣除产量,而不结转成本;可修复废品的修复费用应直接计入"生产成本——基本生产成本"明细账的有关成本项目。废品的残料价值及责任人的赔偿可直接冲减"生产成本——基本生产成本"明细账中的"直接材料""直接人工"成本项目。该方法核算简便,适用于产品生产中不易产生废品、管理上不需要单独考核废品损失的企业。

在经常发生废品损失的企业中,为了考核和控制各生产单位的废品损失,或在管理上需要单独核算废品损失额的企业中,可以单独设置"废品损失"总分类账,并按基本生产车间分别产品种类设置账页,分别成本项目设置专栏进行废品损失的明细分类核算;也可以在"生产成本"总分类账下设置"废品损失"二级明细账。"废品损失"账户借方登记不可修复废品的生产成本和可修复废品的修复费用,贷方登记回收废品的残料价值和责任单位或个人的赔款。月末,应将废品净损失由"废品损失"账户的贷方转入"生产成本"账户的借方,由当月合格产品成本负担;月末将废品损失转入生产成本后,该账户一般无余额。该方法适用于管理上需要单独考核废品损失的企业。

(一) 不可修复废品损失的归集与分配

为了归集与分配不可修复废品的废品损失,必须首先计算确定不可修复废品的生产成本,然后扣除回收残料的价值和责任单位或个人的赔款,计算出废品净损失,将废品净损失计入产品生产成本,由合格产品负担。由于不可修复废品的生产成本与合格产品的生产成本同时发生,并都计入生产成本明细账,因此,采用适当的方法时,应将全部生产成本在合格产品与废品之间进行分配,以计算确定不可修复废品的生产成本。

有的不可修复废品是在生产过程中发生的,有的是在完工验收入库时发现的,生产成本在合格产品与废品之间的分配较为复杂。在实际工作中,不可修复废品生产成本的计算有按实际成本计算和按定额成本计算两种方法。

1. 按实际成本计算不可修复废品的生产成本

这种方法是在废品报废时将废品和合格品实际发生的全部生产费用按一定的分配方法在合格品和废品之间进行分配,计算出废品的实际生产成本,并将其从"生产成本"账户的贷方转入"废品损失"账户的借方。

【案例分析3-29】 20××年5月,某工厂第一基本生产车间生产甲产品1 000件,生产过程中发现不可修复废品10件,合格品990件。合格品的生产工时为385小时、废品的生产工时为15小时。该产品基本生产成本明细账中登记的合格品和废品共同发生的生产费用为40 000元(其中,直接材料26 000元,直接人工10 000元,制造费用4 000元)。回收的废品残料价值为50元,已交材料仓库验收入库;废品损失按规定由过失人赔偿150元。假定原材料在生产开始时一次投入,直接材料费用按合格品与废品的数量比例分配;其他费用按合格品与废品的生产工时比例分配。根据上述资料计算废品损失的有关计算过程如下。

(1) 计算不可修复废品的生产成本。根据资料计算不可修复废品的生产成本(见表3-33)。

表3-33 某工厂不可修复废品生产成本计算(按实际成本计算)

生产单位:第一基本生产车间　　　　　　20××年5月　　　　　　　　　　　单位:元
产品名称:甲产品

项目	直接材料	直接人工	制造费用	合计
生产总成本	26 000	10 000	4 000	40 000
生产总量	990+10=1 000	385+15=400	385+15=400	
费用分配率	26 000/1 000=26	10 000/400=25	4 000/400=10	
废品实际生产成本	10×26=260	15×25=375	15×10=150	785
减:残料价值	50			50
废品损失	210	375	150	735

根据表3-33的计算结果,结转不可修复废品的生产成本,编制会计分录如下:

借:废品损失——第一基本生产车间——甲产品　　　　　　　785
　　贷:生产成本——基本生产成本——甲产品　　　　　　　　785

(2) 回收残料价值,冲减废品损失,编制会计分录如下:

借:原材料　　　　　　　　　　　　　　　　　　　　　　　50
　　贷:废品损失——第一基本生产车间——甲产品　　　　　　50

(3) 应收过失人赔款,编制会计分录如下:

借:其他应收款　　　　　　　　　　　　　　　　　　　　　150
　　贷:废品损失——第一基本生产车间——甲产品　　　　　　150

(4) 结转废品损失的净损失,编制会计分录如下:

借:生产成本——基本生产成本——甲产品　　　　　　　　　585
　　贷:废品损失——第一基本生产车间——甲产品　　　　　　585

根据上述资料登记生产成本明细账和废品损失明细账,如表3-34和表3-35所示。

表 3-34　某工厂废品损失明细账

生产单位：第一基本生产车间　　　　20××年5月　　　　　　　　单位：元
产品名称：甲产品

摘　要	借　方	贷　方	余　额
转入不可修复废品实际成本	785		785
回收残料价值		50	50
应收赔款		150	150
转出废品净损失		585	0

表 3-35　某工厂生产成本明细账

生产单位：第一基本生产车间　　　　20××年5月　　　　　　　　单位：元
产品名称：甲产品

摘　要	直接材料	直接人工	制造费用	废品损失	合　计
生产总成本	26 000	10 000	4 000		40 000
转出不可修复废品实际成本	260	375	150		785
转入不可修复废品净损失				585	585
合格品生产总成本（990件）	25 740	9 625	3 850	585	39 800
合格品单位成本	26	9.722 2	3.888 9	0.590 9	40.202

从表 3-35 可以看出，结转废品损失前，甲产品实际总成本为 40 000 元，转出不可修复废品的实际成本为 785 元，转入不可修复废品的净损失为 585 元，结转废品损失后合格产品的实际总成本为 39 800 元，总成本降低了 200 元（回收残料价值和过失人赔款），但合格产品的单位成本增加了 0.202 元。按不可修复废品的实际成本计算废品损失，计算结果较为准确，但核算工作量较大。

2. 按定额成本计算不可修复废品的生产成本

在消耗定额、费用定额、工时定额等各种定额资料比较健全的企业，为了简化成本核算工作，可以按不可修复废品的数量和事先确定的工时定额和各种费用定额计算不可修复废品的生产成本，而不考虑废品实际发生的费用。

【案例分析 3-30】　20××年5月，某工厂第一基本生产车间生产乙产品 1 000 件，验收时发现不可修复废品 40 件，合格品 960 件。原材料在生产开始时一次投入，单位产品的直接材料费用定额为 60 元。单位废品的定额工时为 20 小时，直接人工的小时工资率为 10 元、制造费用的小时费用率为 8 元。回收残料价值为 200 元，应收过失人赔款 500 元。

根据资料,计算不可修复废品的生产成本和净损失的过程如下:

(1) 计算不可修复废品的生产成本(定额成本):

直接材料 = 40 × 60 = 2 400(元)

直接人工 = 40 × 20 × 10 = 8 000(元)

制造费用 = 40 × 20 × 8 = 6 400(元)

不可修复废品的生产成本 = 2 400 + 8 000 + 6 400 = 16 800(元)

(2) 计算不可修复废品的净损失:

乙产品不可修复废品净损失 = 16 800 - 200 - 500 = 16 100(元)

(3) 根据表 3-35 的计算结果,结转不可修复废品的生产成本。会计分录如下:

借:废品损失——第一基本生产车间——乙产品　　　　　　　16 800

　　贷:生产成本——基本生产车间——乙产品　　　　　　　　16 800

(4) 回收残料价值,冲减废品损失,编制会计分录如下:

借:原材料　　　　　　　　　　　　　　　　　　　　　　　　200

　　贷:废品损失——第一基本生产车间——乙产品　　　　　　 200

(5) 应收过失人赔款,编制会计分录如下:

借:其他应收款　　　　　　　　　　　　　　　　　　　　　　500

　　贷:废品损失——第一基本生产车间——乙产品　　　　　　 500

(6) 结转废品净损失,编制会计分录如下:

借:生产成本——基本生产成本——乙产品　　　　　　　　16 100

　　贷:废品损失——第一基本生产车间——乙产品　　　　　16 100

编制废品损失计算表如表 3-37 所示。

结转分配净损失及合格产品成本计算同【案例分析 3-29】,有关会计分录以及相关明细账登记和考核生产过程中的废品损失,也便于产品成本的分析和考核。但企业必须具备比较准确的定额成本资料,否则会影响产品成本的真实性。

表 3-36　某工厂废品损失计算表(按定额成本计算)

生产单位:第一基本生产车间　　　　　　20××年5月　　　　　　　　　单位:元
产品种类:乙产品

项　目	数量(件)	直接材料	定额工时(工时)	直接人工	制造费用	合　计
单位产品费用(工时)定额		60		10	8	
废品	40	2 400	20	8 000	6 400	16 800
减:残料价值		200				200

(续表)

项　　目	数量 (件)	直接材料	定额工时 (工时)	直接人工	制造费用	合　计
应收过失人赔款				500		500
废品净损失		2 200		7 500	6 400	16 100

（二）可修复废品损失的归集与分配

可修复废品的废品损失是指可修复废品在修复过程中发生的修复费用扣除回收残料价值和责任单位或个人赔偿后的净额。可修复废品的修复费用包括材料费用、人工费用和应负担的制造费用等。材料费用一般可以根据有关材料凭证直接确定；人工费用有的可以直接确定，有的需要根据修复废品实际消耗的工时和小时工资率计算确定；应负担的制造费用一般根据修复废品实际消耗的工时和小时费用率计算确定。

在核算可修复费用的废品损失时，对于可修复废品修复前发生的各项生产费用仍保留在"生产成本——基本生产成本"账户中，不必转出。对于修复过程中发生的各种修复费用，应根据实际发生数，借记"废品损失"账户，贷记"原材料""应付职工薪酬""制造费用"等账户；回收残料价值和应收的各种赔款，应分别根据残料交库凭证及有关结算凭证，借记"原材料""其他应收款"等账户，贷记"废品损失"账户。最后将废品净损失（修复费用减去回收残料的价值和赔款后的净额）借记"生产成本——基本生产成本"账户，贷记"废品损失"账户。

【案例分析3-31】 依【案例分析3-29】资料，某工厂第一车间生产的甲产品，在生产过程中发现可修复废品15件，修复共耗费原材料200元，工资100元，职工福利14元，制造费用50元，按规定应由过失人赔款200元。

根据题意，应编制会计分录如下：

(1) 支付修复费用：

借：废品损失——甲产品　　　　　　　　　　　　　　　364
　　贷：原材料　　　　　　　　　　　　　　　　　　　　200
　　　　应付职工薪酬——工资　　　　　　　　　　　　100
　　　　　　　　　　　　——职工福利　　　　　　　　14
　　　　制造费用　　　　　　　　　　　　　　　　　　50

(2) 应收过失人赔款：

借：其他应收款　　　　　　　　　　　　　　　　　　200
　　贷：废品损失　　　　　　　　　　　　　　　　　　200

（3）将废品净损失计入合格品的成本：

借：生产成本——基本生产成本——甲产品（废品损失）　　　164
　　贷：废品损失——甲产品　　　　　　　　　　　　　　　　164

学习情景二　停工损失的确认、归集与分配

一、停工损失的确认

停工损失是指企业生产单位（分厂、车间或车间内某个班组）在停工期间发生的各项费用，包括停工期间应支付生产工人的职工薪酬、耗用的材料费用、燃料动力以及应分配的制造费用，但由责任人或保险公司负担的赔偿款，应从停工损失中扣除。为了简化核算，停工时间不满一个工作日的，一般不计算停工损失。值得注意的是，季节性生产企业在停工期间发生的费用，应采取按计划费用分配率分配的方法，由开工期间内的产品生产成本负担，不作为停工损失。

在实际工作中，由于电力中断、原材料供应不足、机器设备发生故障或进行修理、发生自然灾害以及计划减产等原因，都可能引起停工，造成停工损失。按照造成停工的责任，可以分为内部停工损失和外部责任停工，停工损失一般应计入产品的生产成本，但不是所有的停工损失都要计入，对于自然灾害引起的停工损失，应计入营业外支出。

企业一旦发生停工，值班人员应及时向生产单位负责人报告，查明原因，采取措施，尽快恢复生产。如果在一段时间内不能恢复生产，应由停工单位（车间或班组）填制停工报告单，报送厂部有关部门，并在考勤记录上予以反映。停工报告单内应填明停工时间、停工地点、停工原因、造成停工的责任单位和责任人等内容。成本会计人员应对停工报告单所列的各个项目进行审核，审核无误后，作为停工损失的核算依据。发生停工后，生产计划调度部门和有关生产单位应当及时给停工人员分配其他工作，尽量减少停工损失。

二、停工损失的归集

为了单独核算企业的停工损失，可以设置"停工损失"总分类账，并按车间分别产品种类设置账页、分别成本项目设置专栏进行停工损失的明细核算，也可以在"生产成本"总分类账下设置"停工损失"二级明细账户。"停工损失"账户借方登记因停工发生的各项费用，贷方登记责任单位、责任人和保险公司的赔偿以及结转的停工损失。该账户月末一般无余额，若月末企业仍处于停工状态，其损失可以不结转，待停工终止后再进

行结转,此时,该账户有借方余额。

在停工损失中,原材料、水电费、生产工人工资等费用可以根据有关原始凭证确认后直接计入;制造费用不能直接确认的,可以按照停工时数和小时制造费用分配率(计划或实际)分配计入。

【案例分析 3-32】 某工厂设有第一、第二两个基本生产车间,大量生产甲产品。本月第一车间由于外部原材料供应商违约造成停工待料 2 天,停工期间应支付生产工人工资 5 000 元,应提取福利费 700 元,应负担制造费用 400 元;原材料供应商已同意赔偿 2 000 元。本月第二车间因设备故障停工 3 天,停工期间应支付生产工人工资 4 000 元,应提取福利费 640 元,应负担制造费用 480 元。根据上述资料,有关停工损失及应收赔偿款的会计分录如下:

(1) 企业发生停工时:

借:停工损失——第一车间	6 100
——第二车间	5 120
贷:应付职工薪酬	10 340
制造费用——第一车间	400
——第二车间	480

(2) 企业应收责任单位的赔款:

借:其他应收款	2 000
贷:停工损失——第一车间	2 000

三、停工损失的分配

企业发生的停工损失,应根据发生停工的原因进行分配和结转。由保险公司或责任单位(或个人)赔偿的部分作为其他应收款冲减停工损失;由于自然灾害等引起的非正常停工损失,应计入营业外支出;企业大修理期间发生的停工损失应计入产品生产成本。如果停工的生产单位只生产一种产品,可直接计入该产品生产成本明细账中的"停工损失"成本项目中;如果停工的生产单位同时生产多种产品,可以采用分配制造费用的方法在各种产品之间进行分配后,分别计入各种产品生产成本明细账中的"停工损失"项目。

【案例分析 3-33】 根据【案例分析 3-32】资料,结转停工净损失,作会计分录如下:

借:生产成本——基本生产成本——甲产品	9 220
贷:停工损失——第一车间	4 100
——第二车间	5 120

如果是由于自然灾害引起的停工,其停工净损失结转为营业外支出。编制会计分录如下:

借：营业外支出
　　贷：停工损失——××车间——××产品

对于较少发生停工损失的企业，为了简化核算，也可以不单独设置"停工损失"账户，停工期间发生的各项费用记入"制造费用""营业外支出"等账户。

任务五　技能训练

本部分要求学生先用手工完成各个实训的表格计算,然后再利用 Excel 制作各个实训的表格,并通过编辑公式进行单元格的计算。

【实训一】 按产品重量比例分配法分配材料费用

某工厂生产车间 20××年 5 月份生产甲、乙两种产品,共耗用 A 材料 5 000 千克,单价为 12 元/千克,本月生产的甲产品重 2 000 千克,乙产品重 1 000 千克。

【要求】 按产品重量比例分配法分配材料费用,编制材料费用分配表(见表 3-37)。

表 3-37　某工厂材料费用分配表

材料种类:A 材料　　　　　　　　20××年 5 月

产品种类	重量(千克)	分配率	实际应分配材料费(元)
甲产品			
乙产品			
合　计			

【实训二】 按定额耗用量比例分配法分配材料费用

某工厂生产车间 20××年 5 月份生产甲、乙两种产品,共同领用 A 材料 10 500 元,本月生产甲产品 100 件,单件产品材料消耗定额 15 千克;生产乙产品 50 件,单件产品材料消耗定额 12 千克。

【要求】 按材料定额消耗量比例分配计算甲、乙产品实际耗用原材料费用,编制原材料费用分配表(见表 3-38)。

表 3-38　某工厂材料费用分配表

材料名称:A 材料　　　　　　　　20××年 5 月

产品种类	材料消耗定额(千克/件)	产品数量/件	定额耗用量(千克)	分配率	耗用材料费(元)
甲产品					
乙产品					
合　计					

【实训三】 按产品材料定额费用比例分配材料费用

某工厂生产车间 20××年 5 月份生产甲、乙两种产品,领用 A 材料实际成本总计

62 400 元,本月生产甲产品 220 件,生产乙产品 256 件,单件原材料费用定额为甲产品 120 元,乙产品 100 元。

【要求】 按产品材料定额成本比例分配法分配甲、乙两种产品实际耗用原材料费用,编制如表 3-39 所示的材料费用分配表。

表 3-39　某工厂材料费用分配表

材料名称:A 材料　　　　　　　　　20××年 5 月　　　　　　　　　　单位:元

产品种类	材料费用定额/(元/件)	定额材料费用	分配率	实际应分配材料费用
甲产品				
乙产品				
合计				

【实训四】 材料费用系数分配法

某工厂生产 01、02 和 03 三种产品,20××年 5 月三种产品的实际投产数量分别为 180 件、120 件和 240 件,单位产品 A 材料消耗定额分别为 4 千克、2 千克、6 千克。A 材料的实际成本为 24 000 元。

【要求】 以 02 产品为标准产品,采用系数分配法分配 A 材料费用,完成表 3-40 所示的 A 材料费用分配表。

表 3-40　某工厂材料费用分配表

材料名称:A 材料　　　　　　　　　20××年 5 月　　　　　　　　　　单位:元

产品名称	单位产品消耗定额	系数	投产量(件)	标准产量(总系数)	费用分配率	应分配材料费用
01						
02						
03						
合计						

【实训五】 外购动力费用的核算

某工厂 20××年 5 月各车间、部门实际耗电度数为:基本生产车间动力用电 12 500 度,辅助生产车间动力用电 5 300 度,基本生产车间照明用电 2 700 度,辅助生产车间照明用电 1 200 度,企业管理部门照明用电 2 400 度。该月应付外购用电费用共计 7 230 元。该企业设有"生产成本——基本生产成本""生产成本——辅助生产成本"和"制造费用"等账户,外购电力费用通过"应付账款"账户结算。

【要求】

(1) 按照用电度数分配计算各车间、部门动力和照明用电费(列出计算式),编制表

3-41 所示的外购动力费用分配表。

表 3-41　某工厂外购动力费用(电费)分配表

20××年 5 月　　　　　　　　　　　　　　　　　　　　　　单位：元

部　　门	用电度数	分配率	分配电费
基本生产车间动力用			
辅助生产车间动力用			
基本生产车间照明用			
辅助生产车间照明用			
企业管理部门用			
合　　计			

(2) 编制支付和分配电力费用的记账凭证。

【实训六】 月薪制下日工资薪酬的计算

某工厂工人小张的月工资标准为 2 400 元，5 月份 31 天，事假 5 天，病假 3 天，星期休假 9 天，出勤 14 天。根据小张的工龄，其病假工资按工资标准的 80% 计算。小张的病假和事假期间没有节假日。

【要求】 按照下述两种方法，分别计算小张 5 月份的标准工资。

(1) 按 30 天计算日工资薪酬，按出勤天数计算工资。

(2) 按 21.75 天计算日工资薪酬，按出勤天数计算工资。

【实训七】 按定额工时分配工资

某工厂根据 20××年 5 月份工资结算凭证汇总的薪酬费用为：基本生产车间生产甲、乙两种产品，生产工人的计时工资共计 39 200 元。甲产品完工数量为 10 000 件，乙产品完工数量为 8 000 件。单件产品工时定额为甲产品 2.5 小时，乙产品 3 小时。

【要求】 按定额工时比例分配甲、乙两种产品生产工人工资，编制生产工人工资分配表(见表 3-42)。

表 3-42　某工厂生产工人工资分配表

20××年 5 月　　　　　　　　　　　　　　　　　　　　　　单位：元

产品种类	工时定额	完工数量（件）	定额工时（小时）	分配率	应分配人工费用
甲产品					
乙产品					
合　　计					

【实训八】 职工薪酬的核算

某工厂基本生产车间 20××年 5 月份生产甲产品 120 件，实际工时 6 000 小时，乙产品 250 件,实际工时 4 000 小时,本月应付职工薪酬的资料如表 3-43 所示。

表 3-43 某工厂职工工资情况

20××年 5 月   单位:元

部门及用途	金额
基本生产车间——生产工人工资	98 040
基本生产车间——管理人员工资	5 928
机修车间——生产工人工资	11 400
机修车间——管理人员工资	2 850
供水车间——生产工人工资	5 016
供水车间——管理人员工资	1 368
企业行政——管理人员工资	4 560
合计	129 162

【要求】 根据上述材料,编制职工薪酬费用分配表(见表 3-44)。

表 3-44 某工厂职工薪酬费用分配汇总表

20××年 5 月   单位:元

应借账户	部门、产品	生产工时(小时)	分配率	职工薪酬
基本生产成本	甲产品			
	乙产品			
辅助生产成本	机修车间			
	供水车间			
管理费用	行政部门			
制造费用	车间管理人员			
合计				

【实训九】 要素费用的核算

某工厂生产甲、乙两种产品。20××年 5 月初投产甲、乙两种产品,分别为 300 件和 200 件。5 月份的有关资料如下。

(1) 共同耗用 A 材料 58 800 千克,该材料单位计划成本 10 元,成本差异率为 2%,甲、乙两种产品的单位消耗定额分别为 4 千克、8 千克。

(2) 甲、乙两种产品共耗用燃料费用 59 976 元。

(3) 甲、乙两种产品共耗用电力费用 97 200 元。两种产品的单位生产工时分别为 100 小时和 120 小时。

(4) 应付职工薪酬为 300 000 元,其中,生产甲、乙两种产品的工人工资薪酬为 200 000 元,车间管理人员工资薪酬为 30 000 元,企业管理人员工资薪酬为 70 000 元。

【要求】

(1) 根据产品材料定额耗用量比例分配材料费用,并编制相应的记账凭证(见表 3-45)。

(2) 根据甲、乙两种产品耗用的材料费用比例分配燃料费用,并编制相应的记账凭证(见表 3-46)。

(3) 根据甲、乙两种产品的生产工时分配电力费用,并编制相应的记账凭证(见表 3-47)。

(4) 根据甲、乙两种产品的生产工时分配工资费用,并编制相应的记账凭证(见表 3-48)。

表 3-45　某工厂材料费用分配表

材料名称:A 材料　　　　　　　　20××年 5 月　　　　　　　　　　　单位:元

产品	产量(件)	单位消耗定额	定额消耗量(千克)	分配率	应分配材料费用
甲成品					
乙产品					
合计					

表 3-46　某工厂燃料费用分配表

20××年 5 月　　　　　　　　　　　单位:元

产品	材料费用	分配率	应分配燃料费用
甲成品			
乙产品			
合计			

表 3-47　某工厂电力费用分配表

20××年 5 月　　　　　　　　　　　单位:元

产品	单位生产工时	投产数量	生产工时	分配率	应分配电力费用
甲成品					
乙产品					
合计					

表 3-48 某工厂工资费用分配表

20××年 5 月　　　　　　　　　　　　　　　　　　　　　　　　　　　单位：元

产品	单位生产工时	投产数量	生产工时	分配率	应分配工资费用
甲成品					
乙产品					
合　计					

【实训十】　辅助生产费用分配的直接分配法

某工厂设有供电和供水两个辅助生产单位。20××年8月，在分配费用前，供电车间待分配的生产费用为20 000元，供水车间为18 000元。本月供电车间供电68 000度，其中，供水车间耗用8 000度，产品生产耗用40 000度，基本生产车间照明耗用6 000度，厂部管理部门耗用14 000度。本月供水车间供水42 000吨，其中，供电车间耗用2 000吨，产品生产耗用26 000吨，车间管理部门耗用10 000吨，厂部管理部门耗用4 000吨。

【要求】

(1) 采用直接分配法分配辅助生产费用。

(2) 编制辅助生产费用分配表（见表3-49）。

(3) 编制结转辅助生产费用分配的记账凭证。

(4) 登记有关费用成本明细账。

表 3-49 辅助生产费用分配表（直接分配法）

20××年 8 月　　　　　　　　　　　　　　　　　　　　　　　　　　　单位：元

项　目	分配电费		分配水费	
	数量/度	金　额	数量/吨	金　额
待分配费用				
劳务供应总量				
费用分配率				
受益部门				
产品生产				
车间管理部门				
厂部管理部门				
合　计				

【实训十一】　辅助生产费用分配的交互分配法

根据实训十辅助生产费用直接分配法提供的资料。

【要求】

(1) 采用交互分配法分配辅助生产费用。
(2) 编制辅助生产费用分配表(见表3-50)。
(3) 编制结转辅助生产费用分配的记账凭证。
(4) 登记有关费用成本明细账。

表3-50 辅助生产费用分配表(一次交互分配法)

20××年8月 单位：元

项　目		供电车间费用			供水车间费用		
		数量（度）	分配率（元/度）	金额	数量（吨）	分配率（元/吨）	金额
交互分配前的辅助生产费用							
交互分配	供电车间						
	供水车间						
交互分配后的辅助生产费用							
对外分配	产品生产						
	车间管理部门						
	厂部管理部门						
合　计							

【实训十二】 辅助生产费用分配的计划成本分配法

根据实训十辅助生产费用直接分配法提供的资料。

【要求】

(1) 采用计划成本分配法分配辅助生产费用。
(2) 编制辅助生产费用分配表(见表3-51)。
(3) 编制结转辅助生产费用分配的记账凭证。
(4) 登记有关费用成本明细账。

表3-51 辅助生产费用分配表(计划成本分配法)

20××年8月 单位：元

项　目	按计划成本分配				成本差异分配	
	分配电费		分配水费		供电车间	供水车间
	数量(度)	金额	数量(吨)	金额		
待分配费用						
劳务供应总量						
费用分配率						
受益部门						

(续表)

项　目	按计划成本分配				成本差异分配	
	分配电费		分配水费		供电车间	供水车间
	数量（度）	金额	数量（吨）	金额		
供电车间						
供水车间						
产品生产						
车间管理部门						
厂部管理部门						
合　计						

【实训十三】 辅助生产费用分配的代数分配法

根据实训十辅助生产费用直接分配法提供的资料。

【要求】

（1）采用代数分配法分配辅助生产费用。

（2）编制辅助生产费用分配表（见表3-52）。

（3）编制结转辅助生产费用分配的记账凭证。

（4）登记有关费用成本明细账。

表3-52　辅助生产费用分配表（代数分配法）

20××年8月　　　　　　　　　　　　　　　　　　　　　单位：元

项　目	分配电费		分配水费	
	数量（度）	金　额	数量（吨）	金　额
待分配费用				
劳务供应总量				
费用分配率				
受益部门				
供电车间				
供水车间				
产品生产				
车间管理部门				
厂部管理部门				
合　计				

【实训十四】 制造费用归集的核算

某工厂设有一个基本生产车间，大量生产甲、乙、丙三种产品，20××年8月，有关制造费用的经济业务如下：

（1）根据工资结算汇总表，本月应付工资为80 000元，其中，基本生产车间产品生产工人60 000元，车间管理人员9 000元，厂部管理人员11 000元，该厂职工福利费、社会保险费（包括医疗保险费、基本养老保险费和补充养老保险费、失业保险费、工伤保险费、生育保险费等）、住房公积金、工会经费、职工教育经费分别按照工资总额的6%、31.6%、8%、2%、1.5%计提。

（2）以银行存款支付办公费用4 000元，其中，基本车间1 500元，厂部2 500元。

（3）根据月初在用固定资产原价，本月应计提固定资产折旧8 000元，其中，基本生产车间6 000元，厂部2 000元。

（4）根据耗用材料汇总表，本月领用材料实际成本100 000元，其中，基本生产车间生产90 000元，车间一般消耗6 000元，厂部管理部门4 000元。

（5）本月基本生产车间领用低值易耗品2 000元（采用一次摊销法）。

（6）基本生产车间刘主任报销差旅费800元，结清原备用金600元，补付现金200元。

（7）以银行存款2 100元支付基本生产车间劳动保护费。

（8）以银行存款3 000元支付基本生产车间固定资产租赁费。

（9）以银行存款2 000元支付基本生产车间本月财产保险费。

（10）以银行存款8 000元支付本月水电费。其中，基本生产车间产品生产直接耗用6 000元，车间一般耗用800元，厂部耗用1 200元。

【要求】

(1) 说明生产车间制造费用发生的账务处理。

(2) 正确编制上述经济业务的记账凭证。

(3) 登记下列基本生产车间制造费用明细账，并结转本月发生额合计（见表3-53）。

表3-53 制造费用明细账

生产单位：基本生产车间　　　　　20××年8月　　　　　单位：元

摘要	费用明细账										
	人员薪酬	折旧费	机物料消耗	低值易耗品摊销	办公费	差旅费	劳动保护费	租赁费	保险费	水电费	合计

(续表)

摘要	费用明细账											
	人员薪酬	折旧费	机物料消耗	低值易耗品摊销	办公费	差旅费	劳动保护费	租赁费	保险费	水电费	合计
合计											

【实训十五】 制造费用分配的生产工时分配法

某工厂基本生产车间生产甲、乙、丙三种产品。20××年8月,三种产品的生产工时分别为2 000小时、3 000小时、2 000小时,该基本生产车间发生的制造费用见表3-53资料。

【要求】

(1) 采用生产工时比例法分配本月制造费用。
(2) 编制制造费用分配表(见表3-54)。
(3) 编制制造费用分配的记账凭证。
(4) 登记有关费用成本明细账。

表3-54 制造费用分配表(生产工时比例法)

生产单位:基本生产车间　　　　　　20××年8月　　　　　　单位:元

产品名称	生产工时(小时)	分配率	分配金额
甲产品			
乙产品			
丙产品			
合 计			

项目四　生产费用在完工产品与在产品之间的归集与分配

> 【知识学习目标】　了解在产品数量的确定；掌握生产费用在完工产品和月末在产品之间分配的方法。
>
> 【能力培养目标】　能按照规定的方法计算在产品的产量和费用分配率；能根据计算结果填制产品成本计算单；熟练登记有关成本费用总账和明细账。
>
> 【教学重点】　在产品数量的确定；生产费用在完工产品和月末在产品之间分配的方法。
>
> 【教学难点】　在产品完工程度的计算；约当产量比例法的应用。

任务一　在产品数量的核算

学习情景一　在产品与完工产品的关系

一、在产品的含义

企业的在产品是指没有完成全部生产过程、不能作为商品销售的产品，包括正在车间加工中的在产品和已经完成一个或几个生产步骤但还需继续加工的半成品两部分。对外销售的自制半成品，属于商品产品，验收入库后不应列入在产品之内。以上在产品的定义是从广义的或者就整个企业来说的在产品。从狭义的或者就某一车间或某一生产步骤来说，在产品只包括该车间或该生产步骤正在加工中的那部分在产品，车间或生产步骤完工的半成品不包括在内。

二、在产品与完工产品的关系

通过对材料、人工等各项费用的归集和分配,基本生产车间在生产过程中发生的各项费用,已经集中反映在"生产成本——基本生产成本"科目及其明细账的借方,这些费用都是本月发生的产品的生产费用,但这些生产费用并不一定就是本月完工产成品的成本。要计算出本月完工产成品的成本,还要将本月发生的生产费用,加上月初在产品成本,然后将其在本月完工产品和月末在产品之间进行分配,以求得本月产成品成本。

本月发生的生产费用和月初、月末在产品成本及本月完工产成品成本四项费用的关系可用下列公式表达:

$$月初在产品成本 + 本月发生生产费用 = 本月完工产品成本 + 月末在产品成本$$

$$月初在产品成本 + 本月发生生产费用 - 月末在产品成本 = 本月完工产品成本$$

由于公式中的前两项是已知数,所以,在完工产品与月末在产品之间分配费用的方法有两类:一是将前两项之和按一定比例在后两项之间进行分配,从而求得完工产品与月末在产品的成本;二是先确定月末在产品成本,再计算求得完工产品的成本。但无论采用哪一类方法,都必须取得在产品数量的核算资料。

学习情景二　在产品数量的核算

一、在产品数量的日常核算

在产品结存的数量,同其他材料物资结存的数量一样,应同时具备账面核算资料和实际盘点资料。企业一方面要做好在产品收发结存的日常核算工作;另一方面要做好在产品的清查工作。做好这两项工作,既可以从账面上随时掌握在产品的动态,又可以清查在产品的实际数量。这不仅对正确计算产品成本、加强生产资金管理以及保护财产有着重要意义,而且对保证账实相符有着重要意义。

车间在产品收发结存的日常核算,通常是通过在产品收发结存账簿进行的,在实际工作中,这种账簿也称为在产品台账,应分车间并且按照产品的品种和在产品名称(如零部件的名称)设立,以便用来反映车间各种在产品的转入、转出和结存的数量,如表4-1所示。各车间应认真做好在产品的计量、验收和交接工作,并在此基础上根据领料凭证、在产品内部转移凭证、产成品检验凭证和产品交库凭证及时登记在产品收发结存账。该账簿由车间核算人员登记。

表 4-1 在 产 品 台 账

生产单位：　　　　　生产工序：　　　　　产品名称：　　　　　计量单位：

日期	摘要	收入		转出			结转			备注
		凭证号数	数量	凭证号数	合格品	废品	已完工	未完工	废品	

二、在产品的清查核算

为了核实在产品的数量，保证在产品的安全完整，企业必须认真做好在产品的清查工作。在产品应定期进行清查，也可以不定期轮流清查。有的车间没有建立在产品的日常收发核算，则每月末都必须清查一次在产品，以便取得在产品的实际盘存资料。清查后，应根据盘点结果和账面资料编制在产品盘点表，填明在产品的账面数、实存数和盘盈盘亏数，以及盈亏的原因和处理意见。对于报废和毁损的在产品，还要登记残值。

在产品发生盘盈时，应按盘盈在产品的成本（一般按计划成本计价）借记"生产成本"科目，并记入相应的生产成本明细账各成本项目，贷记"待处理财损益"科目。经过审批进行处理时，则借记"待处理财产损益"科目，贷记"管理费用"等科目。

在产品发生盘亏和毁损时，应借记"待处理财产损益"科目，贷记"生产成本"科目，并从相应的产品成本明细账各成本项目中转出，冲减在产品成本。毁损在产品的残值，应借记"原材料"科目，贷记"待处理财产损益"科目，冲减损失。经过审批进行处理时，应根据不同的情况分别将损失从"待处理财产损益"科目的贷方转入"管理费用""其他应收款""营业外支出"等有关科目的借方。

如果在产品的盘亏是由于没有办理领料或交接手续，或者由于某种产品的零件为另一种产品挪用，则应补办手续，及时转账更正。

任务二　生产费用在完工产品与月末在产品之间的分配

每月月末，当月生产成本明细账中按照成本项目归集了该种产品的本月生产成本以后，如果产品已经全部完工，生产成本明细账中归集的月初在产品生产成本与本月发生的生产成本之和，就是该种完工产品的成本。如果产品全部没有完工，生产成本明细账中归集的月初在产品生产成本与本月发生的生产成本之和，就是该种在产品的成本。如果既有完工产品又有在产品，生产成本明细账中归集的月初在产品生产成本与本月发生的生产成本之和，则应当在完工产品和月末在产品之间采用适当的分配方法进行分配和归集，以计算完工产品和月末在产品的成本。

企业应当根据在产品数量的多少、各月在产品数量变化的大小、各项成本比重的大小，以及定额管理基础的好坏等具体条件，采用适当的分配方法将生产成本在完工产品和在产品之间进行分配。常用的分配方法有不计算在产品成本法、在产品按固定成本计价法、在产品按所耗直接材料成本计价法、约当产量比例法、在产品按定额成本计价法、定额比例法等。

学习情景一　不计算在产品成本法

采用不计算在产品成本法时，虽然有月末在产品，但不计算其成本。也就是说，这种产品每月发生的成本，全部由完工产品负担，其每月发生的成本之和即为每月完工产品成本，月末在产品成本为零。这种方法适用于月末在产品数量很小，不计算在产品的成本对完工产品成本的影响很小，管理上不要求计算在产品成本的情形。

学习情景二　在产品按固定成本计价法

采用在产品按固定成本计价法，各月末在产品的成本固定不变。某种产品本月发生的生产成本就是本月完工产品的成本。但在年末，在产品成本不应再按固定不变的金额计价，否则，会使按固定金额计价的在产品成本与其实际成本有较大差异，影响产品成本计算的正确性。因此在年末，应当根据实际盘点的在产品数量，具体计算在产品成本，据以计算12月份的产品成本。这种方法适用于月末在产品数量较多但各月变化不大的产品,或月末在产品数量很小的产品。

【案例分析4-1】 某企业A产品采用在产品按固定成本计价法。上年末在产品的直接材料、直接人工和制造费用分别为200元、340元和180元。本月发生的生产费用和本月完工产品成本见表4-2所示。

表4-2 产品成本明细账

产品名称:A产品　　　　　　　　　　20××年7月　　　　　　　　　　　　单位:元

摘　要	直接材料	直接人工	制造费用	合　计
月初在产品成本	200	340	180	720
本月生产费用	2 600	4 800	2 000	9 400
生产费用合计	2 800	5 140	2 180	10 120
本月完工产品成本	2 600	4 800	2 000	9 400
月末在产品成本	200	340	180	720

学习情景三　在产品按所耗直接材料成本计价法

采用在产品按所耗直接材料成本计价法,月末在产品只计算其所耗直接材料成本,不计算直接人工等加工成本。也就是说,产品的直接材料成本(月初在产品的直接材料成本与本月发生的直接材料成本之和)需要在完工产品和月末在产品之间进行分配,而生产产品本月发生的加工成本(直接人工和制造费用)全部由完工产品成本负担。这种方法适用于各月月末在产品的数量较多、各月在产品数量变化也较大,直接材料成本在生产成本中所占比重较大且材料在生产开始时一次就全部投入的产品。

【案例分析4-2】 某企业生产B产品,该产品原材料在产品成本中所占比重较大,在产品仅计算原材料成本。B产品月初在产品原材料成本为3 000元,本月发生的生产费用包括直接材料9 000元、直接人工200元、制造费用300元。本月完工产品100件,月末在产品20件。该产品的原材料在生产开始时一次性投入。原材料费用按完工产品和月末在产品数量比例分配。分配计算如下:

原材料分配率 = (3 000 + 9 000) ÷ (100 + 20) = 100(元／件)

完工产品负担的原材料费用 = 100 × 100 = 10 000(元)

月末在产品负担的原材料费用 = 20 × 100 = 2 000(元)

产品成本明细账见表4-3。

表 4-3 产品成本明细账

产品名称：B 产品   20××年7月   单位：元

摘　　要	直接材料	直接人工	制造费用	合　计
月初在产品成本	3 000			3 000
本月生产费用	9 000	200	300	9 500
生产费用合计	12 000	200	300	12 500
本月完工产品成本	10 000	200	300	10 500
月末在产品成本	2 000			2 000

学习情景四　约当产量比例法

一、约当产量比例法的含义

采用约定产量比例法，应将月末在产品数量按照完工程度折算为相当于完工产品的产量，即约当产量，然后将产品应负担的全部成本按照完工产品数量和月末在产品约定产量的比例分配计算完工产品成本和月末在产品成本。这种方法适用于月末在产品数量较多，各月在产品数量变化也较大，且生产成本中直接材料成本和直接人工等加工成本的比重相差不大的产品。

这种方法的计算公式如下：

在产品约当产量 = 在产品数量 × 完工程度

$$单位产品成本 = \frac{月初在产品成本 + 本月发生生产费用}{完工产品产量 + 月末在产品约当产量}$$

完工产品成本 = 完工产品产量 × 单位产品成本

月末在产品成本 = 月末在产品约当产量 × 单位产品成本

【**案例分析4-3**】　某产品本月完工 26 件，月初无在产品；月末在产品 10 件，平均完工程度为 40%，本月发生生产费用共 3 000 元。分配结果如下：

$$单位成本 = \frac{3\,000}{26 + 10 \times 40\%} = 100(元／件)$$

完工产品成本 = 26 × 100 = 2 600(元)

在产品成本 = 10 × 40% × 100 = 400(元)

二、在产品完工程度和约当产量的计算

采用约当产量比例这种方法,道理不难理解,问题在于在产品完工程度的确定比较复杂。月末在产品完工程度应按成本项目分别确定。因为在生产过程中,在产品直接材料费用的投入,与直接人工和制造费用的发生并不一致。如果原材料在生产开始时一次性投入,在产品的投料率为100%,即在产品应与完工产品同等分配材料费用,月末在产品约当产量等于月末在产品数量;而直接人工和制造费用一般是随着生产过程的进行陆续发生的,在费用发生比较均衡的情况下,直接人工和制造费用项目月末在产品的完工程度可以认定为50%;如果原材料随着产品加工进度陆续投入,其投入方式不一定与产品完工程度同步,因而运用约当产量法计算在产品成本时,必须区别成本项目分别计算在产品约当产量,也就是分别计算确定在产品的完工程度(即投料率和完工率)。

在企业实际生产过程中,有的企业产品结构复杂、生产工序多,不同工序难以按同一比例计算月末在产品约当产量,因此,在多工序生产的企业中,可以先分工序计算在产品约当产量,再汇总确定在产品约当总产量。

(一)月末在产品直接材料项目投料率和月末在产品约当产量的计算

月末在产品应负担的材料费用与投料方式有关。在产品生产过程中,投料方式通常有四种:一是在生产开始时一次性投入全部所需材料;二是在每道工序开始时一次性投入该工序所需的全部材料;三是在生产中陆续投入且投入量与加工进度一致,即均匀投入;四是在生产过程中陆续投入且投入量与加工进度不一致。由于投料方式不同,在产品投料程度也各不相同。

当直接材料在生产开始时一次性全部投入时,投料率为100%,月末在产品应负担的材料费用与完工产品所负担的材料费用相同,因此,不论在产品完工程度如何,直接材料费用的分配都可以按月末在产品实际结存数量和完工产品产量的比例分配。

如果产品生产过程经历多个生产工序,原材料在每一道工序开始时一次性投入,则应分工序计算在产品的投料率,某工序月末在产品应负担的材料费用为截至该工序的累计投料费用,月末在产品应按不同工序的投料率折算为完工产品。其计算公式为:

$$某工序月末在产品投料率 = \frac{该工序单位在产品累计投入材料费用}{单位完工产品应投入材料费用} \times 100\%$$

【案例分析4-4】 某企业生产甲产品分别经过一、二、三道生产工序,本月完工产品300件,每道工序所需材料均在该工序生产开始时一次性投入。各工序单位产品材料消耗定额分别为:第一道工序50千克、第二道工序30千克、第三道工序20千克,共计100千克。各工序月末在产品数量分别为:第一道工序60件、第二道工序80件、第三道工序100件,共计240件。月初和本月发生的原材料合计为10 000元。用约当产

量比例法在完工产品和月末在产品之间分配直接材料费用的过程为：

第一道工序月末在产品投料率 = $\dfrac{50}{100} \times 100\% = 50\%$

第二道工序月末在产品投料率 = $\dfrac{50+30}{100} \times 100\% = 80\%$

第三道工序月末在产品投料率 = $\dfrac{50+30+20}{100} \times 100\% = 100\%$

第一道工序月末在产品约当产量 = 60 × 50% = 30(件)

第二道工序月末在产品约当产量 = 80 × 80% = 64(件)

第三道工序月末在产品约当产量 = 100 × 100% = 100(件)

月末在产品约当总产量 = 30 + 64 + 100 = 194(件)

直接材料费用分配率 = $\dfrac{10\,000}{300+194} = 20.24$(元/件)

月末在产品应负担的直接材料费用 = 194 × 20.24 = 3 926.56(元)

完工产品应负担的直接材料费用 = 10 000 − 3 926.56 = 6 073.44(元)

（二）月末在产品直接人工、制造费用项目完工率和月末在产品约当产量的计算

直接人工和制造费用两个成本项目一般可以按同一完工率计算月末在产品约当产量。当企业生产进度比较均衡时，月末在产品在各工序的加工程度相差不多，为简化核算，月末在产品的完工程度通常按 50% 计算。

当月末在产品各工序加工程度不均衡时，可以根据各个工序在产品的工时定额分工序计算各工序在产品的完工率，月末在产品应按不同工序的完工率分别折算为完工产品。具体计算公式为：

$$某工序月末在产品完工率 = \dfrac{以前工序的累计定额工时 + 本工序工时定额 \times 50\%}{单位完工产品定额工时} \times 100\%$$

$$某工序月末在产品约当产量 = 该工序月末在产品数量 \times 该工序在产品完工率$$

上述公式中的本工序工时定额均按 50% 计算，是因为该工序中各在产品的加工程度虽然不同，但为简化起见，对本工序加工程度一般不逐一测算，都按平均加工 50% 计算。对于从上一工序转入本工序的在产品，由于上一工序已加工完成，因此，前面各工序的工时定额都按 100% 计算。

【案例分析 4-5】 某工厂生产的乙产品顺序经过一、二、三道工序加工完成，单位

项目四 生产费用在完工产品与在产品之间的归集与分配

产品原材料消耗定额为 1 000 元,其中,第一、二、三道工序单位产品材料消耗定额分别为 500 元、300 元、200 元;原材料分别在各工序开始时一次投入。2012 年 7 月,乙产品完工入库验收数量为 1 000 件,月末在产品数量为 300 件,其中,第一、二、三道工序分别为 100 件、80 件、120 件。乙产品单位产品工时消耗定额为 100 小时,其中,第一、二、三道工序分别为 60 小时、30 小时、10 小时。乙产品各工序月末在产品在本工序的完工程度均为 50%。乙产品生产成本明细账中月初在产品成本为 10 000 元,其中,直接材料 5 000 元,直接人工 3 000 元,制造费用 2 000 元;乙产品本月发生的生产费用为 50 000 元,其中,直接材料 30 000 元,直接人工 12 000 元,制造费用 8 000 元。采用约当产量比例法计算乙产品月末在产品成本和本月完工产品成本的过程如下:

(1) 计算月末在产品直接材料项目的投料率和约当产量。

① 计算各工序月末在产品的投料率:

第一道工序月末在产品投料率 $= \dfrac{500}{1\ 000} \times 100\% = 50\%$

第二道工序月末在产品投料率 $= \dfrac{500 + 300}{1\ 000} \times 100\% = 80\%$

第三道工序月末在产品投料率 $= \dfrac{500 + 300 + 200}{1\ 000} \times 100\% = 100\%$

② 计算月末在产品约当产量:

第一道工序月末在产品约当产量 $= 100 \times 50\% = 50(件)$

第二道工序月末在产品约当产量 $= 80 \times 80\% = 64(件)$

第三道工序月末在产品约当产量 $= 120 \times 100\% = 120(件)$

月末在产品约当总产量 $= 50 + 64 + 120 = 234(件)$

根据以上资料编制在产品投料率及约当产量计算表,见表 4-4。

表 4-4 在产品投料率及约当产量计算表

产品:乙产品　　　　　　　　　　　　20××年 7 月

工序	月末在产品数量 (件)	单位产品材料成本 (元)	在产品 投料率	月末在产品约当产量 (件)
一	100	500	50%	50
二	80	300	80%	64
三	120	200	100%	120
合计	300	1 000		234

（2）计算月末在产品直接人工、制造费用项目的完工率和约当产量。

① 计算各工序月末在产品的完工率：

第一道工序完工率 = $\dfrac{60 \times 50\%}{100} \times 100\% = 30\%$

第二道工序完工率 = $\dfrac{60 + 30 \times 50\%}{100} \times 100\% = 75\%$

第三道工序完工率 = $\dfrac{60 + 30 + 10 \times 50\%}{100} \times 100\% = 95\%$

② 计算月末在产品约当产量：

第一道工序月末在产品约当产量 = $100 \times 30\% = 30$（件）

第二道工序月末在产品约当产量 = $80 \times 75\% = 60$（件）

第三道工序月末在产品约当产量 = $120 \times 95\% = 114$（件）

月末在产品约当总产量 = $30 + 60 + 114 = 204$（件）

根据上述资料编制在产品完工率及约当产量计算表，见表4-5。

表4-5 在产品完工率及约当产量计算表

产品：乙产品　　　　　　　　　　20××年7月

工序	月末在产品数量（件）	单位产品工时消耗定额（小时）	在产品完工程度（%）	月末在产品约当产量（件）
一	100	60	30	30
二	80	30	75	60
三	120	10	95	114
合计	300	100		204

（3）计算各成本项目的费用分配率。

直接材料费用分配率 = $\dfrac{5\,000 + 30\,000}{1\,000 + 234} = 28.363$（元／件）

直接人工费用分配率 = $\dfrac{3\,000 + 12\,000}{1\,000 + 204} = 12.458\,5$（元／件）

制造费用分配率 = $\dfrac{2\,000 + 8\,000}{1\,000 + 204} = 8.305\,6$（元／件）

（4）计算月末在产品成本和本月完工产品成本。

① 月末在产品成本：

月末在产品负担的直接材料费用 = 234 × 28.363 = 6 636.94(元)

月末在产品负担的直接人工费用 = 204 × 12.458 5 = 2 541.53(元)

月末在产品负担的制造费用 = 204 × 8.305 6 = 10 872.81(元)

月末在产品总成本 = 6 636.94 + 2 541.53 + 1 694.34 = 10 872.81(元)

② 本月完工产品成本：

完工产品负担的直接材料费用 = 35 000 − 6 636.94 = 28 363.06(元)

完工产品负担的直接人工费用 = 15 000 − 2 541.53 = 12 458.47(元)

完工产品负担的制造费用 = 10 000 − 1 694.34 = 8 305.66(元)

本月完工产品的总成本 = 28 363.06 + 12 458.47 + 8 305.66 = 49 127.19(元)

根据上述计算结果登记产品成本计算单，见表4-6。

表4-6 某工厂产品成本计算单

产品名称：乙产品　　　　　　20××年7月　　　　　　　　　单位：元

摘　要	直接材料	直接人工	制造费用	合　计
月初在产品成本	5 000	3 000	2 000	10 000
本月生产费用	30 000	12 000	8 000	50 000
生产费用合计	35 000	15 000	10 000	60 000
本月完工产品数量(件)	1 000	1 000	1 000	1 000
月末在产品约当产量(件)	234	204	204	
生产量合计(件)	1 234	1 204	1 204	
费用分配率(完工产品单位成本)	28.363 0	12.458 5	8.305 6	49.127 1
本月完工产品成本	28 363.05	12 458.47	8 305.66	49 127.19
月末在产品成本	6 636.95	2 541.53	1 694.34	10 872.81

(5) 根据成本计算结果，编制结转本月入库完工产品成本的会计分录如下：

借：库存商品——乙产品　　　　　　　　　　　　　　　49 127.19

　　贷：生产成本——基本生产成本——乙产品　　　　　　49 127.19

学习情景五　在产品按定额成本计价法

采用在产品按定额成本计价法，月末在产品成本按定额成本计算，该种产品的全部成本(如果有月初在产品,包括月初在产品成本在内)减去按定额成本计算的月末在产品成本,余额作为完工产品成本;每月生产成本脱离定额的节约差异或超支差异全部计入当月完工产品成本。这种方法是事先经过调查研究、技术测定或按定额资料,对各个加工阶段上的在产品,直接确定一个单位定额成本。这种方法适用于各项消耗定额或成本定额比较准确、稳定,而且各月末在产品数量变化不是很大的产品。

这种方法下,完工产品成本的计算公式为:

本期完工产品成本 = 月初在产品定额成本 + 本月发生生产费用 − 月末在产品定额成本

在实际工作中,月末在产品定额成本按成本项目分项计算,在具体计算月末在产品定额成本时,根据月末盘存在产品实际数量,按不同的定额标准分别计算月末在产品各个成本项目的定额成本,再加总确定月末在产品定额成本。有关计算公式如下:

月末在产品材料定额成本 = 月末在产品实际数量 × 单位在产品材料费用定额

= 月末在产品实际数量 × 单位在产品材料消耗定额 × 材料计划单价

月末在产品直接人工定额成本 = 月末在产品定额工时 × 小时工资率

= 月末在产品实际数量 × 单位在产品工时消耗定额 × 小时工资率

月末在产品定额制造费用 = 月末在产品定额工时 × 小时制造费用分配率

= 月末在产品实际数量 × 单位在产品工时消耗定额 × 小时制造费用分配率

【案例分析4-6】 某工厂所生产的丙产品月初在产品成本和本月发生的费用如表4-7所示,该产品本月完工2 000件,月末在产品100件,其中,第一、二、三道工序分别为50件、40件、10件。单位在产品直接材料定额成本第一、二、三道工序分别为200元、300元、500元。单位产品工时定额为120小时,其中,第一、二、三道工序分别为40小时、50小时、30小时。月末在产品在各工序的完工程度均为50%。产品人工费用的小时工资率为3元/小时,制造费用的小时分配率为2元/小时。按定额成本法计算在产品成本的有关过程如下:

(1) 计算月末在产品定额工时:

月末在产品定额工时= 50×40×50% + 40×(40 + 50×50%) + 10×(40 + 50 + 30×50%)

= 1 000 + 2 600 + 1 050 = 4 650(小时)

(2) 计算月末在产品定额成本:

月末在产品直接材料定额成本= 50 × 200 + 40 × 300 + 10 × 500

= 10 000 + 12 000 + 5 000 = 27 000(元)

月末在产品直接人工定额成本 = 4 650 × 3 = 13 950(元)

月末在产品制造费用定额成本 = 4 650 × 2 = 9 300(元)

月末在产品定额总成本 = 24 000 + 13 950 + 9 300 = 47 250(元)

(3) 计算完工产品实际成本：

完工产品负担的直接材料费用 = 688 000 − 27 000 = 661 000(元)

完工产品负担的直接人工费用 = 315 000 − 13 950 = 301 050(元)

完工产品负担的制造费用 = 188 530 − 9 300 = 179 230(元)

本月完工产品成本 = 661 000 + 301 050 + 179 230 = 1 141 280(元)

(4) 根据上述资料，结转完工产品成本，编制会计分录如下：

借：库存商品——丙产品　　　　　　　　　　　　　　　1 141 280
　　贷：生产成本——基本生产成本——丙产品　　　　　　　　1 141 280

表 4-7　某工厂产品成本计算单

产品名称：丙产品　　　　　　20××年7月　　　　　　　　　单位：元

摘　　要	直接材料	直接人工	制造费用	合　　计
月初在产品(定额)成本	18 000	15 000	12 000	45 000
本月生产费用	670 000	300 000	176 530	1 146 530
生产费用合计	688 000	315 000	188 530	1 191 530
本月完工产品成本	661 000	301 050	179 230	1 141 280
月末在产品(定额)成本	27 000	13 950	9 300	50 250

学习情景六　定额比例法

用定额比例法，产品的生产成本在完工产品和月末在产品之间按照两者的定额消耗量或定额成本比例分配。其中，直接材料成本按直接材料的定额消耗量或定额成本比例分配，直接人工等加工成本既可以按各该定额成本的比例分配，也可以按定额工时比例分配。这种方法适用于各项消耗定额或成本定额比较准确、稳定，但各月末在产品数量变动较大的产品。

这种方法的计算公式如下(以按定额成本比例为例)：

$$直接材料费用分配率 = \frac{月初在产品实际材料成本 + 本月投产的实际材料成本}{完工产品定额材料成本 + 月末在产品定额材料成本}$$

完工产品应负担的直接材料费用 = 完工产品定额材料成本 × 直接材料分配率

月末在产品应负担的直接材料费用 = 月末在产品定额材料成本 × 直接材料分配率

$$直接人工费用分配率 = \frac{月初在产品实际人工成本 + 本月投产的实际人工成本}{完工产品定额工时 + 月末在产品定额工时}$$

完工产品应负担的直接人工费用 = 完工产品定额工时 × 直接人工成本分配率

月末在产品应负担的直接人工费用 = 月末在产品定额工时 × 直接人工成本分配率

制造费用定额计算与直接人工类似。

【案例分析4-7】 某工厂大量生产的乙产品是定型产品,有比较健全的定额资料和定额管理制度。本月完工乙产品2 000件,产品直接材料费用定额为230元,工时消耗定额为100小时。月末在产品为500件,其中,第一、二、三道工序分别为200件、160件、140件;月末在产品直接材料费用定额第一、二、三道工序分别50元、80元、100元;月末在产品工时消耗定额第一、二、三道工序分别为20小时、45小时、35小时。乙产品月初在产品成本和本月发生的生产费用见表4-8。采用定额比例法计算月末在产品和本月完工产品的有关计算过程如下:

(1) 计算完工产品和月末在产品总定额:

完工产品直接材料费用定额 = 2 000 × 230 = 460 000(元)

月末在产品直接材料费用定额 = 200 × 50 + 160 × 80 + 140 × 100 = 36 800(元)

完工产品定额工时 = 2 000 × 100 = 200 000(小时)

月末在产品定额工时 = 200 × 20 + 160 × 45 + 140 × 35 = 16 100(小时)

(2) 计算费用分配率:

$$直接材料费用分配率 = \frac{100\,000 + 900\,000}{460\,000 + 36\,800} = 2.012\,9$$

$$直接人工费用分配率 = \frac{25\,000 + 300\,000}{16\,100 + 200\,000} = 1.503\,9$$

$$制造费用分配率 = \frac{15\,000 + 180\,000}{16\,100 + 200\,000} = 0.902\,4$$

(3) 计算在产品成本和本月完工产品成本:

月末在产品负担的直接材料费用 = 36 800 × 2.012 9 = 74 075(元)

月末在产品负担的直接人工费用 = 16 100 × 1.503 9 = 24 213(元)

月末在产品负担的制造费用 = 161 00 × 0.902 4 = 14 529(元)

月末在产品的总成本 = 74 075 + 24 213 + 14 529 = 112 817(元)

本月完工产品应负担的直接材料费用 = 1 000 000 - 74 705 = 925 925(元)

本月完工产品应负担的直接人工费用 = 325 000 - 24 213 = 300 787(元)

本月完工产品应负担的制造费用 = 195 000 - 14 529 = 180 471(元)

本月完工产品总成本 = 925 925 + 300 787 + 180 471 = 1 407 183(元)

(4) 根据上述资料,结转完工产品成本,编制会计分录如下:

借:库存商品——乙产品　　　　　　　　　　　　　　1 407 183
　　贷:生产成本——基本生产成本——乙产品　　　　　　　　1 407 183

表 4-8　某工厂产品成本计算单

产品名称:乙产品　　　　　　20××年7月　　　　　　　　　　单位:元

摘要	直接材料	直接人工	制造费用	合计
月初在产品成本	100 000	25 000	15 000	140 000
本月生产费用	900 000	300 000	180 000	1 380 000
生产费用合计	1 000 000	325 000	195 000	1 520 000
完工产品定额(小时)	460 000	200 000	200 000	
月末在产品定额(小时)	36 800	16 100	16 100	
总定额合计(小时)	496 800	216 100	216 100	
费用分配率	2.012 9	1.503 9	0.902 4	
本月完工产品成本	925 925	300 787	180 471	1 407 183
月末在产品成本	74 075	24 213	14 529	112 817

通过上述分析可以看出,采用定额比例法分配完工产品与月末在产品费用,不仅分配结果比较合理,而且还便于将实际消耗量与定额消耗量、实际费用与定额费用进行比较,可以分析和考核定额的执行情况。

任务三　技能训练

本部分要求学生先用手工完成各个实训的表格计算，然后再利用 Excel 制作各个实训的表格，并通过编辑公式进行单元格的计算。

【实训一】　在产品按固定成本计价

某工厂生产的甲产品期末在产品数量比较稳定，采用固定成本计价。

20××年该产品年初在产品成本和 7 月份生产费用见表 4-9 所示。7 月完工甲产品 2 000 件，月末在产品 100 件。

表 4-9　某工厂产品成本计算单

产品名称：甲产品
产量：2 000 件　　　　　　　　　20××年 7 月　　　　　　　　　单位：元

摘　　要	直接材料	直接人工	制造费用	合　　计
月初在产品成本	50 000	35 000	15 000	100 000
本月生产费用	500 000	290 000	230 000	1 020 000
生产费用合计				
本月完工产品成本				
月末在产品成本				

【要求】

（1）采用固定成本计价法计算甲产品月末在产品和本月完工产品成本，完成表 4-9 中有关产品成本计算单的计算；

（2）编制结转完工入库甲产品的会计分录。

【实训二】　在产品只计算材料成本

某工厂生产的乙产品直接材料费用在产品成本中所占比重较大，在产品只计算材料成本。2012 年 7 月，乙产品月初在产品成本（即直接材料成本）为 40 000 元，本月发生的生产费用见表 4-10。本月乙产品完工 500 件，月末在产品 50 件，在产品的原材料已全部投入，直接材料可按本月完工产品和月末在产品的数量比例分配。

表 4-10　某工厂产品成本计算单

产品名称：乙产品
产量：500 件　　　　　　　　　　20××年 7 月　　　　　　　　　　单位：元

摘　　要	直接材料	直接人工	制造费用	合　计
月初在产品成本	40 000			40 000
本月生产费用	700 000	120 000	80 000	900 000
生产费用合计				
完工产品数量（件）				
月末在产品数量（件）				
完工产品成本				
本月完工产品单位成本				
月末在产品成本				

【要求】

（1）采用在产品只计算材料成本法计算乙产品月末在产品成本和本月完工产品成本，并完成表 4-10 中有关产品成本计算单的计算；

（2）编制结转完工入库乙产品的会计分录。

【实训三】　分工序计算在产品投料率

某工厂生产的丙产品顺利经过第一、第二、第三道工序加工，单位产品原材料消耗定额和 7 月份丙产品月末在产品盘点资料见表 4-11。原材料分别在各道工序开始时一次性投入。

表 4-11　在产品投料率及约当产量计算表

产品名称：丙产品　　　　　　　　20××年 7 月　　　　　　　　　　单位：件

工序	月末在产品数量	单位产品投料定额（小时）	在产品投料率	月末在产品约当产量
一	150	500		
二	100	300		
三	50	200		
合计	300	1 000		

【要求】

（1）计算各工序月末在产品的投料率；

（2）计算月末在产品约当产量。

【实训四】　分工序计算在产品完工率

某工厂生产丙产品的本月有关月末在产品数量和单位产品工时消耗定额资料见表 4-12。丙产品月末在产品在本工序的完工程度均为 50%。

表 4-12　在产品完工率及约当产量计算表

产品名称：丙产品　　　　　　　　　　20××年7月　　　　　　　　　　　单位：件

工序	月末在产品数量	单位产品工时定额（小时）	在产品完工率	月末在产品约当产量
一	150	100		
二	100	60		
三	50	40		
合计	300	200		

【要求】

（1）计算各工序月末在产品的完工率；

（2）计算月末在产品约当产量。

【实训五】　约当产量法

某工厂生产的丙产品20××年7月完工入库1 000件，月末盘点在产品数量为300件，丙产品约当产量资料见实训三、实训四的计算结果。丙产品月初在产品和本月生产费用的资料见表4-13。

表 4-13　某工厂产品成本计算单

产品名称：丙产品　　　　　　　　　　20××年7月　　　　　　　　　　　单位：件

摘　　要	直接材料	直接人工	制造费用	合　计
月初在产品成本	200 000	40 000	60 000	300 000
本月生产费用	2 000 000	450 000	550 000	3 000 000
生产费用合计				
本月完工产品数量（件）				
月末在产品约当产量（件）				
生产量合计（件）				
费用分配率（单位产品成本）				
本月完工产品成本				
月末在产品成本				

【要求】

（1）采用约当产量法，完成丙产品成本计算单的计算；

（2）编制结转完工入库丙产品的会计分录。

【实训六】　定额比例法

某工厂生产的丁产品有比较健全的定额资料和定额管理制度，丁产品单位产品原材料消耗定额为 1 000 元,工时消耗定额为 100 小时。20××年 7 月完工丁产品 2 000 件。月末盘点各工序在产品数量资料及各种消耗定额资料见表 4-14。月初在产品成本及本月生产费用见表 4-15。月末在产品各工序完工程度均为 50%。

表 4-14 在产品有关资料

工 序	在产品数量（件）	单位产品原材料消耗定额（小时）	单位产品工时消耗定额（小时）	定额材料成本（元）	定额工时（小时）
一	100	500	30		
二	40	300	45		
三	60	200	25		
合计	200	1 000	100		

表 4-15 某工厂产品成本计算单

产品名称：丁产品　　　　　　　　　20××年 7 月　　　　　　　　　金额：元

摘　要	直接材料	直接人工	制造费用	合　计
月初在产品成本	400 000	44 000	56 000	500 000
本月生产费用	2 500 000	400 000	600 000	3 500 000
生产费用合计				
本月完工产品总定额(小时)				
月末在产品总定额(小时)				
定额合计(小时)				
费用分配率				
本月完工产品总成本				
本月完工产品单位成本				
月末在产品成本				

【要求】

(1) 采用定额比例法,计算丁产品月末在产品成本和本月完工产品成本,完成成本计算单的计算;

(2) 编制结转完工入库丁产品的会计分录。

【实训七】 定额成本法

某工厂生产丁产品有关资料见实训六。该厂每一定额工时直接人工费用分配率为 3 元,制造费用分配率为 4 元。

【要求】

(1) 采用在产品按定额成本计算法,计算丁产品月末在产品成本和本月完工产品

成本,完成表 4-16 中的有关产品定额成本计算单;

(2) 完成表 4-17 中的有关产品成本计算单。

表 4-16　某厂月末在产品定额成本计算表

单位：元

工序	在产品数量(件)	材料成本		人工成本		制造费用		月末在产品总成本
		单位定额（小时）	总成本	单位定额（小时）	总成本	单位定额（小时）	总成本	
一								
二								
三								
合计								

表 4-17　某工厂产品成本计算单

产品名称：丁产品　　　200 件　　　20××年 7 月　　　　　　　　单位：元

摘　要	直接材料	直接人工	制造费用	合　计
月初在产品成本				
本月生产费用				
生产费用合计				
本月完工产品总成本				
本月完工产品单位成本				
月末在产品成本(定额)				

项目五　产品成本核算概述

> 【知识学习目标】　掌握按生产组织和工艺过程对工业企业的生产进行分类；掌握各类工业企业生产的特点；熟悉生产特点及管理要求对成本核算方法的影响；熟悉工业企业核算的主要方法和辅助方法的种类。
> 【能力培养目标】　能够依据企业的生产特点和管理要求选择不同的成本核算方法。
> 【教学重点】　品种法、分批法、分步法的使用范围和特点。
> 【教学难点】　产品成本核算的方法。

任务一　生产特点和管理要求对产品成本核算的影响

产品成本是在企业生产过程中形成的，因此，产品成本核算方法在很大程度上受企业生产经营特点的影响。同时，计算产品成本是为成本管理提供资料的，产品成本核算必须满足企业成本管理方面的要求。确定产品的成本核算方法时，必须从企业的实际情况出发，充分考虑企业生产经营特点和成本管理的要求这两个因素。成本核算方法一经确定，就不得随意变更，如果需要变更，应根据管理权限，经股东大会或董事会，或经理（厂长）会议或类似权力机构批准，并在会计报表附注中予以说明。

学习情景一　工业企业的生产类型及其特点

产品成本核算是对企业生产经营过程中发生的直接材料、直接人工、制造费用按照一定的对象和标准，进行归集与分配，从而计算出产品的总成本和单位成本。前面已全面介绍了产品成本核算的一般程序和基本原理，由于企业的生产特点与成本管理要求千差万别,因而,不同产品生产有不同的成本核算方法和成本核算的组织方式。本项目将进一步说明如何根据工业企业的生产类型、生产特点和成本管理要求,选择适当的产品成本核算方法来正确计算产品成本。

工业企业的生产特点是指企业生产组织的特点和产品工艺的特点。生产类型是指企业或车间按照生产特点进行划分的类别。据此,企业生产类型可以从两个方面进行划分。

一、按企业的生产工艺过程特点来分类

所谓工艺过程,是指劳动者利用劳动资料直接改变对象的形状、大小、位置、成分、性能、结构等,使之成为预期产品的过程。企业的生产按照生产工艺过程的特点,可以分为单步骤生产和多步骤生产两种类型。

(一) 单步骤生产

单步骤生产又称简单生产,是指产品的生产过程在生产技术上不能间断,或由于工作地点的限制,不能分散在几个不同的地点进行的单阶段生产。如发电、铸造、采掘等工业企业的生产。该类生产一般生产周期较短,产品品种单一且稳定,往往是由一个企业单独完成生产,而不能由多个企业或车间同时进行协作生产。

(二) 多步骤生产

多步骤生产又称复杂生产,是指产品在生产工艺上可以间断,可以分期在不同地点由不同的企业或车间协作完成的生产。整个生产过程可以在不同的时间分成若干步骤进行,如纺织、冶金、机械制造等。这类生产工艺技术较复杂,生产周期较长,产品品种较多且不稳定,一般由多个企业的若干步骤或车间协作进行生产。

多步骤生产按其产品的具体加工方式不同,又可分为连续式多步骤生产和装配式多步骤生产两类。连续式多步骤生产是指以原材料投入生产后,要经过若干个连续的加工工序,前一个加工工序所完成的半成品是下一个加工工序的加工对象,如此加工到最后一个生产工序才能制造成产品。有的产品只在第一步骤投入原材料,有的产品则在各个步骤都需要投入原材料。这类生产的各个生产步骤(或车间)具有先后顺序的依次关系,如纺织、冶金、水泥、造纸、服装加工等企业。装配式多步骤生产又称平行加工式生产,是指各个生产步骤可以在不同地点和不同时间将各种原材料分别经过加工制成各种零件、部件、半成品,然后将零件、部件装配成产品。这类生产的各个生产步骤具有独立性,不存在前后顺序的依存关系,如仪表、造船、汽车、自行车、家用电器等企业。

二、按企业的生产组织特点来分类

所谓生产组织,是指保证生产过程各个环节、各个因素协调的生产工作方式,它体现着企业生产专业化和生产过程重复程度的高低。按照生产组织的特点,企业生产类型可分为大量生产、成批生产和单件生产三种类型。

大量生产是指连续不断地重复生产一种或几种相同产品的生产。这种生产的企业或车间具有产品品种较少、产量较大、生产比较稳定、不断重复生产、专业化程度高的特点,如纺织、面粉、化肥、粮食、发电、酿酒等行业的生产。

成批生产是指按照预先规定的产品的批别和数量进行的生产。其特点是这种生产性质的企业或车间产品品种较多、产量较大、专业化程度较高,而且各种产品的生产往往成批重复进行。如机床、服装鞋帽、机电等行业的生产。在成批生产的企业中,其生产组织比较稳定,只有一批产品全部完工更换投产另一批产品时,生产组织才会发生相应的变化。成批生产按生产批量大小又可分为大批生产和小批生产。在大批生产中,由于产品批量较大,往往需在几个月内不断地重复生产一种或几种产品,因而性质上接近于大量生产;在小批生产中,由于批量较小,其特点近似于单件生产。

单件生产是指按照订货单位订单要求的品种、规格和数量来组织生产个别的、性质特殊的产品,如船舶、重型机械、精密仪器、专用设备、新产品试制等行业的生产。它的特点是生产的产量少、品种多、结构复杂、成本高,一般不重复,专业化程度不高。在单件生产中,产品品种经常变动,生产组织也相应发生变化。

在实际工作中,难以绝对区分大量生产与大批生产、单件生产与小批生产,因而常将大批生产与大量生产称为大量大批生产,将小批生产与单件生产称为小批单件生产。

产品生产工艺技术特点和产品的生产组织之间存在着一定的联系。一般而言,大量生产既可能是单步骤生产,也可能是多步骤生产;成批生产一般都是多步骤生产;而单件生产大多是平行加工式生产。将生产工艺技术过程的特点和生产组织相结合,可分为大量大批简单生产、大量大批连续式的多步骤生产、大量大批平行式的多步骤生产、单件小批平行式多步骤生产四种生产类型。对一个企业而言,上述各种生产特点和生产组织方式可能兼有之,如企业的产品是装配式的大量生产,但零件在车间内可以是连续式的成批生产或单件生产等。

学习情景二　产品成本核算方法的确定

生产特点和成本管理要求对产品成本核算方法的确定具有决定性的影响。企业生产类型和成本管理要求不同,产品成本核算对象、成本核算期以及完工产品成本与月末在产品成本的划分也不一样,因此,不同产品成本核算方法的区别主要表现在成本核算对象、成本核算期及生产费用在完工产品与月末在产品之间的分配三个方面。

一、成本核算对象

在成本核算工作中,主要有产品的品种、产品的批别、产品品种及所经过的生产步骤三种成本核算对象。成本核算对象要根据企业生产类型和成本管理的要求而定。

(1) 对于单步骤连续式大量生产的企业,由于生产工艺过程不能间断,不能分散在不同的地点进行生产,又由于大量重复无法分批,成本管理既不能分步计算成本,也不能分批计算成本。因此,必须以最终产品品种为成本核算对象分别计算产品成本,其成本核算对象为产品品种;在单步骤小批生产的企业,应以产品的批别作为成本核算对象。

(2) 对于多步骤连续式大量生产的企业,由于生产工艺过程由若干个分散在不同地点、不同时间的连续式加工过程组成,其产品品种相同,产品无法分批,但工艺过程可以划分为若干个生产步骤。为明确责任,便于成本计算,需要以每个步骤为成本核算对象,即管理上要求分步计算成本。可见,在这类企业中,产品核算既要求计算产品成本,又要求计算各步骤的半成品成本。如果在某个生产步骤的自制半成品经常作为商品出售,或者在下一步骤加工时可用于生产不同产品,在管理上又要求计算该步骤半成品成本,则分别以产品成品和半成品作为成本核算对象,采用分步法计算各步骤半成品和产品成本。在小型企业,管理上不要求核算半成品成本,则以产品作为成本核算对象,采用品种法计算成本。

(3) 在多步骤装配式大量生产的企业,由于产品品种少且稳定,在较长时间内生产同种产品,其产品的零件、部件可以在不同的地点同时进行加工,然后装配成为最终产品,而零件、部件半成品没有独立的经济意义,因此,不需要按步骤计算半成品成本,而以产品品种作为成本核算对象。另外,由于零件、部件生产的批别不一定一致,因而不能按产品批别计算成本。对多步骤装配式小批、单件生产企业,由于生产批量小,产品按照单件或批别组织一批产品一般在较短时间内完工,因此,以单件或每件产品作为成本核算对象,采用分批法核算成本,其成本核算对象为批别或订单。

二、成本核算期

就不同的生产类型而言,其产品成本核算期也不同。成本核算期主要取决于生产组织的特点。在大量大批生产的企业中,由于生产活动是连续不断进行的,一般每月都会有产品完工入库,不能在产品全部完工时计算产品成本。因此,成本核算期的选择只能定期地按月进行,产品成本的计算也应在月末定期进行。这样,成本核算期与会计报告期一致,与产品的生产周期不一致。在单件小批生产的企业中,由于产品核算是按期或按件组织进行,产品成本只能在该批、该件产品完工后才能计算,因而成本计算是不定期的,即与生产周期一致,但与会计报告期不一致。

三、生产费用在完工产品和月末在产品之间分配

企业生产类型和管理要求不同还影响每月月末是否核算在产品成本,即是否将生产费用在完工产品与月末在产品之间分配的问题。在单步骤生产方式下,由于生产周期较短,生产过程不间断,往往没有月末在产品;有的企业虽然有在产品,但数量很少,因此,一般不需要将生产费用在完工产品和月末在产品之间进行分配,即在产品成本为零,当期生产费用全部由本期完工产品负担。但需要说明的是,不计算在产品成本,并不意味着没有在产品数量的存在,仍需要加强在产品实物的管理;如果在产品数量较大,且管理上要求计算在产品成本,就需要采用适当的方法将生产费用在本期完工产品和期末在产品之间进行分配,以便确定完工产品成本和月末在产品成本。

在多步骤单件小批生产方式下,由于成本核算期与生产周期一致。因此,在产品完工之前,归集在产品成本明细账中的生产费用均为在产品成本;在产品完工之后,成本计算单中归集的生产费用就是完工产品成本,这时,成本核算期与生产周期一致,不必将生产费用在完工产品与月末在产品之间进行分配。在多步骤大量大批生产方式下,由于各步骤经常存在一定的在产品,在这种情况下,成本管理上一般要求核算在产品成本,因此,生产费用需要在完工产品和期末在产品之间进行分配。

综上所述,生产特点对月末在产品成本核算具有以下影响:

(1) 不计算月末在产品成本,即不将生产费用在完工产品和月末在产品之间分配,即本月生产费用就是完工产品成本;

(2) 计算月末在产品成本,即将生产费用按一定方法在完工产品与月末在产品之间分配。

企业生产的特点和成本管理要求对产品成本核算影响的三个方面是相互联系的,其中,对成本核算对象的影响是最主要的,它制约和影响成本核算期和在产品成本的核算,不同的成本核算对象决定了不同的成本核算期和生产费用在完工产品与月末在产品之间的分配。因此,成本核算对象的确定是正确核算产品成本的前提和决定成本核算方法的最主要因素,也是区别不同成本核算方法的主要标志。

任务二　产品成本核算的主要方法

学习情景一　产品成本核算的基本方法

产品成本核算方法主要取决于企业类型,不同的生产类型所采用的成本核算方法是不同的。前面已阐述了生产特点和管理要求对产品成本核算的影响,体现在成本核算对象的确定、成本核算期的确定以及生产费用在完工产品与月末在产品之间分配三个方面,其中,成本核算对象是成本核算方法的核心,是构成成本核算方法的主要标志,由此形成了工业企业成本核算的各种方法。

根据企业生产经营特点和成本管理要求,成本核算对象、成本核算期和月末在产品成本核算三者相结合就构成三种不同产品成本核算的基本方法,即品种法、分批法和分步法。

一、品种法

以产品品种为成本核算对象,按产品的品种(不分步、不分批)归集产品在生产过程中发生的生产费用,计算产品成本的方法,称为品种法。该方法适用于单步骤的大量大批生产,如发电采掘、供水、铸造等企业;也可用于管理上需要分步骤计算成本的多步骤的大量大批生产,如水泥生产企业等。由于大量大批生产不可能等全部产品完工以后再计算产品的实际成本,所以,需要按月计算产品的成本,即成本核算期与会计报告期一致,但与生产周期不一致。在多步骤生产企业中,一般情况下期末有在产品,因此,需要在本期完工产品和期末在产品之间分配生产费用。

二、分批法

以产品的批别为核算对象,按产品的批别或订单(分批、不分步)为成本计算对象归集生产费用,计算产品成本的方法,称为分批法。一般以产品的生产周期为成本核算期。这种方法适用于成批和单件的平行加工式复杂生产,如船舶制造、重型机械、实验性生产、修理作业等企业。在上述成批或单件的平行加工式复杂生产中,产品生产一般按事先规定的规格和数量,分批或根据购买单位的订单填发内部订单据以组织生产。由于以产品批别作为成本核算对象,因此,分批法的成本核算期不能确定,即成本核算期与会计报告期不一致,与生产周期一致。当该批产品完工后,全部为产品,明细账中归集的生产费用全部为完工产品成本,所以分批法下,不需要在本期完工产品和期末在产品之间分配生产费用。

三、分步法

按照产品的成本计算步骤来设置成本计算单,归集生产费用,分步不分批计算产品成本的方法,称为分步法。该方法适用管理上要求分步骤计算成本的多步骤大量大批生产的企业。采用分步法的生产企业不可能等全部产品完工以后才计算成本,只能定期按月计算成本,其成本核算与会计报告期一致,但与生产周期不一致。大量大批多步骤生产企业在月末计算产品时,通常有在产品,因此,分步法需要将生产费用在本月完工产品和月末在产品之间进行分配。

上述产品成本核算的三种基本方法,其成本核算对象,成本核算期、生产费用在完工产品和在产品之间分配方面的区别见表5-1。

表5-1 产品成本核算三种基本方法的区别

产品成本核算方法	品 种 法	分 批 法	分 步 法
成本核算对象	产品品种	产品批别	产品品种及生产步骤
生产工艺过程和管理要求	单步骤生产或管理上不要求分步骤计算成本的多步骤生产		多步骤大量大批生产且管理上要求分步骤计算成本
生产组织类型	大量大批生产	单件小批生产	大量大批生产
成本核算期	定期按月	可以不定期,但与生产周期一致	定期按月
生产费用是否在本月完工产品和月末在产品之间分配	有在产品时需要分配	一般不需要分配	通常有在产品,需要分配

在这三种基本方法中,品种法是最基本的方法。无论采用哪种方法计算产品成本,最后都必须计算出产品的实际总成本和单位成本。

学习情景二　产品成本核算的辅助方法

在实际工作中,除了上述三种产品成本核算的基本方法外,根据企业的具体情况,还可以采用其他一些方法,由于从计算产品实际成本的角度来说,这些方法并不是必不可少的,因此称为辅助方法。产品成本核算的辅助方法主要有分类法、定额法、标准成本法、变动成本法。

一、分类法

在产品品种、规格繁多的企业,为简化成本核算工作,解决成本核算对象的分类问题,产生了产品成本分类核算的方法。分类法的成本核算对象是产品的类别,它需要运用品种法等基本方法的原理计算出各类产品的实际总成本,然后再采用一定的方法计算出类内各种产品的实际总成本和单位成本。

二、定额法

对定额管理基础工作比较好的企业而言,为了配合和加强生产费用和产品成本的定额管理,可将成本核算和成本控制结合起来,采用定额法计算产品的成本。定额法将符合定额的费用和脱离定额的差异分别计算,以本期完工产品的定额成本为基础,加减脱离定额的差异、材料成本差异和定额变动差异,求得实际成本,解决成本的日常控制问题。

三、标准成本

标准成本法是一种成本控制方法,也可以认为是一种特殊的成本核算方法。该方法只计算产品的标准成本,不计算产品的实际成本,实际成本脱离定额标准成本的差异直接计入当期损益。

四、变动成本法

变动成本法是将变动成本计入产品的成本,而固定成本全部作为期间费用直接计入当期损益的一种成本核算方法。

学习情景三　产品成本核算方法的应用

品种法、分批法、分步法、分类法和定额法等都是比较典型的成本核算方法。在实际工作中,一个企业的各个生产车间、一个生产车间的各种产品,可以根据它们的生产特点和成本管理要求,将几种成本核算方法同时结合应用。

一、几种成本核算方法的同时应用

一个企业往往有若干个生产单位(分厂、车间),各个生产单位的生产特点和管理要求并不一定相同;同一个企业或生产单位所生产的各种产品的生产特点和管理要求也不一定相同。因此,在一个企业或生产单位中,往往同时采用多种成本核算方法。例如,企业基本生产车间单位与辅助生产车间单位的生产特点和管理要求不同,可能采用多种成本核算方法。基本生产单位可能采用品种法、分批法、分步法、分类法、定额法等多种方法计算产品成本,而辅助生产单位,如供电车间、供水车间等,都属于单步骤大量生产,一般采用品种法计算产品成本。

另外,在一个生产单位内,由于生产产品组织方式、生产类型不同,采用的成本核算方法也会有所不同。例如,大量大批生产的产品可以采用品种法、分步法、分类法、定额法等多种方法计算产品成本,单件小批生产的产品则应采用分批法计算成本。

二、几种成本核算方法的结合应用

一个企业的各生产单位(分厂、车间),除了可能同时应用几种成本核算方法以外,在计算某种产品成本时,由于生产的特点不同,还可以以一种成本核算方法为主,将几种成本核算方法结合起来应用。例如,在单件小批生产的机械制造企业,产品的生产过程由铸造、加工、装配等生产步骤组成,铸造车间生产铸件,可以采用品种法计算成本;加工车间将铸件加工为零件、部件,然后将零件部件交给装配车间装配。铸造车间和加工车间以及加工车间和装配车间,可以采用不同的分步法(逐步结转分步法、平行结转分步法)计算成本。这样,产品成本的计算以分批为主,并结合采用了品种法、分步法等成本核算方法。

企业采用分类法、定额法等成本核算的辅助方法计算产品成本时,必须结合品种法、分批法和分步法等成本核算的基本方法加以应用。例如,制造鞋厂所生产的各种鞋的成本,可以采用分步法和品种法与分类法结合的方法核算成本,先采用分步法、品种法计算出各类鞋的成本,再采用分类法计算每类产品内各种规格产品的成本。由于各个企业成本核算的情况不同,因此,采用的成本核算方法也不同,各个企业应结合自己的生产特点和成本管理要求,采用合适的成本核算方法。

任务三　技能训练

【实训一】 生产经营特点与成本核算方法

某塑料保温瓶生产企业有两个基本生产车间,第一车间为塑料车间,第二车间为装配车间。塑料车间从仓库领取材料,生产大、中、小三种不同规格的保温瓶塑料外壳和大、中、小三种不同规格的保温瓶塑料配件。塑料车间生产的产品需要验收入库,塑料车间的半成品有时需要对外销售,保温瓶内胆为外网材料。装配车间从仓库领取保温瓶的塑料外壳、各种塑料配件及保温瓶内胆生产出售的保温瓶。

【要求】 该企业采用何种成本核算方法较合理?

【实训二】 生产特点与成本核算方法

有人说,定额法是以产品定额成本来计算实际成本的一种方法,所以它的适用范围非常广泛。不论什么类型的生产企业,只要定额管理制度比较完善,定额管理基础工作好,消耗定额稳定,产品已经定型,就可以采用定额法。

【要求】 对此观点,你是否赞成?

项目六　产品成本核算的品种法

【知识学习目标】　了解品种法的概念及适用范围,掌握品种法的特点和品种法的产品成本核算程序。

【能力培养目标】　会分配各种生产费用,计算完工产品和月末在产品成本;编制并审核各种生产费用分配表,编制产品成本计算单,登记有关成本费用明细账及总账。

【教学重点】　品种法下成本核算程序的应用。

【教学难点】　各种费用的分配及有关费用总账和明细账的登记。

任务一　品种法核算的程序

学习情景一　品种法的含义及特点

一、品种法的含义

成本核算的品种法是以产品品种作为成本核算对象,归集生产费用,计算产品成本的一种方法。采用这种方法,既不要求按照产品批别计算产品成本,也不要求按照生产步骤计算产品成本,而只要求按照产品的品种计算产品成本。按照产品品种计算产品成本,是产品成本核算最一般、最基础的要求,因此,品种法是最基本的成本核算方法。

品种法在实际工作中的应用比较广泛,主要适用于以下三种情形:

(1) 大量大批单步骤生产的企业,如发电、采掘等企业;

(2) 大量大批多步骤生产,但整个生产过程连续进行不可间断,或者生产按流水线组织的,管理上又不要求分步骤计算产品成本的企业,如小型水泥厂、玻璃制造品厂、糖果厂等；

（3）企业内部为基本生产单位提供产品和劳务的某些单步骤生产车间，如供电、供水、供气车间等辅助生产车间。

二、品种法的特点

运用品种法计算产品成本的企业，从生产工艺特点来看属于单步骤生产，从产品生产组织特点来看属于大量大批生产。这种生产类型决定了品种在成本核算对象、成本核算期和生产费用分配方面有如下三个特点。

（1）以产品品种（主要是企业最终产品品种）作为成本核算对象，开设产品成本计算单或生产成本明细账。如果企业最终只生产一种产品，那么，企业发生的各项生产费用都是直接费用，可以直接根据有关原始凭证及各种费用汇总表登记产品成本明细账（或产品成本计算单）直接计入产品成本。如果企业同时生产两种或两种以上产品，则应按产品品种开设若干产品成本计算单，并按成本项目设置专栏。生产产品发生的直接费用直接计入各种成本核算对象的产品成本计算单；间接费用则要采用适当分配方法，在各种产品成本核算对象之间进行分配，然后计入各种产品成本计算单。

（2）成本计算期与会计报告期一致。采用品种法计算产品成本的企业，其生产一般是连续不断重复进行的，不可能在产品全部完工后才计算成本，因而其成本核算是定期按月进行的，与会计报告期一致，与产品生产周期不一致。

（3）生产费用一般需要在完工产品和月末在产品之间进行分配。工业企业的成本核算一般按月进行。月末计算完工产品成本时，如果月末没有在产品，按产品品种开设的生产成本明细账归集的生产费用，就是完工产品的实际成本，用该产品的实际成本除以产量即为该产品的单位成本；如果月末有在产品，则需要将生产费用在完工产品和月末在产品之间进行分配，计算完工产品的实际总成本和单位成本。在采用品种法计算产品成本的企业，一般月末有在产品，因此，生产费用需要在完工产品和月末在产品之间进行分配。

学习情景二　品种法的成本核算程序

一、按产品品种开设有关产品成本明细账

企业应在"生产成本"总分类账户下设置"基本生产成本"和"辅助生产成本"二级账，同时按照企业确定的成本核算对象（产品品种）设置产品生产成本明细账（产品成本计算单），按照辅助生产单位或辅助生产单位提供的产品（劳务）种类设置辅助生产成本

明细账;在"制造费用"总分类账户下,按生产单位(分厂、车间)设置制造费用明细账。产品生产成本明细账(产品成本计算单)和辅助生产成本应按照成本项目开设专栏,制造费用明细账应当按费用项目设置专栏。

二、归集和分配本月发生的各项费用

企业应根据原始凭证和其他有关凭证归集和分配材料费用、人工费用和制造费用及其他各项费用,按成本核算对象(产品品种)归集和分配生产费用时,凡是能直接计入产品生产成本的各种直接费用应当直接计入;不能直接计入产品生产成本的各种间接费用,就当按照受益原则在各受益对象之间进行分配,再根据有关费用分配表分别计入有关产品生产成本明细账(产品成本计算单)。各生产单位发生的制造费用,先通过制造费用明细账进行归集,记入有关制造费用明细账。直接计入当期损益的管理费用、销售费用、财务费用应分别计入有关期间费用的明细账。

三、分配辅助生产费用

根据辅助生产成本明细账归集辅助生产费用总额,按照企业确定的辅助生产费用分配方法,编制辅助生产费用分配表,分配辅助生产费用。根据分配结果,编制会计分录。登记有关产品生产成本明细账(产品成本计算单)、制造费用明细账和期间费用明细账。

辅助生产单位发生的制造费用,如果通过制造费用明细账归集,应在分配辅助生产费用前分别转入各辅助生产成本明细账,并计入该辅助生产单位本期费用(成本)总额。

四、分配基本生产车间制造费用

根据制造费用明细账归集制造费用,按照企业确定的制造费用分配法在各种产品之间进行分配,分别编制各基本生产车间的制造费用分配表,分配制造费用。根据分配结果,编制会计分录,并据以登记产品生产成本明细账(产品成本计算单)。

五、分配生产费用

将产品生产成本明细账(产品成本计算单)中按成本项目归集的生产费用采用适当的方法在本月完工产品和月末在产品之间进行分配,确定完工产品成本和月末在产品成本,计算各种完工产品的实际总成本和单位成本。

六、结转本月完工产品成本

根据产品成本计算结果,编制本月完工产品成本汇总表,结转本月完工产品成本,分别计入有关产品生产成本明细账(产品成本计算单)和库存商品明细账。

任务二　品种法核算的应用

一、企业基本情况

泰达工厂为大量大批单步骤生产类型的小型企业,设有一个基本生产车间,大量生产甲、乙两种主要产品。该厂根据产品生产特点和成本管理要求,采用品种法计算产品生产成本。

二、成本核算程序

(一)根据成本核算对象设置账户

泰达工厂以生产的甲、乙两种主要产品作为成本核算对象。由于只有一个基本生产车间,因而"生产成本"总分类账户下不需要分设"基本生产成本"和"辅助生产成本"二级账户,只按甲、乙两种产品开设产品成本计算单,并按直接材料、直接人工、外购动力和制造费用四个成本项目开设专栏组织明细核算;"制造费用"总分类账户只按基本生产车间开设一个明细账户,并按费用项目设置专栏组织明细核算。

(二)生产费用在各成本核算对象之间进行分配

1. 分配材料费用

产品生产直接耗用的原材料,均可以直接计入各种产品生产成本,不需要进行分配。泰达工厂20××年5月的发出材料汇总表见表6-1。

表6-1　泰达工厂发出材料汇总表

20××年5月　　　　　　　　　　　　　　　　　单位:元

领料用途	原材料	低值易耗品	合计
产品生产耗用	40 000		40 000
其中:甲产品	30 000		30 000
乙产品	10 000		10 000
车间一般消耗	3 000	4 000	7 000
其中:机物料消耗	3 000		3 000
劳保用品		4 000	4 000
企业管理部门领用	2 000		2 000
合　　计	45 000	4 000	49 000

根据表6-1编制会计分录如下：

借：生产成本——甲产品		30 000
——乙产品		10 000
制造费用——基本生产车间		7 000
管理费用		2 000
贷：原材料		45 000
低值易耗品		4 000

2. 分配人工费用

泰达工厂20××年5月份的应付职工薪酬汇总表见表6-2，产品生产工人的薪酬采用生产工时比例分配法在甲、乙两种产品之间进行分配。本月各种产品实际生产工时及直接人工费用分配表见表6-3。

表6-2 泰达工厂应付职工薪酬汇总表

20××年5月　　　　　　　　　　　　　　　　　　单位：元

人 员 类 别	应付职工薪酬
基本生产车间	77 000
产品生产工人	72 000
车间管理人员	5 000
厂部管理人员	52 000
合　　计	129 000

表6-3 泰达工厂直接人工费用分配表

20××年5月　　　　　　　　　　　　　　　　　　单位：元

产　　品	生产工时(小时)	分 配 率	分配金额
甲产品	6 000		48 000
乙产品	3 000		24 000
合　计	9 000	8	72 000

根据表6-2、表6-3编制会计分录如下：

借：生产成本——甲产品		48 000
——乙产品		24 000
制造费用——基本生产车间		5 000
管理费用		52 000
贷：应付职工薪酬		129 000

3. 计提固定资产折旧费，摊销无形资产

泰达工厂20××年5月提取的固定资产折旧费用和无形资产摊销费用见表6-4。

表 6-4 泰达工厂固定资产折旧费用及无形资产摊销费用计算表

20××年 5 月　　　　　　　　　　　　　　　　　　　　　　单位：元

生 产 单 位	当月提取折旧费	无形资产摊销额
基本生产车间	12 000	
企业管理部门	10 000	1 000
合　　计	22 000	1 000

根据表 6-4，编制会计分录如下：

计提折旧费用：

借：制造费用——基本生产车间（折旧费）　　　　　　　　12 000
　　管理费用——折旧费　　　　　　　　　　　　　　　　10 000
　　贷：累计折旧　　　　　　　　　　　　　　　　　　　　　　　22 000

无形资产摊销：

借：管理费用　　　　　　　　　　　　　　　　　　　　　 1 000
　　贷：累计摊销　　　　　　　　　　　　　　　　　　　　　　　 1 000

4. 支付外购动力费用

采用生产工时比例分配法在甲、乙两种产品之间分配电费。泰达工厂 20××年 5 月外购动力费用分配表见表 6-5、表 6-6。

表 6-5 泰达工厂外购动力费用分配表

20××年 5 月　　　　　　　　　　　　　　　　　　　　　　单位：元

生 产 单 位	用电度数（度）	费用分配率	分配金额
基本生产车间	16 000		9 600
产品生产耗用	15 000		9 000
车间照明耗用	1 000		600
企业管理部门耗用	4 000		2 400
合　　计	20 000	0.6	12 000

表 6-6 泰达工厂基本生产车间外购动力费用分配表

20××年 5 月　　　　　　　　　　　　　　　　　　　　　　单位：元

产 品 名 称	生产工时（小时）	费用分配率	分配金额
甲产品	6 000		6 000
乙产品	3 000		3 000
合　　计	9 000	1	9 000

根据表6-5、表6-6编制会计分录如下：

借：生产成本——甲产品　　　　　　　　　　　　　　6 000
　　　　　　——乙产品　　　　　　　　　　　　　　3 000
　　制造费用——基本生产车间　　　　　　　　　　　600
　　管理费用　　　　　　　　　　　　　　　　　　　2 400
　　贷：银行存款　　　　　　　　　　　　　　　　　12 000

5. 以现金和银行存款支付其他费用

泰达工厂20××年5月以银行存款支付基本生产车间办公费1 200元，厂部行政管理部门办公费2 000元。编制会计分录如下：

借：制造费用——基本生产车间（办公费）　　　　　　1 200
　　管理费用——办公费　　　　　　　　　　　　　　2 000
　　贷：银行存款　　　　　　　　　　　　　　　　　3 200

（三）分配制造费用

根据本任务有关会计分录将本月发生的制造费用记入制造费用明细账（见表6-7），月末，根据制造费用明细账汇集的制造费用，采用生产工时分配法在甲、乙两种产品之间进行分配，编制制造费用分配表，见表6-8。

表6-7　泰达工厂制造费用明细账

车间名称：基本生产车间　　　　　　　　　　　　　　　　　　　　　　　　　单位：元

20××年		凭证字号	摘　要	机物料消耗	职工薪酬	折旧费	办公费	水电费	劳动保护费	合计
月	日									
4	30	表6-1	领用材料	3 000					4 000	7 000
4	30	表6-2	分配职工薪酬		5 000					5 000
4	30	表6-4	提取折旧费			12 000				12 000
4	30	表6-5	分配电费					600		600
4	30	略	支付公用费				1 200			1 200
			本月合计	3 000	5 000	12 000	1 200	600	4 000	25 800
4	30	表6-8	分配转出	3 000	5 000	12 000	1 200	600	4 000	25 800

表6-8　泰达工厂制造费用分配表

20××年5月　　　　　　　　　　　　　　　　　　　　　　　　　　　　　　单位：元

产品名称	生产工时（小时）	分配率	分配金额
甲产品	6 000		17 200
乙产品	3 000		8 600
合　计	9 000	2.866 7	25 800

根据表 6-8 编制会计分录如下：

借：生产成本——甲产品　　　　　　　　　　　　　　17 200
　　　　　　——乙产品　　　　　　　　　　　　　　　8 600
　　贷：制造费用　　　　　　　　　　　　　　　　　　25 800

根据上述费用分配的结果，计算本期发生的生产费用，编制甲、乙两种产品的生产费用计算表，见表 6-9、表 6-10。

表 6-9　泰达工厂生产费用计算表

产品名称：甲产品　　　　　　　　　　　　　　　　　　　　　　　　单位：元

摘　要	直接材料	直接人工	外购动力	制造费用	合　计
月初在产品成本	20 000	4 000	400	1 800	26 200
材料费用分配表	30 000				30 000
人工费用分配表		48 000			48 000
外购动力分配表			6 000		6 000
制造费用分配表				17 200	17 200
本月发生的生产费用	30 000	48 000	6 000	17 200	101 200
生产费用合计	50 000	52 000	6 400	19 000	127 400

表 6-10　泰达工厂生产费用计算表

产品名称：乙产品　　　　　　　　　　　　　　　　　　　　　　　　单位：元

摘　要	直接材料	直接人工	外购动力	制造费用	合　计
月初在产品成本	8 000	4 000	800	2 200	15 000
材料费用分配表	10 000				10 000
人工费用分配表		24 000			24 000
外购动力分配表			3 000		3 000
制造费用分配表				8 600	8 600
本月发生的生产费用	10 000	24 000	3 000	8 600	45 600
生产费用合计	18 000	28 000	3 800	10 800	60 600

（四）计算完工产品和月末在产品成本

1. 计算甲产品本月完工产品和月末在产品成本

泰达工厂生产的甲产品本月完工 150 台，月末在产品 50 台。甲产品原材料于生产开始时一次投入,直接人工及其他费用在生产过程中陆续发生,在产品的完工程度均按50%计算。采用约当产量法计算本月完工产品和月末在产品成本,并编制产品成本计算单,见表6-11。

表6-11 泰达工厂产品成本计算单

产品名称:甲产品　　　　　　　　　　　　　　　　　　　　　　　　　　　单位:元

摘　　要	直接材料	直接人工	外购动力	制造费用	合　计
月初在产品成本	20 000	4 000	400	1 800	26 200
本月生产费用	30 000	48 000	6 000	17 200	101 200
生产费用合计	50 000	52 000	6 400	19 000	127 400
本月完工产品数量(件)	150	150	150	150	150
月末在产品约当量(件)	50	25	25	25	
生产量合计(件)	200	175	175	175	
费用分配率(完工产品单位成本)	250	297.14	36.57	108.57	692.28
本月完工产品总成本	37 500	44 571.5	5 485.75	16 285.75	103 843
月末在产品成本	12 500	7 428.5	914.25	2 714.25	23 557

根据上述资料,列出计算公式如下:

甲产品本月完工产品成本 = 37 500 + 44 571.5 + 5 485.75 + 16 285.75 = 103 843(元)

甲产品完工产品单位成本 = 103 843/150 = 692.28(元)

甲产品月末在产品成本 = 12 500 + 7 428.5 + 914.25 + 2 714.25 = 23 557(元)

2. 计算乙产品本月完工产品和月末在产品成本

泰达工厂生产的乙产品本月完工100台,单位产品原材料消耗定额为800元,单位产品工时定额为60小时。月末在产品中原材料定额总成本为10 000元,工时总定额为300小时。采用定额比例法,计算乙产品本月完工产品和月末在产品成本,并编制产品成本计算单,见表6-12。

表6-12 泰达工厂产品成本计算单

产品名称:乙产品　　　　　　　　　　　　　　　　　　　　　　　　　　　单位:元

摘　　要	直接材料	直接人工	外购动力	制造费用	合　计
月初在产品成本	8 000	4 000	800	2 200	15 000
本月生产费用	10 000	24 000	3 000	8 600	45 600
生产费用合计	18 000	28 000	3 800	10 800	60 600

(续表)

摘要		直接材料	直接人工	外购动力	制造费用	合计
总定额	完工产品	80 000	6 000	6 000	6 000	—
	月末在产品	10 000	300	300	300	—
	合计	90 000	6 300	6 300	6 300	—
费用分配率		0.2	4.444 4	0.603 2	1.714 3	
完工产品实际总成本		16 000	26 666.59	3 619.04	10 285.8	56 571.43
月末在产品实际总成本		2 000	1 333.32	180.96	514.29	4 028.57

根据上述结果,列出计算公式如下:

乙产品本月完工产品总成本=16 000+26 666.59+3 619.04+10 285.8=56 571.43(元)

乙产品本月完工产品单位成本=56 571.43/100=565.71(元)

乙产品月末在产品成本=2 000+1 333.32+180.96+514.29=4 028.57(元)

3. 编制完工产品成本汇总表,结转本月完工产品成本

根据甲、乙两种产品的产品成本计算单,编制完工产品成本汇总表,见表 6-13。

表 6-13 泰达工厂完工产品成本汇总表

20××年 5 月 单位:元

成本项目	甲产品(完工数量 150 台)		乙产品(完工数量 100 台)	
	总成本	单位成本	总成本	单位成本
直接材料	37 500	250	16 000	160
直接人工	44 571.5	297.14	26 666.59	266.67
外购动力	5 485.75	36.57	3 619.04	36.19
制造费用	16 285.75	108.57	10 285.8	102.86
合计	103 843	692.28	56 571.43	565.71

根据表 6-13 编制会计分录如下:

借:库存商品——甲产品 103 843
　　　　　　——乙产品 56 571.43
　贷:生产成本——甲产品 103 843
　　　　　　——乙产品 56 571.43

任务三　技能训练

本部分要求学生先手工完成本次实训的表格计算,然后再利用 Excel 制作本次实训的表格,并通过编辑公式进行单元格的计算。

【实训】 产品成本核算的品种法

某工厂设有基本生产车间和供电、供气两个辅助生产车间,大量生产甲、乙两种产品,根据市场特点和管理要求,采用品种法计算产品成本。有关成本计算的资料如下:

(1) 月初在产品成本。甲产品月初在产品成本 40 000 元,其中,直接材料 20 000元,直接人工 12 000 元,制造费用 8 000 元;乙产品没有月初在产品。

(2) 本月生产数量情况如下。

① 基本生产车间生产甲产品 8 月份实际生产工时为 40 000 小时,本月完工 1 000件,月末在产品件数 200 件,完工程度为 50%,原材料在生产开始时一次性投入。乙产品本月实际生产工时为 30 000 小时,本月完工 600 件,月末没有在产品。

② 供电车间本月供电 300 000 度。其中,供气车间 40 000 度,基本生产车间产品生产 200 000 度,基本生产车间一般消耗 10 000 度,厂部管理部门消耗 50 000 度。

③ 供气车间本月供应水蒸气 15 000 立方米,其中,供电车间 2 000 立方米,基本生产车间 10 000 立方米,厂部管理部门 3 000 立方米。

(3) 本月发生生产费用情况如下。

① 本月发出材料汇总表见表 6-14。

表 6-14　发出材料汇总表

材料类别:原材料　　　　　　　20××年 8 月　　　　　　　　　　单位:元

领 料 用 途	直接领用材料	共同耗用材料	耗用材料合计
产品生产直接消耗	400 000	60 000	460 000
甲产品	250 000		
乙产品	150 000		
基本生产车间一般耗用	5 000		5 000
供电车间消耗	60 000		60 000
供气车间消耗	10 000		10 000
厂部管理部门消耗	8 000		8 000
合　　　计	483 000	60 000	543 000

② 本月应付职工薪酬汇总表见表6-15。

③ 本月应提折旧费50 000元,其中,基本生产车间30 000元,供电车间8 000元,供气车间4 000元,厂部管理部门8 000元。

表6-15　某工厂应付职工薪酬汇总表

20××年8月　　　　　　　　　　　　　　　　　　　　单位:元

车间或部门	应付职工薪酬总额	车间或部门	应付职工薪酬总额
产品生产工人	150 000	基本生产车间管理人员	9 000
供电车间人员	10 000	厂部管理人员	35 000
供气车间人员	14 000	合计	218 000

④ 本月应摊销长期待摊费用5 000元,其中,基本生产车间2 000元,供电车间1 000元,供气车间900元,厂部管理部门1 100元。

⑤ 本月以现金支付费用7 000元,其中,基本生产车间2 000元,供电车间办公费1 000元,供气车间办公费900元,厂部管理部门办公费1 200元,差旅费1 900元。

⑥ 本月以银行存款支付费为80 000元,其中,基本生产车间水费3 000元,办公费2 000元,供电车间外购电力和水费40 000元,供气车间水费25 000元,厂部管理部门办公费3 800元,修理费5 000元,招待费1 200元。

【要求】

(1) 开设甲产品、乙产品成本计算单;开设供电车间、供气车间生产成本明细账;开设基本生产车间制造费用明细账和管理费用明细账,其他总账和明细账从略。供电车间和供气车间发生的制造费用,分别记入各自生产成本明细账,不通过制造费用账户。

(2) 根据资料进行费用分配和成本计算,并编制记账凭证,具体要求如下。

① 根据甲、乙两种产品直接耗用原材料比例分配共同材料,根据发出材料汇总表(见表6-14)和材料费用分配结果(见表6-16)编制记账凭证并记入有关账户。

表6-16　直接材料费用分配表

20××年8月　　　　　　　　　　　　　　　　　　　　单位:元

产品	直接耗用材料	分配率	分配共同材料	直接材料费用合计
甲产品				
乙产品				
合计				

② 根据甲、乙两种产品的实际生产工时分配产品生产工人薪酬(见表6-17),根据应付职工薪酬汇总表(见表6-15)及直接人工费用分配结果(见表6-17),编制记账凭证

并记入有关账户。

表 6-17　直接人工费用分配表

20××年8月　　　　　　　　　　　　　　　　　　　　单位：元

产　品	生产工时(小时)	分配率	分配金额
甲产品			
乙产品			
合　计			

③ 编制计提本月折旧的记账凭证并记入有关账户。
④ 编制本月分摊长期待摊费用的记账凭证并记入有关账户。
⑤ 编制本月以现金支付费用的记账凭证并记入有关账户。
⑥ 编制本月以银行存款支付费用的记账凭证并记入有关账户。
⑦ 采用计划成本法编制辅助生产费用表(见表6-18)，采用生产工时分配法编制产品生产用电分配表(见表6-19)。辅助生产车间计划单位成本每度电为0.5元，水蒸气每立方米4.60元，成本差异计入管理费用，根据表6-18、表6-19编制记账凭证并计入有关账户(产品生产用电记入"直接材料"成本项目)。

表 6-18　辅助生产成本明细账(计划成本分配法)

生产单位：辅助生产车间　　　　20××年8月　　　　　　　　　单位：元

项　目	供电车间		供气车间	
	劳务量/度	金　额	劳务量/立方米	金　额
待分配费用				
劳务供应量				
计划单位成本				
受益部门和单位				
供电车间				
供气车间				
产品生产				
基本生产车间一般耗用				
管理部门耗用				
按计划成本分配合计				
辅助生产车间实际成本				
辅助生产车间成本差异				

表 6-19　产品生产用电分配表

20××年 8 月　　　　　　　　　　　　　　　　　　　　　单位：元

产　品	生产工时（小时）	分配率	分配金额
甲产品			
乙产品			
合　计			

⑧ 采用生产工时分配法编制基本生产车间制造费用分配表（见表 6-20），根据表 6-20 的分配结果编制记账凭证并记入有关账户。

⑨ 采用约当产量法计算甲产品月末在产品成本（见表 6-21），编制结转甲、乙两种产品完工产品成本的记账凭证。

⑩ 登记管理费用明细账（见表 6-23）。

表 6-20　制造费用分配表

20××年 8 月　　　　　　　　　　　　　　　　　　　　　单位：元

产　品	生产工时/小时	分配率	分配金额
甲产品			
乙产品			
合　计			

表 6-21　产品成本计算单

生产单位：基本生产车间
产品名称：甲产品　　　　　20××年 8 月　　　　　　　　　　　单位：元

摘　要	直接材料	直接人工	制造费用	合　计
月初在产品成本				
本月生产费用				
生产费用合计				
完工产品产量				
在产品约当产量				
生产总量				
本月完工产品单位成本				
本月完工产品总成本				
月末在产品成本				

表 6-22　产品成本计算单

生产单位：基本生产车间
产品名称：乙产品　　　　　　　　　　20××年8月　　　　　　　　　　单位：元

摘　要	直接材料	直接人工	制造费用	合　计
月初在产品成本				
本月生产费用				
生产费用合计				
完工产品产量				
本月完工产品总成本				
本月完工产品单位成本				
月末在产品成本				

表 6-23　管理费用明细账

20××年8月　　　　　　　　　　单位：元

摘　要	费用明细项目								合计
	物料消耗	管理人员薪酬	业务招待费	折旧费	修理费	办公费	差旅费	水电费	
耗用材料									
管理人员薪酬									
计提折旧费									
摊销费用									
购买办公用品									
付差旅费									
付招待费									
付修理费									
分配辅助费用									
本月发生额									

项目七　分批法的成本计算与核算

> 【知识学习目标】　理解分批法的特点，掌握分批法的适用范围；掌握分批法的成本计算程序，并能正确运用分批法；会运用简化的分批法进行产品成本核算；能根据有关凭证和产品成本计算单填制记账凭证，进行账务处理。
>
> 【能力培养目标】　能够依据企业不同的环境情况相应地选择不同的成本核算方法；能够运用分批法进行成本核算。
>
> 【教学重点】　一般分批法成本核算的程序及方法；简化分批法成本核算的程序及方法。
>
> 【教学难点】　简化分批法成本核算的程序及方法。

任务一　一般分批法

学习情景一　分批法的概念及特点

一、分批法的概念

产品成本计算的分批法，是按照产品批别归集生产费用、计算产品成本的一种方法。该方法主要适用于单件小批量类型生产，如精密仪器、重型机器和船舶制造业等，也可用于一般企业中新产品的试制或试验生产、机器设备的维修以及辅助生产的工具模具制造等，它以全厂作为计算的空间范围。在某些单步骤生产下，如果生产也按小批单件组织，如某些特殊或精密铸件的熔铸，也可以采用分批法，单独计算这些铸件的成本。

在小批单件生产中，产品的品种和每批产品的批量往往根据需要单位的订单确定,因而按照产品批别计算产品成本,往往也就是按照订单计算产品成本。所以,产品成本计算的分批法也称为订单法。但两者也不完全一致,如果在一批订单中规定的产品不是仅仅一种,为了考核和分析各种产品成本计划的完成情况,并便于生产管理,还要按照产品的品种划分批号组织生产,计算成本;如果在一张订单中只规定有一种产品,但这种产品数量较大,不便于集中一次投产,或者需要单位要求分批交货,也可以分为数批组织生产,计算成本;如果在一张订单中只规定有一件产品,但这件产品属于大型复杂的产品,价值较大,生产周期较长(如大型船舶的制造),也可以按产品的组成部分组织生产,计算成本;如果同一时期内,在几张订单中都规定有相同产品的生产,为了更加经济合理地组织生产,也可以将相同产品合为一批组织生产,计算成本。

按照产品批别组织生产时,生产计划部门要签发生产通知单下达车间,并通知会计部门。在生产通知单中对该批生产任务进行编号,称为产品批别或生产令号。会计部门应根据生产计划部门下达的产品批号(即产品批别),开立生产成本明细账。生产成本明细账的开立和结束,应和生产通知单的签发和结束密切配合,协调一致,以保证各批产品成本计算的正确性。

二、分批法的特点

分批法的主要特点表现为以下四个方面:
(1) 以产品的批次(或订单)作为成本计算对象;
(2) 间接费用在各批次或各订单之间分配,可选择采用当月分配法或累计分配法;
(3) 成本计算期与会计报告期不一致,与生产周期一致。采用分批法时,生产费用应按月汇总,但由于各批产品的生产周期不一致,每批产品的实际成本必须等到该批产品全部完工后才能计算确定,因而分批法的成本计算是不定期的;
(4) 通常不存在完工产品与月末在产品之间分配生产费用问题,不需要分配计算在产品成本。

对于单件产品而言,月末不需要进行完工产品与在产品成本的分配。对于小批生产而言,若批内产品都能同时完工,月末不需要进行完工产品与在产品成本的分配。对于小批生产而言,若批内产品跨月陆续完工,则月末部分产品已完工,部分尚未完工,需要进行完工产品与在产品成本的分配。小批生产的分配方法如下:(1) 若批内产品跨月陆续完工的情况较多,月末批内完工产品的数量占全部批量的比重较大,则生产费用在完工产品与在产品成本之间的分配,应根据具体条件,采用适当的分配方法,如采用定额比例法或约当产量法或在产品按定额成本计价法等;(2) 若批内产品跨月陆续完工的情况不多,可采用简便的分配方法,即按计划单位成本、定额单位成本或最近一期相同产品的实际单位成本计算完工产品成本,从产品生产成本明细账中转出产成品成本后,费用余额即为在产品成本。但在该批产品全部完工时,应计算该批产品的实际总成本和实际单位成本;对已经转账的完工产品成本,不进行账目调整。

三、分批法的适用范围

分批法主要适用于单件、小批生产,其适用的工厂或车间通常有下列四种。

(1) 根据购买者订单生产的企业。有些企业专门根据订货者的要求,生产特殊规格、规定数量的产品。订货者的订货可能是单件的大型产品,如船舶、精密仪器;可能是多件同样规格的产品,如根据订货者的设计图样生产的特种仪器。

(2) 产品品种经常变动、更新的企业。例如,小型五金工厂规模小,工人少,同时要根据市场需要不断变动产品的种类和数量,不可能按产品设置流水线大量生产,因而必须按每批产品的投产计算成本;又如,高档时装设计生产企业的产品不断更新,也应采用分批法核算其每批产品成本。

(3) 专门进行修理业务的工厂。修理业务多种多样,需要根据承接的各种修理业务分别计算成本,并向客户收取货款。

(4) 新产品试制车间。专门试制、开发新产品的车间,要按新产品的种类分别计算成本。

上述企业或车间的共同特点是一批产品通常不重复生产,即使重复生产也是不定期的。

学习情景二 一般分批法计算

分批法与品种法的成本计算程序基本一致,围绕着产品的批别进行,具体分为以下三步。

(1) 会计部门根据生产计划部门下达的生产通知单所规定的产品批别,为每批产品开设成本计算单,按成本项目分设专栏,以归集各批产品所发生的生产费用。

(2) 各批产品直接耗用的各种材料、工资费用,能直接计入的应直接计入该批产品的成本计算单;各批产品共同发生的费用,应按一定的标准分配计入各批产品的成本计算单。

(3) 计算完工产品成本。

现以进行小批生产的某工业企业的产品生产为例,说明分批法的计算程序。

【案例分析7-1】 长虹制造厂生产A、B、C、D、E等产品。该厂按照购买单位的要求分批组织生产,采用分批法计算各批产品成本。其原材料按计划成本计价。期初余额及本月有关成本的资料如下。

1. 期初余额如表 7-1 所示

表 7-1 产品期初余额表

单位:元

批 号	产品名称	批量(台)	直接材料	直接人工	制造费用
401	A	100	42 840	5 420	12 320
402	B	50	32 640	3 250	8 660
403	C	80	30 600	9 450	5 200

2. 本月有关资料

(1) 本月发生费用及工时资料如表 7-2 所示。

表 7-2 本月发生费用及工时表

单位:元

批 号	产品名称	原材料	实际工时(小时)	工人工资	制造费用
401	A	11 000	8 000		
402	B	6 800	5 000		
403	C	7 800	10 000		
404	D	24 000	30 000		
405	E	16 500	7 000		
合 计		66 100	60 000	42 000	180 000

已知材料成本差异率为 2%,404、405 产品为本月新投入生产的产品,批量分别为 70 台和 120 台。

本月 401、402、405 产品已全部完工验收入库;404 产品全部在产;403 产品本月完工 15 台,按计划成本转出,其直接材料计划单位成本为 550 元,直接人工单位成本 100 元,制造费用单位成本 1 680 元,合计 2 330 元。

(2) 本月发生的工资费用、制造费用均按实际工时比例分配。

3. 会计部门组织成本核算

(1) 根据领料单、工资结算单及有关资料编制材料费用分配表、工资及福利费分配表、制造费用分配表,分别如表 7-3、表 7-4、表 7-5 所示。

表 7-3 材料费用分配表

单位：元

借方科目	贷方科目	原材料（差异率 2%）		
		计划成本	成本差异	实际成本
生产成本——基本生产成本	A	11 000	220	11 220
	B	6 800	136	6 936
	C	7 800	156	7 956
	D	24 000	480	24 480
	E	16 500	330	16 830
合 计		66 100	1 322	67 422

表 7-4 工资及福利费分配表

单位：元

借方科目	贷方科目	应付工资			应付福利费（14%）
		分配标准（小时）	分配率	分配额	
生产成本——基本生产成本	A	8 000		5 600	784
	B	5 000		3 500	490
	C	10 000		7 000	980
	D	30 000		21 000	2 940
	E	7 000		4 900	686
合 计		60 000	0.7	42 000	5 880

表 7-5 制造费用分配表

单位：元

贷方科目	借方科目	基本生产成本					
		A	B	C	D	E	合计
制造费用	分配标准（小时）	8 000	5 000	10 000	30 000	7 000	60 000
	分配率						3
	分配额	24 000	15 000	30 000	90 000	21 000	180 000

（2）根据材料费用分配表、工资及福利费分配表、制造费用分配表，登记各产品成本明细账（表 7-6 至表 7-10）。

表7-6 产品成本明细账

批号：401　　　　购货单位：通用机械厂　　　　　　　　　　　　　　　单位：元
产品名称：A　　　产量：100台　　　　　　　　　　　　　　开工日期：20××年2月
　　　　　　　　　　　　　　　　　　　　　　　　　　　　　完工日期：20××年3月

20××年		摘 要	直接材料	直接人工	制造费用	合 计
月	日					
2	28	月末余额	42 840	5 420	12 320	60 580
3	31	本月发生额	11 220	6 384	24 000	41 604
3	31	总成本	54 060	11 804	36 320	102 184
3	31	单位成本	540.6	118.04	363.2	1 021.84

表7-7 产品成本明细账

批号：402　　　　购货单位：长安公司　　　　　　　　　　　　　　　　单位：元
产品名称：B　　　产量：50台　　　　　　　　　　　　　　　开工日期：20××年2月
　　　　　　　　　　　　　　　　　　　　　　　　　　　　　完工日期：20××年3月

20××年		摘 要	直接材料	直接人工	制造费用	合 计
月	日					
2	28	月末余额	32 640	3 250	8 660	44 550
3	31	本月发生额	6 936	3 990	15 000	25 926
3	31	总成本	39 576	7 240	23 660	70 476
3	31	单位成本	791.52	144.8	473.2	1 409.52

表7-8 产品成本明细账

批号：403　　　　购货单位：矛盾集团　　　　　　　　　　　　　　　　单位：元
产品名称：C　　　产量：80台　　　　完工15台　　　　　　开工日期：20××年2月
　　　　　　　　　　　　　　　　　　　　　　　　　　　　　完工日期：20××年3月

20××年		摘 要	直接材料	直接人工	制造费用	合 计
月	日					
2	28	月末余额	30 600	9 450	5 200	45 250
3	31	本月发生额	7 956	7 980	30 000	45 936
3	31	费用合计	38 556	17 430	35 200	91 186
3	31	单位计划成本	550	100	1 680	2 330
3	31	完工产品成本	8 250	1 500	25 200	34 950
3	31	月末在产品成本	30 306	15 930	10 000	56 236

表 7-9 产品成本明细账

批号：404　　　　　　购货单位：长通公司　　　　　　　　　　　　单位：元
产品名称：D　　　　　产量：70 台　　　　　　　　　　　　　　　开工日期：20××年 3 月
　　　　　　　　　　　　　　　　　　　　　　　　　　　　　　　　完工日期：20××年 3 月

20××年		摘 要	直接材料	直接人工	制造费用	合 计
月	日					
3	31	本月发生额	24 480	23 940	90 000	138 420

表 7-10 产品成本明细账

批号：405　　　　　　购货单位：大华公司　　　　　　　　　　　　单位：元
产品名称：E　　　　　产量：120 台　　　　　　　　　　　　　　　开工日期：20××年 3 月
　　　　　　　　　　　　　　　　　　　　　　　　　　　　　　　　完工日期：20××年 3 月

20××年		摘 要	直接材料	直接人工	制造费用	合 计
月	日					
3	31	本月发生额	16 830	5 686	21 000	43 516
3	31	总成本	16 830	5 686	21 000	43 516
3	31	单位成本	140.25	47.38	175	362.63

【案例分析 7-2】 晨风工厂是机械制造企业，生产甲、乙、丙三种产品。该厂设有一个基本生产车间，根据客户的要求按订单分批组织生产，20××年 5 月份的生产情况和费用发生情况的资料如下。

1. 本月生产产品的批号

（1）401 批次甲产品 10 件，4 月份投产，5 月份（本月）尚未完工。

（2）402 批次乙产品 5 件，4 月份投产，5 月份全部完工，验收入库。

（3）501 批次丙产品 18 件，5 月份投产，月末完工 10 件，在产品 8 件。

2. 本月的成本资料

（1）期初余额如表 7-11 所示。

表 7-11 期初余额表

单位：元

批 号	产品名称	直接材料	直接人工	制造费用	合 计
401	甲	53 600	9 800	35 600	99 000
402	乙	21 500	2 100	10 500	34 100

（2）归集各种费用分配表，汇总各批产品本月发生的生产费用如表 7-12 所示。

表 7-12 生产费用汇总表

单位：元

批 号	产品名称	直接材料	直接人工	制造费用	合 计
401	甲	86 400	12 200	46 400	145 000
402	乙	38 500	4 900	25 500	68 900
501	丙	378 000	28 000	42 000	448 000

（3）完工产品与月末在产品之间分配费用的方法。

各批产品的原材料均在生产开始时一次投入，其他费用都按约当产量法分配。第501批次丙产品由三道工序加工而成，各道工序月末在产品的数量、工时定额及据以编制的在产品约当产量计算表如表 7-13 所示。

表 7-13 约当产量计算表

工 序	工时定额（小时）	完工率	盘存数（件）	约当产量（件）
1	3	15%	2	15%×2=0.3
2	4	50%	4	50%×4=2
3	3	85%	2	85%×2=1.70
合 计	10		8	4

（4）归集上述各项资料，登记各批产品成本明细账，如表 7-14、表 7-15、表 7-16 所示。

表 7-14 产品成本明细账

批号：401　　　　购货单位：运通公司　　　　　　　　　　　　单位：元
产品名称：甲　　　批量：10 件　　　　　　　　　　　　　　　投产日期：4 月
　　　　　　　　　　　　　　　　　　　　　　　　　　　　　　完工日期：5 月

摘 要	直接材料	直接人工	制造费用	合 计
4 月生产费用	53 600	9 800	35 600	99 000
5 月生产费用	86 400	12 200	46 400	145 000

表 7-15 产品成本明细账

批号：402　　　　购货单位：顺通公司　　　　　　　　　　　　单位：元
产品名称：乙　　　批量：5 件　　　　　　　　　　　　　　　　投产日期：4 月
　　　　　　　　　　　　　　　　　　　　　　　　　　　　　　完工日期：5 月

摘 要	直接材料	直接人工	制造费用	合 计
4 月生产费用	21 500	2 100	10 500	34 100
5 月生产费用	38 500	4 900	25 500	68 900
生产费用累计	60 000	7 000	36 000	103 000
完工产品成本	60 000	7 000	36 000	103 000

表 7-16 产品成本明细账

批号：501　　　　购货单位：东风公司　　　　　　　　　　　　　　单位：元
产品名称：丙　　　批量：18 件　　完工 10 件　　　　　　　投产日期：5 月
　　　　　　　　　　　　　　　　　　　　　　　　　　　　　完工日期：5 月

摘　要	直接材料	直接人工	制造费用	合　计
5 月生产费用	378 000	28 000	42 000	448 000
约当产量(件)	18	14	14	
费用分配率	21 000	2 000	3 000	
转出完工产品成本	210 000	20 000	30 000	260 000
月末在产品成本	168 000	8 000	12 000	188 000

从 401 批次甲产品的成本明细账中可以看出，20××年 4 月开工，至 5 月末尚未完工。因此，成本计算单上汇集的费用全部为该批产品的在产品成本。

从 402 批次乙产品成本明细账中可以看到，20××年 4 月投产，到 5 月全部完工。在这批产品的成本计算单上，首先登记 4 月生产该批产品所发生的费用，4 月末会计结账时，全部为在产品成本；5 月登记生产该批产品所发生的费用，5 月底结账时，4 月至 5 月所发生的全部费用统统成为该批产品的总成本，将其除以该批产品的产量，即为该产品的单位成本。这批产品的成本计算期为 20××年 4 月至 20××年 5 月，经历了两个会计结算期。这说明采用分批法时，其成本计算期与产品生产期一致，而与会计核算期不一致。

从 501 批次丙产品的成本明细账中可以看到，20××年 5 月投产，到 5 月末时部分完工，部分未完工，需要进行完工产品与在产品成本的分配。而且该批内产品跨月陆续完工的情况较多，月末批内完工产品的数量占全部批量的比重较大，则生产费用在完工产品与在产品成本之间的分配，根据其具体条件，采用约当产量法计算，使成本计算相对精确。

任务二 简化分批法

学习情景一 简化分批法的特点

一、简化分批法的适用范围

在小批单件生产的企业或车间中,同一月份内投产的产品批数往往很多,有的多至几十批,甚至几百批。这时,间接计入费用在各批产品之间按月进行分配的工作就极为繁重。因此,在投产批数繁多而且月末完工批数较多的企业中,还采用一种简化的分批法,称为间接(计入)费用累计分批法,也称为不分批计算在产品成本的分批法。

二、简化分批法的特点

(一)采用简化分批法,必须设立基本生产成本二级账

这是简化分批法的最显著的特点。采用其他成本计算方法,可以不设立基本生产成本二级账,不需要把所有产品的成本归集在一起,但在采用简化分批法时,必须设立基本生产成本二级账,其作用在于:(1)按月提供企业或车间全部产品的累计生产费用和生产工时资料,其中,生产工时资料可以是实际工时,也可以是定额工时,从而可以考察企业总产品的生产耗费水平;(2)在有完工产品的月份,按照有关公式计算登记全部产品的累计间接计入费用分配率以及完工产品总成本和月末在产品的总成本;(3)由于基本生产成本二级账与各批产品成本明细账是平行登记的,使得它们之间具有类似于总分类账和明细分类账间的勾对关系,所以,可以统驭各批次产品成本的明细账,使它们提供的相关资料相互核对,以确保成本核算的正确性。

(二)每月发生的间接计入费用在各批次或各订单之间分配采用累计分配法

所谓累计分配法,是指对间接计入费用的分配,每月仅对已经完工的成本计算单进行分配,而且是按累计分配率来分配的。每月发生的间接计入费用,不是按月在各批产品之间进行分配,而是先在基本生产成本二级账中累计起来,在有完工产品的月份,按照完工产品累计生产工时的比例,在各批完工产品间进行分配,对未完工产品则不分配间接计入费用,即不分配计算各批产品的成本,而是以总的在产品成本列示在基本生产成本二级账中。

（三）成本计算工作中对间接计入费用的横向分配和纵向分配，在有完工产品时，是根据同一个费用分配率一次完成的

所谓间接计入生产费用的横向分配，即指间接计入费用在各批产品之间的分配，而纵向分配工作，即指某批产品中，完工产品和月末在产品之间分配间接计入费用的工作。在简化的分批法中，只有在产品完工时，无论该批产品是全部完工还是部分完工，根据累计间接计入费用分配率，即在各批完工产品之间分配各项费用的依据，也就是在完工批别与月末未完工批别之间，以及某批产品的完工产品与月末未完工的在产品之间分配各项费用的依据。这就大大简化了费用的分配和登记工作，而且月末未完工产品的批数越多，其成本核算工作就越简化。

学习情景二　简化分批法的计算程序

采用简化分批法，除仍应按产品的批别设置产品成本明细账外，还应为整个企业或车间设置基本生产成本二级账。但在各批产品完工之前，各批产品成本明细账内只按月登记直接计入费用（如直接材料）和生产工时，基本生产成本二级账内分成本项目登记各批产品的全部生产费用和生产工时，包括全部直接计入费用和全部间接计入费用。这样，每月发生的各项间接计入费用（包括直接人工、制造费用等），不是按月在各批产品之间进行分配，而是先通过基本生产成本二级账进行归集，按成本项目累计起来，仅在有产品完工的月份，按照完工产品累计生产工时的比例，在各批完工产品间直接进行分配，计算完工产品成本；而全部在产品，不论属于哪一批号，其应负担的间接计入费用，仍以总数反映在基本生产成本二级账中，不进行分配，不分批计算在产品的成本。

设立基本生产成本二级账，是简化分批法的一个显著特点。在对各批完工产品分配间接计入费用时，一般按完工产品累计生产工时的比例分配，其计算公式为：

间接费用累计分配率 ＝ 全部产品累计间接费用 ÷ 全部产品累计工时

某批完工产品应负担的间接费用 ＝ 该批完工产品累计工时 × 间接费用累计分配率

【案例分析7-3】　某工业企业小批生产多种产品，由于产品批数多，为了简化成本计算工作，采用简化分批法计算成本。该企业20××年4月的产品批号有如下四种情况。

① 月初在产品成本：101批号：直接材料37 500元；102批号：直接材料22 000元；103批号：直接材料16 000元；104批号：直接材料20 700元；月初直接人工27 500元，制造费用35 500元；

② 月初在产品耗用累计工时：101批号1 800小时；102批号590小时；103批号960小时；104批号2 000小时；

③ 本月的生产情况,发生的工时和直接材料如表7-17所示;
④ 本月发生的各项间接费用为直接人工 12 500 元,制造费用 14 500 元。

表7-17 生产情况表

单位:元

产品名称	批号	批量(件)	投产日期	完工日期	本月发生工时(小时)	本月发生直接材料
甲	101	10	2月	4月	450	2 500
乙	102	5	3月	5月	810	3 000
丙	103	4	3月	6月	1 640	3 000
甲	104	10	3月	本月完工7件	1 750	

根据上述资料,登记基本生产成本二级账和各批生产成本明细账;计算完工产品成本。其中,104批号的甲产品所耗原材料在生产开始时一次性投入,月末在产品工时按定额工时计算,其定额工时共计1 200小时。

该企业设立的基本生产成本二级账及各批产品成本明细账如表7-18至表7-22所示。

表7-18 基本生产成本二级账

单位:元

月	日	摘 要	直接材料	生产工时(小时)	直接人工	制造费用	合 计
3	31	在产品	96 200	5 350	27 500	35 500	159 200
4	30	本月发生	8 500	4 650	12 500	14 500	35 500
4	30	累计	104 700	10 000	40 000	50 000	194 700
4	30	累计间接计入费用分配率			4	5	
4	30	本月完工产品转出	54 490	4 800	19 200	24 000	97 690
4	30	在产品	50 210	5 200	20 800	26 000	97 010

表7-19 产品成本明细账

产品批号:101　　购货单位:大华公司　　　　　　　　　　　单位:元
产品名称:甲　　批量:10件　　　　　　　　　　　　　　投产日期:2月
　　　　　　　　　　　　　　　　　　　　　　　　　　　　完工日期:4月

月	日	摘 要	直接材料	生产工时(小时)	直接人工	制造费用	合 计
2	28	本月发生	24 500	1 050			
3	31	本月发生	13 000	750			
4	30	本月发生	2 500	450			

(续表)

月	日	摘要	直接材料	生产工时（小时）	直接人工	制造费用	合计
4	30	累计数及累计间接计入费用分配率	40 000	2 250	4	5	
4	30	本月完工产品成本	40 000	2 250	9 000	11 250	60 250
		完工产品单位成本	4 000	2 25	900	1 125	6 250

表 7-20　产品成本明细账

产品批号：102　　　购货单位：胜华公司　　　　　　　　　　　　单位：元
产品名称：乙　　　　批量：5 件　　　　　　　　　　　　　　　投产日期：3 月
　　　　　　　　　　　　　　　　　　　　　　　　　　　　　　　完工日期：

月	日	摘要	直接材料	生产工时（小时）	直接人工	制造费用	合计
3	31	本月发生	22 000	590			
4	30	本月发生	3 000	810			

表 7-21　产品成本明细账

产品批号：103　　　购货单位：信诚公司　　　　　　　　　　　　单位：元
产品名称：丙　　　　批量：4 件　　　　　　　　　　　　　　　投产日期：3 月
　　　　　　　　　　　　　　　　　　　　　　　　　　　　　　　完工日期：

月	日	摘要	直接材料	生产工时（小时）	直接人工	制造费用	合计
3	31	本月发生	16 000	960			
4	30	本月发生	3 000	1 640			

表 7-22　产品成本明细账

产品批号：104　　　购货单位：远虹公司　　　　　　　　　　　　单位：元
产品名称：甲　　　　批量：10 件　　完工 7 件　　　　　　　　　投产日期：3 月
　　　　　　　　　　　　　　　　　　　　　　　　　　　　　　　完工日期：4 月

月	日	摘要	直接材料	生产工时（小时）	直接人工	制造费用	合计
3	31	本月发生	20 700	2 000			
4	30	本月发生		1 750			
4	30	累计数及累计间接计入费用分配率	20 700	3 750	4	5	
4	30	本月完工产品成本	14 490	2 550	10 200	12 750	37 440
		产品单位成本	2 070	364.29	1 457.14	1 821.43	5 348.57
		在产品	6 210	1 200			

在表 7-18 基本生产成本明细账中,3 月在产品的生产工时和各项费用由 3 月份的生产工时和生产费用资料结转而来;本月发生的原材料费用和生产工时,应根据本月原材料费用分配表、生产工时记录,与各批产品成本明细账平行登记;本月发生的各项间接计入费用,应根据各该项费用分配表汇总登记。全部产品累计间接计入费用分配率,计算如下所示:

直接人工累计分配率 = 40 000 ÷ 10 000 = 4(元／小时)

制造费用累计分配率 = 50 000 ÷ 10 000 = 5(元／小时)

计算出各项间接计入费用分配率后,应先在各批产品成本明细账中计算分配完工产品应负担的各项费用,包括直接计入费用和间接计入费用。若该批产品全部完工,则将全部的直接费用和生产工时及分配的各项间接计入费用转出,例如,101 批号甲产品全部完工,则其应负担的直接材料费用为自投产以来累计的总材料费用,共计 40 000 元,而其累计总工时为 2 250 小时,所以,其应分配的间接计入费用的计算如下:

101 批号甲产品应分配的直接人工费用 = 2 250 × 4 = 9 000(元)

应分配的制造费用 = 2 250 × 5 = 11 250(元)

若该批产品部分完工,部门未完工,则需要采用适当的方法在完工产品和月末在产品之间分配直接计入费用和生产工时,然后再根据完工产品的生产工时乘以各项累计的间接计入费用分配率,从而计算出完工部分产品应负担的各项间接计入费用,其各项成本之和即为应转出的完工产品成本,而剩余的直接计入费用和生产工时,即为未完工产品的直接计入费用和工时,其应负担的各项间接计入费用仍然在二级账中累计。例如,104 批号甲产品的批量为 10 件,本月完工 7 件,尚有 3 件未完工。因该批产品所耗原材料在生产开始时一次投入,因而原材料费用按完工产品与月末在产品的数量比例分配。而该批产品月末在产品的工时按定额工时计算,所以,总工时减去在产品的定额工时即为完工产品的工时,以该工时乘以各项累计间接计入费用分配率即为其应负担的各项间接计入费用。其计算如下:

直接材料费用分配率 = 20 700 ÷ 10 = 2 070(元／件)

本月完工 7 件产品应分配的直接材料费用 = 2 070 × 7 = 14 490(元)

月末未完工的 3 件在产品应分配的直接材料费用 = 20 700 − 14 490 = 6 210(元)

因月末在产品的定额工时为 1 200 小时,所以,完工产品的工时为 2 550 小时(3 750 − 1 200),故完工产品应分配的直接人工费用为 10 200 元(2 550 × 4)。

应分配的制造费用 = 2 550 × 5 = 12 750(元)

将完工产品负担的各项成本转出后,其成本明细账上剩余的材料费用和生产工时即为在产品的直接材料费用和生产工时,但不需要计算分配各项间接计入费用。

　　各批产品成本计算后,再将完工产品转出的直接计入费用总和、工时总和及各项间接计入费用总和登记在基本成本二级账中,各项目的累计数减去完工产品转出数后即为未完工产品的生产费用和生产工时,由此可见,全部产品的按成本项目反映的在产品成本仍然是计算登记的。而且,各批产品明细账所记月末在产品的直接计入费用(例如直接材料费用)之和及月末在产品工时之和,应与基本生产成本明细账所记月末在产品的直接计入费用和工时分别核对相符。

学习情景三　简化分批法的局限性

　　使用累计分配率分配间接费用,可以节省工作量,提高工作效率,但也带来一个问题,在产品的间接费用全厂或全车间累计,不分配到各批产品上去(只到某批产品完工时才分配),因而不能及时知道各批产品生产时费用是节约还是浪费,在一定程度上削弱了成本控制。此外,费用分配是按各月累计数计算的,由于各月的费用水平不一致,计算累计分配率会趋于平均化,在一定程度上影响了成本核算的准确性,所以,该种方法在各月间接计入费用水平相差悬殊的情况下不宜采用。例如,前几个月的间接计入费用水平低,本月间接计入费用水平高,若某批产品在本月投产且当月完工,则按累计间接计入费用分配率分配计算的该批产品的成本偏低,不利于产品成本的收回;反之,则会使产品成本偏高。另外,如果月末未完工产品的批数不多,也不宜采用此方法。因为在这种情况下,绝大多数批号的产品已完工,需要分配登记各项间接计入费用,核算工作量减少不多,但计算的正确性却受到影响。

任务三　技能实训

本部分要求学生先手工完成各个实训的表格计算,然后再利用 Excel 制作各个实训的表格,并通过编辑公式进行单元格的计算。

【实训一】　某企业下设一个基本生产车间,小批生产 A、B、C 三种产品,采用简化分配法计算产品成本,产品成本明细账设有"直接材料""直接人工""制造费用"三个成本项目。有关资料如下。

(1) 20××年 6 月末生产情况。

结存在产品 2 批:101 批号 A 产品 3 台,102 批号 B 产品 5 台;月末在产品成本及耗用工时资料见表 7-23 至表 7-25。

(2) 20××年 7 月发生下列经济业务:

① 领用材料 45 000 元,其中,本月投产 103 批号 C 产品 9 台,耗用 31 500 元,上月投产的 102 批号 B 产品 5 台,耗用 3 000 元,基本生产车间机物料消耗 10 500 元。

② 分配工资费用 21 000 元,其中,基本生产车间工人工资 18 000 元,车间管理人员工资 3 000 元。

③ 按工资费用的 14% 计提职工福利费。

④ 基本生产车间计提固定资产折旧费用 2 000 元。

⑤ 用银行存款支付基本生产车间其他支出 8 830 元。

⑥ 耗用工时 9 000 小时,其中,101 批号 A 产品耗用 1 000 小时,102 批号 B 产品耗用 1 500 小时,103 批号 C 产品耗用 6 500 小时。

⑦ 101 批号 A 产品全部完工;102 批号 B 产品完工 2 台,按计划成本和定额工时分别结转完工产品的直接材料费用和生产工时,单位产品的计划直接材料费用为 3 200 元,工时定额为 900 小时。

(3) 20××年 8 月发生下列经济业务:

① 领用材料 33 200 元,其中,本月投产 201 批号 A 产品 6 台,耗用 25 000 元,基本生产车间机物料消耗 8 200 元。

② 分配工资费用 17 000 元,其中,基本生产车间工人工资 14 000 元,车间管理人员工资 3 000 元。

③ 按工资费用的 14% 计提职工福利费。

④ 基本生产车间计提固定资产折旧费用 2 000 元。

⑤ 用银行存款支付基本生产车间其他支出 7 522 元。

⑥ 耗用工时 7 186 小时,其中,102 批号 B 产品耗用 686 小时,103 批号 C 产品耗用 3 500 小时,201 批号 A 产品耗用 3 000 小时。

⑦ 102 批号 B 产品全部完工;103 批号 C 产品完工 4 台,原材料在生产开始时一次投入,生产工时按约当产量比例法在完工产品与在产品之间分配,月末在产品完工程度为 80%。

【要求】

(1) 编制 7 月份费用要素分配和结转制造费用的会计分录,并计算、填列基本生产成本二级账和有关产品成本明细账,如表 7-23、表 7-24、表 7-25、表 7-26 所示。

(2) 编制 7 月份结转完工入库产品成本的会计分录。

(3) 编制 8 月份费用要素分配和结转制造费用的会计分录,并计算、填列基本生产成本二级账和有关产品成本明细账,如表 7-23、表 7-24、表 7-25、表 7-26、表 7-27 所示。

表 7-23 基本生产成本二级账

单位:元

月	日	摘 要	直接材料	生产工时（小时）	直接人工	制造费用	合 计
6	30	在产品	27 000	5 500	8 480	11 500	46 980
7	31	本月发生					
7	31	累计					
7	31	全部产品累计间接计入费用的分配率					
7	31	本月完工转出					
7	31	在产品					
8	31	本月发生					
8	31	累计					
8	31	全部产品累计间接计入费用的分配率					
8	31	本月完工转出					
8	31	在产品					

表 7-24 产品成本明细账

产品批号:101　　购货单位:甲公司　　　　　　　　　　　　单位:元
产品名称:A 产品　产品批量:3 台　　　　　　　　　　　　投产日期:6 月
　　　　　　　　　　　　　　　　　　　　　　　　　　　　完工日期:7 月

月	日	摘 要	直接材料	生产工时（小时）	直接人工	制造费用	合 计
6	30	在产品	15 000	3 000			
7	31	本月发生					

(续表)

月	日	摘要	直接材料	生产工时（小时）	直接人工	制造费用	合计
7	31	累计数及累计间接计入费用的分配率					
7	31	本月完工转出					
7	31	完工产品单位成本					

表 7-25　产品成本明细账

产品批号：102　　　购货单位：乙公司　　　　　　　　　　单位：元
产品名称：B产品　　产品批量：5 台　　　　　　　　　　投产日期：6月
　　　　　　　　　　　　　　　　　　　　　　　完工日期：7月完工 2 台，8月完工 3 台

月	日	摘要	直接材料	生产工时（小时）	直接人工	制造费用	合计
6	30	在产品	12 000	2 500			
7	31	本月发生					
7	31	累计数及累计间接计入费用的分配率					
7	31	本月完工转出					
7	31	在产品					
8	31	本月发生					
8	31	累计数及累计间接计入费用的分配率					
8	31	本月完工转出					

表 7-26　产品成本明细账

产品批号：103　　　购货单位：丙公司　　　　　　　　　　单位：元
产品名称：C产品　　产品批量：9 台　　　　　　　　　　投产日期：7月
　　　　　　　　　　　　　　　　　　　　　　　完工日期：8月完工 4 台

月	日	摘要	直接材料	生产工时（小时）	直接人工	制造费用	合计
7	31	本月发生					
8	31	本月发生					
8	31	累计数及累计间接计入费用的分配率					
8	31	本月完工转出					
8	31	在产品					

表 7-27 产品成本明细账

产品批号：201　　　购货单位：戊公司　　　　　　　　　　　　单位：元
产品名称：A 产品　　产品批量：6 台　　　　　　　　　　　投产日期：8 月
　　　　　　　　　　　　　　　　　　　　　　　　　　　　　完工日期：

月	日	摘　　要	直接材料	生产工时（小时）	直接人工	制造费用	合　计
8	31	本月发生					

（4）编制 8 月份结转完工入库产品成本的会计分录。

（5）计算 102 批号全部完工 B 产品的实际单位成本。

项目八　分步法的成本计算与核算

【知识学习目标】　理解分步法的特点;掌握分步法的适用范围;理解逐步结转分步法的程序和特点;能运用综合结转分步法进行产品成本核算;能进行成本还原;能运用分项结转分步法进行产品成本核算;理解平行结转分步法的程序和特点;会运用平行结转分步法进行产品成本核算。

【能力培养目标】　能够依据企业不同的环境情况相应地选择不同的成本核算方法;能够运用分步法进行成本核算。

【教学重点】　逐步结转分步法及成本还原;平行结转分步法。

【教学难点】　逐步结转分步法及成本还原;平行结转分步法。

任务一　分步法概述

学习情景一　分步法的概念及适用范围

一、分步法的概念

产品成本计算的分步法是指按照产品的品种及其所经过的生产步骤作为成本核算对象,来归集生产费用,计算产品成本的方法。

二、分步法的适用范围

分步法主要适用于大量大批、多步骤生产的企业,如造纸、纺织、冶金、木材加工等企业。因为在这些企业中,产品生产可以划分为若干个生产步骤进行。例如,机械制造企业生产可以分为铸造、加工、装配等步骤;冶金企业生产可以分为炼铁、炼钢、轧钢等步骤;造纸企业生产可以分为制浆、制纸、包装等步骤;纺织企业生产可以分为纺织、织布等步骤;木材加工生产可以分为原木、成才、成品等步骤。为了加强成本管理,不仅要求按照产品品种归集生产费用,计算产品成本,而且要求按照产品的生产步骤归集生产费用,计算各步骤产品成本,提供反映各种产品品种及其各生产步骤成本计划执行情况的资料。

应当指出的是,在实务操作中,分步法与分批法常常结合起来运用,例如,汽车生产厂家的汽车一般都是大批量地生产,每批产品生产完成之后,就会调整装配线用以生产另外一种型号的汽车。每批生产都作为一个批次,但在该批次中,各个生产步骤的成本被分别计算,以便向管理人员提供生产各种型号汽车的过程中每一生产步骤的制造成本。

学习情景二 分步法的特点

一、以各个加工步骤的各种产品作为成本计算对象,并据以设置基本生产成本明细账

由于分步法是按照产品的生产步骤归集生产费用的,因此,其成本计算对象不仅要求按照产品的品种计算产品成本,而且还要求按照产品的生产步骤来计算产品的成本,产品成本明细账也要求按照产品的品种及其所经过的生产步骤来设置。如果企业只生产一种产品,则成本计算对象就是该种产成品及其所经过的各生产步骤,产品成本明细账应该按照产品的生产步骤开立;如果生产多种产品,成本计算对象则应是各种产品及其所经过的各生产步骤,产品成本明细账应该按照各种产品的各个步骤开立。在进行成本计算时,应该按照步骤分产品分配和归集生产费用,单设成本项目的直接计入费用,直接计入各成本计算对象;单设成本项目的间接计入费用,单独分配计入各成本计算对象;不单设成本项目的费用,一般是先按车间、部门或者费用用途,归集为综合费用,月末再直接计入或者分配计入各成本计算对象。

需要指出的是,在实际工作中,产品成本计算中生产步骤的划分,与实际生产步骤的划分不一定完全一致,企业应根据管理的要求和简化核算程序的原则,可以仅对管理上要求分步计算成本的生产步骤,来设置产品成本明细账,单独计算产品的成本;反之,不要求单独计算产品成本的步骤,则可以与其他的生产步骤合并在一起来计算成本。

另外,在按照生产步骤设立车间的企业中,一般来说,分步计算成本也分车间计算成本。但是,如果企业生产规模很小,管理上不要求分车间计算成本时,也可以将几个车间合并为一个步骤计算成本;反之,如果企业生产规模很大,车间内还可以分成几个

生产步骤,管理上又要求分步计算成本,这时,也可以在车间内分步计算成本。所以,分步计算成本不一定就是分车间来计算成本,但应根据管理的要求,本着简化计算工作的原则,确定成本计算对象。

二、成本计算期与会计报告期一致

在大量大批、多步骤生产的企业中,由于生产过程相对来说比较长,原材料连续不断地投入,产品也是连续不断地完工,不可能在所有产品全部完工之后再计算成本。因此,成本计算一般都是按月定期进行,因而与产品的生产周期不一致,而与产品的会计报告期一致。

三、月末要将生产费用采用适当的方法在完工产品与在产品之间进行分配

在大量大批多步骤生产的情况下,月末通常都会是既有完工的产品,又会有在产品,因此,必须采用适当的方法,如定额比例法、定额计价法、约当产量法等,按照加工步骤将所归集的生产费用在完工产品与在产品之间进行分配。

四、各步骤间成本的结转

由于产品生产是分步骤进行的,上一步骤生产的半成品是下一生产步骤的加工对象,因此,为了计算各种产品的产成品成本,还需要按照产品品种结转各步骤的成本。也就是说,与其他成本计算方法不同,在采用分步法计算产品成本时,在各步骤之间还有个成本结转问题。这是分步法的一个重要特点。

由于各个企业生产工艺过程的特点和成本管理对各步骤成本资料的要求(要不要计算半成品成本)不同,以及对简化成本计算工作的考虑,各生产步骤成本的计算和结转采用逐步结转和平行结转两种不同的方法,产品成本计算的分步法也就相应地分为逐步结转分步法和平行结转分步法两种。

任务二　逐步结转分步法

学习情景一　逐步结转分步法的含义及适用范围

一、逐步结转分步法的含义

在采用分步法的大量大批、多步骤生产企业中,有的产品的制造过程是由一系列循序渐进、性质不同的加工步骤所组成。在这一类的生产中,从原材料投入到产品的最终制成,中间要经过几个生产步骤的逐步加工,除最后步骤生产的是产成品以外,前面所有步骤生产出来的都是半成品。与这类生产工艺过程特点相联系,为了加强对各生产步骤成本的管理,往往要求不仅计算各种产成品成本,而且要求计算各步骤半成品的成本,其原因有以下方面内容。

(一)有自制半成品对外销售的企业

各步骤所产的半成品不仅交由本企业的下一个步骤进一步加工,还可以作为商品或者产品对外销售,如纺织企业的棉纱等。为了正确计算对外销售的半成品成本,全面考核和分析商品或者产品成本的计划执行情况,就要计算这些半成品的成本。

(二)自制半成品可以加工为不同产品的企业

有一些半成品为企业几种产品共同所耗用,为了分别正确计算各种产品的成本,也需要计算这些半成品的成本。

(三)需要考核自制半成品成本的企业

为了方便横向和纵向的比较,为了全面地考核和分析各个生产步骤的生产耗费和资金的占用情况,需要随着半成品实物在各生产步骤之间的转移结转半成品,为此也需要计算半成品的成本。

综上所述,逐步结转分步法就是为了计算半成品成本而采用,是按照生产步骤逐步计算并结转半成品成本,直到最后步骤计算出产成品成本的一种分步方法。这种方法也称为计算半成品成本的分步法。

具体而言,逐步结转分步法是按照产品加工的顺序,逐步计算并结转半成品成本,直到最后一个加工步骤才能计算出产成品成本的一种方法。这种计算方法是先计算每一步骤的半成品成本和本步骤未完工的在产品成本,并将本步骤已完工的半成品成本结转到下一生产步骤,第二生产步骤将第一生产步骤转来的半成品成本加上本步骤发生的成本,计算出第二步骤的半成品成本和未完工的在产品成本,再一次随着生产步骤,顺序累计结转,直到最后一个生产步骤,计算出产成品成本。

二、逐步结转分步法的适用范围

如上所述可知,逐步结转分步法的适用范围是半成品需要对外销售,要求计算对外销售的半成品成本;半成品可加工为不同产品时必须计算半成品的成本;或是管理上要求提供半成品成本资料的大批大量多步骤生产的企业。

三、逐步结转分步法的特点

逐步结转分步法是计算半成品成本的分步法,其成本核算对象是产成品及其所经过生产步骤的半成品,以此来开设成本明细账。

半成品成本要随同半成品实物一起在各生产步骤之间顺序转移。

逐步结转分步法在完工产品与月末在产品之间分配生产费用时,生产费用是指本步骤发生的费用加上上个步骤转入的半成品成本;完工产品是指本生产步骤已经完工的半成品(最后生产步骤为产成品);月末在产品是指本生产步骤正在加工而尚未完工的在制品,即狭义的在产品。

学习情景二　逐步结转分步法的计算程序

采用逐步结转分步法计算各个生产步骤的产品成本时,上一步骤所生产的半成品的成本,要随着半成品实物的转移,从上一步骤的成本明细账转入下一步骤相同产品的成本明细账中,因而其计算程序要受到半成品实物流转程序的制约。半成品实物的流转程序有通过仓库收发和不通过仓库收发两种。

一、半成品不通过仓库收发

如果半成品不通过仓库收发,逐步结转分步法的产品成本计算程序是首先计算出第一个步骤所生产的半成品成本,然后随着半成品实物的转移,将其成本转入到第二个生产步骤的成本明细账中,再加上第二个生产步骤本身所发生的各项费用,加总计算出第二个步骤的半成品成本,依次逐步累计结转,直到最后一个生产步骤计算出产成品成本为止,具体程序如图8-1所示。

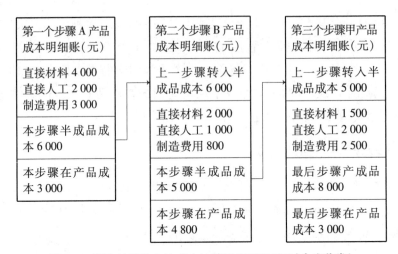

图 8-1 逐步结转分步法成本计算程序图(不通过仓库收发)

二、半成品完工和领用都通过仓库收发

采用逐步结转分步法时,半成品实物如果通过仓库收发,成本核算的基本程序与上面所说的半成品不通过仓库收发基本相同,唯一的区别是半成品实物通过仓库收发时,应该在各步骤设立自制半成品明细账,用以核算各步骤半成品的收、发、存情况。具体的计算程序如图 8-2 所示。

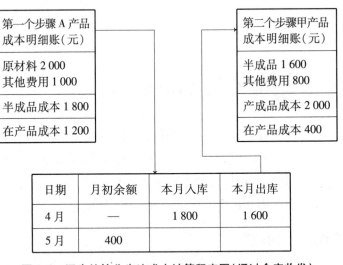

图 8-2 逐步结转分步法成本计算程序图(通过仓库收发)

上述成本结转的核算程序表明,每一个步骤都是一个品种法,逐步结转分步法实际上是品种法的多次连续应用。在采用品种法计算上一个生产步骤的半成品成本以后,按照下一个生产步骤的耗用数量转入下一个生产步骤成本;下一个生产步骤再一次采用品种法归集所耗半成品的费用和本步骤其他费用,计算其半成品成本;如此逐步结

转,直到最后一个生产步骤计算出产成品的成本。

学习情景三 半成品成本结转的方式

按照结转的半成品成本在下一生产步骤产品成本明细账中的反映不同,逐步结转分步法分为综合结转和分项结转两种方法。

一、综合结转法

综合结转法的特点是将上一生产步骤的半成品成本,不分成本项目,以合计的金额全部计入下一生产步骤产品生产成本明细账中的"直接材料"成本项目或"自制半成品"成本项目,综合反映各个步骤所耗上一步骤所产半成品成本。综合结转既可以按照上一步骤所产半成品的实际成本结转,也可以按照企业确定的半成品计划成本或定额成本结转。

(一) 半成品按实际成本综合结转法

采用这种结转方法,各步骤所耗上一步骤的半成品费用,应根据所耗半成品的实际数量乘以半成品的实际单位成本计算。由于各月所产半成品的实际单位成本不同,因此,所耗半成品的实际单位成本可根据企业的实际情况选择使用以下方法确定。

(1) 先进先出法。以先入库的先发出这一假定为依据,并根据这一假定成本流转顺序对发出和结存的半成品进行估价。

(2) 加权平均法。用期初结存半成品数量和本期入库半成品数量作为权数,计算半成品平均单位成本。

(3) 移动加权平均法。以本批收入数量加本批收入前的结存数量为权数,计算平均单价,作为发出半成品的实际单价,进而确定发出半成品的实际成本。

为了提高各个步骤成本计算的及时性,在半成品月初余额较大,本月所耗半成品全部或大部分是以前月份所产的情况下,本月所耗半成品费用也可按上月末半成品的加权平均单位成本计算确定。下面举例说明。

【案例分析8-1】 某工厂从20××年4月份开始生产甲产品,该产品经过3个生产车间加工,一车间投入原材料加工成A半成品,交半成品仓库验收;二车间按照所需要数量从半成品仓库领用A半成品,加工成B半成品后交半成品仓库验收;三车间按照所需要数量从半成品仓库领用B半成品,加工成甲产品。原材料在一车间时一次性投入,各个步骤的在产品在本步骤完工程度均为50%。要求计算每个车间的半成品成本和产成品成本。有关资料如表8-1和表8-2所示。

表8-1 产量资料

单位：件

项目	一车间	二车间	三车间
投入(领用)产量	10	8	6
本月完工产品	8	6	4
月末在产品	2	2	2

表8-2 费用资料

单位：元

项目	直接材料	直接人工	制造费用
一车间	2 000	1 440	1 080
二车间	—	1 400	1 050
三车间	—	1 300	900

各个生产步骤的成本计算程序和方法见表8-3、表8-4、表8-5。

表8-3 第一车间基本生产成本明细账

产品名称：A半成品　　　　　　　　　　　　　　　　　　　　　　　单位：元

项目	直接材料	直接人工	制造费用	合计
本月生产费用	2 000	1 440	1 080	4 520
分配率	200	160	120	480
完工半成品成本	1 600	1 280	960	3 840
月末在产品成本	400	160	120	680

其中：

直接材料分配率=2 000÷(8+2)=200(元)

月末在产品成本=200×2=400(元)

完工转出A半成品成本=2 000-400=1 600(元)

直接人工分配率=1 440÷(8+2×50%)=160(元)

月末在产品成本=160×1=160(元)

完工转出A半成品成本=1 440-160=1 280(元)

制造费用分配率=1 080÷(8+2×50%)=120(元)

月末在产品成本=120×1=120(元)

完工转出 A 半成品成本 = 1 080 - 120 = 960(元)

根据上表编制 A 半成品入库时的会计分录。

借：自制半成品——A 半成品　　　　　　　　　　　　　　　　3 840
　　贷：生产成本——基本生产成本——第一车间(A 半成品)　　3 840

表 8-4　第二车间基本生产成本明细账

产品名称：B 半成品　　　　　　　　　　　　　　　　　　　　　　单位：元

项　目	自制半成品	直接人工	制造费用	合　计
本月生产费用	3 840	1 400	1 050	6 290
分配率	480	200	150	830
完工半成品成本	2 880	1 200	900	4 980
月末在产品成本	960	200	150	1 310

其中：

直接材料分配率 = 3 840 ÷ (6+2) = 480(元)

月末在产品成本 = 2×480 = 960(元)

完工转出 B 半成品成本 = 3 840 - 960 = 2 880(元)

直接人工分配率 = 1 400 ÷ (6+2×50%) = 200(元)

月末在产品成本 = 1×200 = 200(元)

完工转出 B 半成品成本 = 1 400 - 200 = 1 200(元)

制造费用分配率 = 1 050 ÷ (6+2×50%) = 150(元)

月末在产品成本 = 150×1 = 150(元)

完工转出 B 半成品成本 = 1 050 - 150 = 900(元)

根据上表编制 B 半成品入库时的会计分录。

(1) 领用上一步骤 A 半成品时：

借：生产成本——基本生产成本——第二车间　　　　　　　　　3 840
　　贷：自制半成品——A 半成品　　　　　　　　　　　　　　　3 840

(2) B 半成品入库时：

借：自制半成品——B 半成品　　　　　　　　　　　　　　　　4 980
　　贷：生产成本——基本生产成本——第二车间(B 半成品)　　4 980

表 8-5 第三车间基本生产成本明细账

产品名称：甲产品　　　　　　　　　　　　　　　　　　　　　　　　　　　　单位：元

项目	自制半成品	直接人工	制造费用	合计
本月生产费用	4 980	1 300	900	7 180
分配率	830	260	180	1 270
完工产品成本	3 320	1 040	720	5 080
月末在产品成本	1 660	260	180	2 100

其中：

直接材料分配率 = 4 980÷(4+2) = 830(元)

月末在产品成本 = 2×830 = 1 660(元)

完工转出 B 半成品成本 = 4 980−1 660 = 3 320(元)

直接人工分配率 = 1 300÷(4+2×50%) = 260(元)

月末在产品成本 = 1×260 = 260(元)

完工转出 B 半成品成本 = 1 300−260 = 1 040(元)

制造费用分配率 = 900÷(4+2×50%) = 180(元)

月末在产品成本 = 180×1 = 180(元)

完工转出 B 半成品成本 = 900−180 = 720(元)

根据上表编制如下会计分录。

(1) 领用上一步骤 B 半成品时：

借：生产成本——基本生产成本——第三车间　　　　　　　　　4 980

　　贷：自制半成品——B 半成品　　　　　　　　　　　　　　　　4 980

(2) B 半成品入库时：

借：库存商品——甲产品　　　　　　　　　　　　　　　　　　5 080

　　贷：生产成本——基本生产成本——第三车间　　　　　　　　5 080

上例各个步骤计算没有月初在产品成本，下面再举一个有月初在产品成本的例子说明其各个生产步骤成本计算的程序。

【案例分析 8-2】 假定【案例分析 8-1】中该厂继续生产甲产品，原材料在一车间生产开始时一次性投入，各个步骤的在产品在本步骤的完工程度均为 50%。有关资料如表 8-6 和表 8-7 所示。

项目八　分步法的成本计算与核算

表 8-6　产　量　资　料

单位：件

项　　目	一车间	二车间	三车间
月初在产品	2	2	2
投入（领用）产量	12	12	10
本月完工产品	12	10	8
月末在产品	2	4	4

表 8-7　费　用　资　料

单位：元

项　　目	直接材料	直接人工	制造费用
一车间	2 400	1 400	1 180
二车间	—	1 600	1 410
三车间	—	1 000	800

根据上述资料，计算各个步骤产品成本的方法见表 8-8、表 8-9、表 8-10 所示。

表 8-8　第一车间基本生产成本明细账

产品名称：A 半成品　　　　　　　　　　　　　　　　　　　　　　单位：元

项　　目	直接材料	直接人工	制造费用	合　计
月初在产品成本	400	160	120	680
本月生产费用	2 400	1 400	1 180	4 980
合　　计	2 800	1 560	1 300	5 660
分配率	200	120	100	420
完工半成品成本	2 400	1 440	1 200	5 040
月末在产品成本	400	120	100	620

其中：

直接材料分配率 = 2 800 ÷ (12 + 2) = 200(元)

月末在产品成本 = 2 × 200 = 400(元)

完工转出 A 半成品成本 = 2 800 − 400 = 2 400(元)

直接人工分配率 = 1 560 ÷ (12 + 2 × 50%) = 120(元)

月末在产品成本 = 1 × 120 = 120(元)

完工转出 A 半成品成本 = 1 560 − 120 = 1 440(元)

制造费用分配率 = 1 300 ÷ (12 + 2 × 50%) = 100

月末在产品成本 = 1 × 100 = 100(元)

完工转出 A 半成品成本 = 1 300 − 100 = 1 200(元)

根据表 8-8 编制 A 半成品入库时的会计分录。

借：自制半成品——A 半成品　　　　　　　　　　　　　　　　　　　　　5 040
　　贷：生产成本——基本生产成本——第一车间(A 半成品)　　　　　　　　5 040

表 8-9　第二车间基本生产成本明细账

产品名称：B 半成品　　　　　　　　　　　　　　　　　　　　　　　单位：元

项　　目	直接材料	直接人工	制造费用	合　　计
月初在产品成本	960	200	150	1 310
本月生产费用	5 040	1 600	1 410	8 050
合　　计	6 000	1 800	1 560	9 360
分配率	428.57	150	130	708.57
完工半成品成本	4 285.71	1 500	1 300	7 085.71
月末在产品成本	1 714.29	300	260	2 274.29

根据上表编制如下会计分录：

(1) 领用上一步骤 A 半成品时：

借：生产成本——基本生产成本——第二车间　　　　　　　　　　　　　　5 040
　　贷：自制半成品——A 半成品　　　　　　　　　　　　　　　　　　　　5 040

(2) B 半成品入库时：

借：自制半成品——B 半成品　　　　　　　　　　　　　　　　　　　　　7 085.71
　　贷：生产成本——基本生产成本——第二车间(B 半成品)　　　　　　　　7 085.71

表 8-10　第三车间基本生产成本明细账

产品名称：甲产品　　　　　　　　　　　　　　　　　　　　　　　　单位：元

项　　目	直接材料	直接人工	制造费用	合　　计
月初在产品成本	1 660	260	180	2 100
本月生产费用	7 085.71	1 000	800	8 885.71
合　　计	8 745.71	1 260	980	10 985.71
分配率	728.81	126	98	952.81
完工产品成本	5 830.47	1 008	784	7 622.47
月末在产品成本	2 915.24	252	196	3 363.24

根据表 8-10 编制如下会计分录：

(1) 领用上一步骤 B 半成品时：

借：生产成本——基本生产成本——第三车间　　　　　　7 085.71

　　贷：自制半成品——B 半成品　　　　　　　　　　　　7 085.71

(2) 甲产成品入库时：

借：库存商品——甲产品　　　　　　　　　　　　　　　7 622.47

　　贷：生产成本——基本生产成本——第三车间　　　　　7 622.47

以上两个例题都是各个生产步骤生产的半成品实物通过半成品仓库收发，如果上一步骤生产的半成品直接转入下一步骤继续加工，不通过半成品库收发，则不需要编制半成品入库和仓库领用的会计分录。

【案例分析 8-3】　现仍以上例题资料，但假设各个步骤只领用上个生产步骤的部分半成品，其余资料不变（见表 8-11）。则各个步骤成本的计算见表 8-12、表 8-13、表 8-14 所示的基本生产成本明细账。

表 8-11　产 量 资 料

单位：件

项　　目	一车间	二车间	三车间
月初在产品	2	2	2
投入（领用）产量	12	10	6
本月完工产品	12	8	4
月末在产品	2	4	4

表 8-12　第一车间基本生产成本明细账

产品名称：A 半成品　　　　　　　　　　　　　　　　　　　　　　　　单位：元

项　　目	直接材料	直接人工	制造费用	合　　计
月初在产品成本	400	160	120	680
本月生产费用	2 400	1 400	1 180	4 980
合　　计	2 800	1 560	1 300	5 660
分配率	200	120	100	420
完工半成品成本	2 400	1 440	1 200	5 040
月末在产品成本	400	120	100	620

注：表 8-12 的做法与【案例分析 8-2】是一样的。

根据上表编制 A 半成品入库时的会计分录：

借：自制半成品——A 半成品　　　　　　　　　　　　　5 040

　　贷：生产成本——基本生产成本——第一车间（A 半成品）　5 040

表 8-13 第二车间基本生产成本明细账

产品名称：B 半成品　　　　　　　　　　　　　　　　　　　　　　　　　　　　单位：元

项　目	直接材料	直接人工	制造费用	合　计
月初在产品成本	960	200	150	1 310
本月生产费用	4 200	1 600	1 410	7 210
合　计	5 160	1 800	1 560	8 520
分配率	430	180	156	766
完工半成品成本	3 440	1 440	1 248	6 128
月末在产品成本	1 720	360	312	2 392

根据表 8-13 编制如下会计分录：

(1) 领用上一步骤 A 半成品时：

借：生产成本——基本生产成本——第二车间　　　　　　　　　　4 200

　　贷：自制半成品——A 半成品　　　　　　　　　　　　　　　　　　4 200

(2) B 半成品入库时：

借：自制半成品——B 半成品　　　　　　　　　　　　　　　　6 128

　　贷：生产成本——基本生产成本——第二车间（B 半成品）　　　　6 128

表 8-14 第三车间基本生产成本明细账

产品名称：甲产品　　　　　　　　　　　　　　　　　　　　　　　　　　　　单位：元

项　目	直接材料	直接人工	制造费用	合　计
月初在产品成本	1 660	260	180	2 100
本月生产费用	4 596	1 000	800	6 396
合　计	6 256	1 260	980	8 496
分配率	782	210	163.33	1 155.33
完工产品成本	3 128	840	653.33	4 621.33
月末在产品成本	3 128	420	326.67	3 874.67

根据表 8-14 编制如下会计分录：

(1) 领用上一步骤 B 半成品时：

借：生产成本——基本生产成本——第三车间　　　　　　　　　　4 596

　　贷：自制半成品——B 半成品　　　　　　　　　　　　　　　　　　4 596

(2) 甲产成品入库时：

借：库存商品——甲产品　　　　　　　　　　　　　　　　　　4 621.33

　　贷：生产成本——基本生产成本——第三车间　　　　　　　　　　4 621.33

(二)综合结转的成本还原

在综合结转法下,由于各个步骤的自制半成品都没有分成本项目,而是以合计的金额直接全部转入到下一步骤的"直接材料"或是"自制半成品"成本项目里,其自制半成品的"直接人工"和"制造费用"等其他费用都计入到产成品的"直接材料"成本项目里,而产成品其他费用相对地在产成品成本中所占比重很小,这显然不符合产成品成本的实际构成,也不便于企业分析和考核产品成本的成本构成和水平。例如,某种产品由三个步骤加工完成,上一生产步骤直接为下一生产步骤提供半成品直到最后一个步骤,各生产步骤月末均无在产品,其逐步结转的结果如表 8-15 所示。

表 8-15 各步骤成本逐步结转情况

单位:元

成本项目 生产步骤	半成品	直接材料	直接人工	制造费用	合 计
第一个步骤		2 000	800	400	3 200
第二个步骤	3 200		600	300	4 100
第三个步骤	4 100		400	500	5 000
原始成本项目合计		2 000	1 800	1 200	5 000

从表 8-15 可以看出,第一个步骤完工的半成品成本 3 200 元转作第二个步骤的半成品费用;第二个步骤完工的半成品成本 4 100 元转作第三个步骤的半成品费用。在第三个步骤产品成本 5 000 元中,数额很大的半成品费用 4 100 元,占了产成品总成本 5 000 元的 82%,除此之外,直接人工费 400 元,制造费用 500 元,两项合计只占产成品成本的 18%。这与该企业该产品成本的实际构成,即直接材料 2 000 元占产成品成本的 40%、直接人工 1 800 元占产成品成本的 36%、制造费用 1 200 元占产成品成本的 24%相差甚远。所以,如果管理上要求从整个企业角度分析和考核成本项目构成时,要将逐步综合结转算出的产成品成本进行还原,使其成为该原始成本项目反映的成本。

成本还原采用的方法是从最后一个生产步骤开始,将各个步骤所耗上一步骤的自制半成品成本,按上一生产步骤所生产的自制半成品的成本构成进行分解,最后将各个生产步骤同一成本项目的金额相加,得到按原始成本项目反映的产品成本。

如表 8-15 所示,各个步骤领用上一步骤完工的全部半成品,即所耗用的上一步骤半成品费用恰好是上一步骤完工的半成品成本,即两者是相等的,那么,成本还原的方法非常简单:将各个步骤半成品费用忽略不计,其余的成本项目分别汇总即可。如直接人工是 800 元、600 元、400 元,相加得到产成品的实际工资为 1 800 元。但在实际工作中,全部领用上一步骤半成品的情况很少,因而不能采用上面的方法来计算,需要采用别的方法进行专门的成本还原,其具体方法有以下两种。

1. 综合比率还原法(即系数法)

这种方法是把各个步骤所耗上一步骤半成品的综合成本,按照上一步骤所产半成品

成本的结构,逐步分解还原,算出按原始成本项目反映的产成品成本。其计算公式如下:

$$成本还原分配率 = \frac{本月产成品所耗上一步骤半成品费用}{本月所产该半成品成本合计}$$

$$应还原为上步骤某项成本项目金额 = 上一步骤生产的半成品某个成本项目的成本 \times 还原分配率$$

【案例分析 8-4】 某公司生产甲产品顺序经过三个步骤,第一个步骤完工生成 A 半成品,第二个步骤完工生成 B 半成品,第三个步骤完工生成甲产品。20××年 9 月,各个步骤完工产品(或半成品)的资料见表 8-16。

表 8-16 各个步骤完工产品(或半成品)成本计算单

单位:元

项 目	B 半成品	A 半成品	直接材料	直接人工	制造费用	合 计
第一个步骤 A 半成品			28 000	21 500	11 925	61 425
第二个步骤 B 半成品		42 000		18 000	15 000	75 000
第三个步骤甲产品	87 750			32 000	17 000	136 750

假如该公司采用综合结转分步法核算甲产品成本,期末将完工甲产品进行成本还原,采用综合比率法还原,其计算见表 8-17。

表 8-17 甲产品成本还原表(系数还原法)

单位:元

摘 要	还原分配率	成 本 项 目					
		B 半成品	A 半成品	直接材料	直接人工	制造费用	合 计
还原前总成本		87 750.00			32 000.00	17 000.00	136 750.00
本月所产 B 半成品成本			42 000.00		18 000.00	15 000.00	75 000.00
B 半成品成本还原	1.17		49 140.00		21 060.00	17 550.00	87 750.00
本月所产 A 半成品成本				28 000.00	21 500.00	11 925.00	61 425.00
A 半成品成本还原	0.80			22 400.00	17 200.00	9 540.00	49 140.00
还原后总成本				22 400.00	70 260.00	44 090.00	136 750.00

说明:甲产品中 B 半成品成本还原分配率 = 87 750/75 000 = 1.17
将甲产品中的 B 半成品 87 750 元还原为 A 半成品、直接人工、制造费用各个成本项目:
A 半成品:1.17 × 42 000 = 49 140(元)
直接人工:1.17 × 18 000 = 21 060(元)
制造费用:1.17 × 15 000 = 17 550(元)
A 半成品成本还原率 = 49 140/6 1 420 = 0.8
将甲产品中 B 半成品还原的 A 半成品还原成直接材料、直接人工、制造费用各个成本项目:
直接材料:0.8 × 28 000 = 22 400(元)
直接人工:0.8 × 21 500 = 17 200(元)
制造费用:0.8 × 11 925 = 9 540(元)

2. 半成品比重法

这种方法是按所产半成品各成本项目占全部成本结构的比重还原,进行成本还原,应计算所产半成品成本项目比例。其计算公式如下:

$$所产半成品成本比重 = \frac{上步骤半成品中某成本项目金额}{上步骤该半成品成本合计}$$

将产成品所耗上一步骤的半成品成本分别乘以所产半成品成本比重,即可将产成品中的半成品综合成本进行分解。

【案例分析8-5】 以【案例分析8-4】中表8-16的资料,将甲产品利用半成品比重法进行还原,其计算见表8-18。

表8-18 甲产品成本还原表(比重还原法)

单位:元

摘 要	成 本 项 目					
	B半成品	A半成品	直接材料	直接人工	制造费用	合 计
还原前总成本	87 750			32 000.00	17 000.00	136 750.00
B半成品成本构成		0.56		0.24	0.20	1.00
B半成品成本还原		49 140		21 060.00	17 550.00	87 750.00
A半成品成本构成			0.46	0.35	0.19	1.00
A半成品成本还原			22 604.40	17 199.00	9 336.60	49 140.00
还原后总成本			22 604.40	70 259.00	43 886.60	136 750.00

说明:本月完工B半成品各成本项目的比重:
A半成品的比重:42 000/75 000 = 0.56
直接人工的比重:18 000/75 000 = 0.24
制造费用的比重:15 000/75 000 = 0.2
将甲产品中的B半成品87 750元还原为A半成品、直接人工、制造费用各个成本项目:
A半成品:0.56 × 87 750 = 49 140(元)
直接人工:0.24 × 87 750 = 21 060(元)
制造费用:0.2 × 87 750 = 17 550(元)
本月完工A半成品各成本项目的比重:
直接材料的比重:28 000/61 425 = 0.46
直接人工的比重:21 500/61 425 = 0.35
制造费用的比重:11 925/61 425 = 0.19
将甲产品中B半成品还原的A半成品49 140元还原为直接材料、直接人工、制造费用各个成本项目:
直接材料:0.46 × 49 140 = 22 604.4(元)
直接人工:0.35 × 49 140 = 17 199(元)
制造费用:0.19 × 49 140 = 9 336.6(元)

以上两种方法都是以所产半成品成本构成作为标准进行成本还原的,但是没有考虑到以前月份所产半成品成本结构的影响,在各月所产半成品的成本结构变化较大的情况下,采用这两种方法进行成本还原会产生误差。如果企业有半成品的定额成本或计划成本并且比较准确，可以按半成品的定额成本或计划成本的成本结构进行还原。

采用综合结转法逐步结转半成品的成本，有利于加强内部成本控制，努力地降低成本。但是采用这种方法成本还原的工作量太大了，在管理上要求计算各个步骤完工产品所耗半成品费用，但又不要求进行成本还原的情况下才采用。

二、分项结转法

分项结转法是将上一步骤转入下一生产步骤的半成品成本，按其原始成本项目分别计入下一生产步骤产品生产成本明细账中对应的成本项目之中，分项反映各个步骤所耗上一步骤所产半成品成本。如果半成品通过半成品仓库收发，那么，自制半成品明细账也要按照成本项目分别登记半成品成本。

分项结转既可以按照半成品的实际单位成本结转，也可以按照半成品的计划单位成本结转，然后按成本项目分项调整成本差异。但按计划成本结转的计算工作量太大，因此，在实际工作中，一般采用实际成本分项结转的方法。分项结转法的基本原理与综合结转法基本相同，这里就不举例说明了，只说明其成本结转的程序，如表 8-19、表 8-20、表 8-21 所示。

表 8-19　第一车间基本生产成本明细账

产品名称：A 半成品　　　　　　　　　　　　　　　　　　　　　　　　　　　单位：元

项　　目	直接材料	直接人工	制造费用	合　　计
月初在产品成本	12 000	10 000	8 000	30 000
本月生产费用	36 000	30 000	22 000	88 000
合　　计	48 000	40 000	30 000	118 000
分配率	4 000	4 000	3 000	11 000
完工半成品成本	32 000	32 000	24 000	88 000
月末在产品成本	16 000	8 000	6 000	30 000

表 8-20　第二车间基本生产成本明细账

产品名称：B 半成品　　　　　　　　　　　　　　　　　　　　　　　　　　　单位：元

项　　目	直接材料	直接人工	制造费用	合　　计
月初在产品成本	4 000	4 000	1 000	9 000
本月生产费用	—	4 000	3 000	7 000
本月所耗半成品	32 000	32 000	24 000	88 000
合　　计	36 000	40 000	28 000	104 000
分配率	3 000	4 000	2 800	9 800
完工半成品成本	24 000	32 000	22 400	78 400
月末在产品成本	12 000	8 000	5 600	25 600

表 8-21　第三车间基本生产成本明细账

产品名称：甲产成品　　　　　　　　　　　　　　　　　　　　　　　　　单位：元

项　　目	直接材料	直接人工	制造费用	合　　计
月初在产品成本	1 000	2 000	1 100	4 100
本月生产费用	—	1 000	2 000	3 000
本月所耗半成品	24 000	32 000	22 400	78 400
合　　计	25 000	35 000	25 500	85 500
分配率	5 000	8 750	6 375	20 125
完工产品成本	15 000	26 250	19 125	60 375
月末在产品成本	10 000	8 750	6 375	25 125

从以上例子可以得知，采用分项结转半成品成本可以直接、正确地提供按原始成本项目反映的企业产成品成本资料，便于从企业角度考核和分析产品成本计划的执行情况，不需要进行成本还原。但是，这种方法的成本结转工作比较复杂，而且在各个步骤完工产品成本中看不出所耗上一步骤半成品费用的多少及本步骤加工费用的多少，不便于进行各个步骤完工产品的成本分析。因此。分项结转法一般适用于管理上只要求按原始成本项目计算产品成本、不要求计算各个步骤完工产品所耗半成品费用和本步骤加工费用的企业。

学习情景四　逐步结转分步法的优缺点

一、逐步结转分步法的优点

（1）逐步结转法分步法的成本计算对象是产成品及其所经过生产步骤的半成品，这就可以为分析和考核各生产步骤半成品成本计划的执行情况，以及正确计算自制半成品的销售成本提供资料。

（2）逐步结转分步法计算并结转半成品成本，半成品成本随着其实物的转移而结转，设有半成品仓库时，设置"自制半成品"账户，同时进行数量和金额的核算。这样，各个生产步骤产品生产成本明细账中的月末在产品成本，与该步骤月末在产品的实物一致，有利于加强在产品和自制半成品的管理。

（3）采用综合结转法结转半成品成本时，由于各个生产步骤产品成本中包括所耗上一步骤半成品成本，从而能全面反映各个步骤完工产品中所耗上一步骤半成品费用水平和本步骤加工费用水平，有利于各个步骤的成本管理。采用分项结转法结转半成品成本时,可以直接提供按原始成本项目反映的产品成本,满足企业分析和考核产品构成和水平的需要,而不必进行成本还原。

二、逐步结转分步法的缺点

（1）两种结转方法都要逐步结转,核算工作比较复杂,提供核算资料的及时性也较差。

（2）采用综合结转法结转半成品成本时,需要进行成本还原；采用分项结转法结转半成品成本时,结转的核算工作量大。如果半成品按计划成本结转,还要调整和计算半成品成本差异；如果半成品按实际成本结转,需要分别核算上一步骤成本和本步骤成本,成本计算的及时性差。

任务三　平行结转分步法

学习情景一　平行结转分步法的含义、适用范围和特点

一、平行结转分步法的含义

平行结转分步法是将整个生产步骤应计入相同产成品成本的份额平行汇总,以求得产成品成本的方法。平行结转分步法按照生产步骤归集费用,但仅计算完工产成品在各生产步骤的成本份额,不计算和结转各个生产步骤的半成品成本,因此,这种方法也称为不计算半成品成本的分步法。

二、平行结转分步法的适用范围

在采用平行结转分步法生产的企业中,半成品种类较多(如机械制造企业),且不需要对外出售或者很少出售,仅供下一步骤继续加工,在管理上也不要求提供各步骤半成品的成本资料,只要求反映和考核各个生产步骤所发生的生产耗费的大量大批多步骤生产的企业。如机械修配厂等。

三、平行结转分步法的特点

各个生产步骤都不需要计算半成品的成本,只用计算本步骤所发生的生产费用。除第一个步骤生产费用中包括所耗用的原材料和其他各项加工费用外,其他各个生产步骤只计算本步骤所发生的各项加工费用。

在采用平行结转分步法的情况下,各个步骤半成品成本不随着实物转移而结转,各个加工步骤只归集本步骤发生的费用,不反映所耗用上一步骤的半成品成本。

各个生产步骤的生产费用也需要在完工产品与月末在产品之间进行分配。这里所说的完工产品与月末在产品都是就广义而言的。生产费用是指本步骤所发生的费用(不包括所耗上一步骤的半成品成本);完工产品是指企业最终完工的产成品;在产品是指的广义在产品,即包括以下内容:(1)本步骤正在加工的在制品(狭义在产品);(2)本步骤已经加工完成转入半成品仓库的半成品;(3)已经转入以后各个生产步骤继续加工,但尚未最终制成产成品的自制半成品。

将各个步骤费用中应计入产成品的份额,平行结转,汇总计算出该种产成品的总成

本和单位成本。

学习情景二 平行结转分步法的计算程序

按照产品的品种和生产步骤设置基本生产成本明细账,并且按照成本项目归集本步骤所发生的成本费用。月末,将各个步骤归集的生产费用在产成品与月末在产品之间进行分配。计算各个步骤应计入产成品成本的份额,将各个步骤应计入产成品成本的份额按成本项目平行结转,汇总计算出产成品的总成本和单位成本。

平行结转分步法的关键在于合理计算产成品的成本份额。各个步骤应计入产成品成本的份额一般按下列公式计算:

$$某步骤计入产成品成本份额 = 产成品数量 \times \frac{单位产成品耗用}{该步骤半成品数量} \times 该步骤半成品单位成本$$

在实际计算时,"该步骤半成品单位成本"要分成本项目来计算其分配率。按成本项目计算分配率时,可采用定额比例法或约当产量法来计算。

一、定额比例法分配费用

$$某步骤某项费用分配率 = \frac{该步骤该项期初费用 + 该步骤该项本月发生费用}{产成品定额消耗量(工时)或定额费用 + 月末广义在产品定额消耗量(工时)或定额费用}$$

其中:

$$\begin{array}{l}该步骤月末广义在\\产品定额消耗量\\(工时)或定额费用\end{array} = \begin{array}{l}月初广义在产品定额\\消耗量(工时)\\或定额费用\end{array} + \begin{array}{l}本月投入的定额\\消耗量(工时)\\或定额费用\end{array} - \begin{array}{l}本月产成品定额\\消耗量(工时)\\或定额费用\end{array}$$

$$\begin{array}{l}本月产成品定额消耗量\\(工时)或定额费用\end{array} = 产成品数量 \times \begin{array}{l}单位产成品的消耗\\定额(工时)或费用定额\end{array}$$

$$\begin{array}{l}某步骤某项费用应计入\\产成品成本的份额\end{array} = \begin{array}{l}产成品定额消耗量\\(工时)或定额费用\end{array} \times \begin{array}{l}某步骤某费用\\分配率\end{array}$$

【案例分析 8-6】 甲产品本月产成品的数量为 60 件。该产成品的工时定额为 140 小时,其中,第一个步骤为 40 小时。第一个步骤月初广义在产品直接人工费为 40 000 元,本月发生直接人工费 24 000 元。第一个步骤月初广义在产品的定额工时为 4 200 小时,本月投入定额工时 3 800 小时。则第一个步骤直接人工在产成品与月末在产品之间按定额比例法分配的计算过程如下:

第一个步骤直接人工费分配率 = (40 000+24 000)÷(4 200+3 800) = 8(元/小时)

产成品第一个步骤定额工时 = 60×40 = 2 400(小时)

月末广义在产品第一个步骤定额工时 = 4 200+3 800−2 400 = 5 600(小时)

第一个步骤直接人工费应计入产成品的份额 = 2 400×8 = 19 200(元)

第一个步骤广义在产品应分配的直接人工费用 = 5 600×8 = 44 800(元)

二、约当产量法分配费用

$$某步骤某项费用分配率 = \frac{该步骤该项期初费用 + 该步骤该项本月生产费用}{产成品数量 + 该步骤期末广义在产品约当产量}$$

其中：

$$\begin{matrix}某步骤分配材料\\费用的期末广义\\在产品约当产量\end{matrix} = \begin{matrix}已经本步骤加工而留存以后\\各步骤(含半成品库)的\\月末半成品数量\end{matrix} + \begin{matrix}本步骤期末在\\产品数量\end{matrix} \times \begin{matrix}本步骤期末在\\产品投料程度\end{matrix}$$

$$\begin{matrix}某步骤分配其他\\费用的期末广义\\在产品约当产量\end{matrix} = \begin{matrix}已经本步骤加工而留存以后\\各步骤(含半成品库)的\\月末半成品数量\end{matrix} + \begin{matrix}本步骤期末在\\产品数量\end{matrix} \times \begin{matrix}本步骤期末在\\产品加工程度\end{matrix}$$

$$\begin{matrix}某步骤某项费用应\\计入产成品份额\end{matrix} = 产成品数量 \times \frac{单位产成品耗用}{该步骤半成品数量} \times \begin{matrix}该步骤该项费用应计入\\产成品单位费用分配率\end{matrix}$$

$$\begin{matrix}某步骤某项费用\\期末在产品成本\end{matrix} = \begin{matrix}该步骤该项费用\\期初在产品成本\end{matrix} + \begin{matrix}本步骤该项费用\\本期发生额\end{matrix} - \begin{matrix}该步骤该项费用应计入\\产成品成本的份额\end{matrix}$$

【案例分析8-7】 某企业生产的甲产品依次经过第一、第二、第三这三个基本生产车间加工，原材料在第一车间生产开始时一次投入，各车间直接人工费和制造费用发生比较均衡，月末本车间在产品完工程度均为50%。采用平行结转分步法计算甲产品成本，并且采用约当产量法计算各个步骤应计入产成品成本中的份额。有关资料如表8-19和表8-20所示。

表8-22 生产数量资料

产品：甲产品　　　　　　　　　　　　　　　　　　　　　　　　　　　　单位：件

项　　目	第一车间	第二车间	第三车间
月初在产品	50	100	200
本月投入或上一步骤转入	450	400	300
本月完工转入下一步骤或交库	400	300	400
月末在产品	100	200	100

表 8-23 生产费用资料

产品：甲产品　　　　　　　　　　　　　　　　　　　　　　　　　　　　　单位：元

项　　目	第一车间	第二车间	第三车间
月初在产品成本	300 000	180 000	80 000
其中：直接材料	180 000	—	—
直接人工	64 000	110 000	50 000
制造费用	56 000	70 000	30 000
本月本步骤发生的生产费用	550 000	360 000	370 000
其中：直接材料	280 000	—	—
直接人工	140 000	250 000	220 000
制造费用	130 000	110 000	150 000

采用约当产量法计算各个步骤应计入产成品成本中的份额计算如下。

1. 第一车间成本计算

（1）直接材料成本。

第一车间期末广义在产品约当产量=100×100%+200+100=400（件）

材料费用分配率=（180 000+280 000）÷（400+400）=575（元/件）

直接材料费用应计入产成品成本份额=400×575=230 000（元）

期末广义在产品的直接材料费用=（180 000+280 000）-230 000=230 000（元）

（2）直接人工成本。

第一车间期末广义在产品约当产量=100×50%+200+100=350（件）

直接人工分配率=（64 000+140 000）÷（350+400）=272（元/件）

直接人工费用应计入产成品成本份额=400×272=108 800（元）

期末广义在产品的直接人工费用=（64 000+140 000）-108 800=95 200（元）

表 8-24 第一车间产品生产成本明细账

产品：甲产品　　　　　　　　　　　　　　　　　　　　　　　　　　　　　单位：元

摘　　要	直接材料	直接人工	制造费用	合　　计
月初在产品成本	180 000	64 000	56 000	300 000
本月发生生产费用	280 000	140 000	130 000	550 000
生产费用合计	460 000	204 000	186 000	850 000

(续表)

摘要	直接材料	直接人工	制造费用	合　计
最终产成品数量	400	400	400	—
在产品约当产量	400	350	350	—
生产总量(分配标准)	800	750	750	—
单位产成品成本份额	575	272	248	1 095
结转400件产成品成本份额	230 000	108 800	99 200	438 000
月末在产品成本	230 000	95 200	86 800	412 000

(3) 制造费用成本。

制造费用分配率 = (56 000+130 000)÷(350+400) = 248(元/件)

制造费用应计入产成品成本份额 = 400×248 = 99 200(元)

期末广义在产品的制造费用 = 56 000+130 000−99 200 = 86 800(元)

将上述计算结果登记于基本生产成本明细账中,如表8-24所示。

2. 第二车间成本计算

(1) 直接人工成本。

第二车间期末广义在产品约当产量 = 200×50%+100 = 200(件)

直接人工分配率 = (110 000+250 000)÷(200+400) = 600(元/件)

直接人工费用应计入产成品成本份额 = 400×600 = 240 000(元)

期末广义在产品的直接人工费用 = (110 000+250 000)−240 000 = 120 000(元)

(2) 制造费用成本。

制造费用分配率 = (70 000+110 000)÷(200+400) = 300(元/件)

制造费用应计入产成品成本份额 = 400×300 = 120 000(元)

期末广义在产品的制造费用 = 70 000+110 000−120 000 = 60 000(元)

将上述计算结果登记于基本生产成本明细账中,如表8-25所示。

表8-25　第二车间产品生产成本明细账

产品：甲产品　　　　　　　　　　　　　　　　　　　　　　　　　　单位：元

摘　要	直接人工	制造费用	合　计
月初在产品成本	110 000	70 000	180 000
本月发生生产费用	250 000	110 000	360 000

(续表)

摘　　要	直接人工	制造费用	合　　计
生产费用合计	360 000	180 000	540 000
最终产成品数量	400	400	—
在产品约当产量	200	200	—
生产总量(分配标准)	600	600	—
单位产成品成本份额	600	300	900
结转400件产成品成本份额	240 000	120 000	360 000
月末在产品成本	120 000	60 000	180 000

3. 第三车间成本计算

（1）直接人工成本。

第三车间期末广义在产品约当产量＝100×50%＝50(件)

直接人工分配率＝(50 000+220 000)÷(50+400)＝600(元/件)

直接人工费用应计入产成品成本份额＝400×600＝240 000(元)

期末广义在产品的直接人工费用＝(50 000+220 000)−240 000＝30 000(元)

（2）制造费用成本。

制造费用分配率＝(30 000+150 000)÷(50+400)＝400(元/件)

制造费用应计入产成品成本份额＝400×400＝160 000(元)

期末广义在产品的制造费用＝30 000+150 000−160 000＝20 000(元)

将上述计算结果登记于基本生产成本明细账中，如表8-26所示。

表8-26　第三车间产品生产成本明细账

产品：甲产品　　　　　　　　　　　　　　　　　　　　　　　　　　　　单位：元

摘　　要	直接人工	制造费用	合　　计
月初在产品成本	50 000	30 000	80 000
本月发生生产费用	220 000	150 000	370 000
生产费用合计	270 000	180 000	450 000
最终产成品数量	400	400	—
在产品约当产量	50	50	—
生产总量(分配标准)	450	450	—

(续表)

摘 要	直接人工	制造费用	合 计
单位产成品成本份额	600	400	1 000
结转 400 件产成品成本份额	240 000	160 000	400 000
月末在产品成本	30 000	20 000	50 000

由上述例题可以看出，采用平行结转分步法计算产成品成本，可以简化各个步骤的成本计算工作，减少了各个步骤成本前后等待时间；经过汇总以后的产成品成本，能够直接反应成本项目的结构，不需要进行成本还原。但也在不同程度上影响各个步骤成本管理所需资料的提出，不能全面反映各个步骤的生产耗费和半成品成本的情况，不便于加强车间成本管理。

学习情景三　平行结转分步法与逐步结转分步法的比较

一、成本管理的要求不同

逐步结转分步法在管理上要求计算半成品成本，是计算半成品成本的分步法。平行结转分步法在管理上要求分步归集费用，但不要求计算半成品成本，是不计算半成品成本的分步法。

二、产成品成本的计算方式不同

平行结转分步法是将各生产步骤应计入相同产成品成本的份额汇总，来求得产成品成本。各生产步骤只归集本步骤发生的生产费用，应计入产成品成本的份额可以同时进行计算，不需要等待，可以简化和加速成本核算工作。

三、在产品的含义不同

平行结转分步法下，在产品是指广义的在产品。它不仅包括本步骤在产品，还包括经过本步骤加工完毕，但没有最后成为产成品的所有半成品；且半成品的成本不随实物的转移而结转，对半成品仓库只进行数量核算。

逐步结转分步法下，在产品是指狭义的在产品，即本步骤加工的在产品；且半成品的成本要随着实物的转移而随之结转，对于半成品，要设置"自制半成品"账户，同时进行数量和金额的核算。

任务四 技能实训

本部分要求学生先用手工完成各个实训的表格计算,然后再利用 Excel 制作各个实训的表格,并通过编辑公式进行单元格的计算。

【**实训一**】 某企业生产甲产品经过 3 个基本生产车间加工,第一车间完工产品为 A 半成品,完工后全部交第二车间继续加工;第二车间完工产品为 B 半成品,完工后全部交第三车间继续加工;第三车间完工产品为甲产成品。甲产品原材料在每一车间生产开始时一次投入,各车间的工资和制造费用发生比较均衡,月末在产品完工程度均为 50%。本月有关成本计算的资料如下。

(1) 生产数量资料(如表 8-27 所示)。

表 8-27　生产数量资料

产品:甲产品　　　　　　　　　　　　　　　　　　　　　　　　　　　　单位:件

项　目	第一车间	第二车间	第三车间
月初在产品	200	100	100
本月投入或上一步骤转入	400	500	400
本月完工转入下一步骤或交库	500	400	200
月末在产品	100	200	300

(2) 生产费用资料(如表 8-28 所示)。

表 8-28　生产费用资料

产品:甲产品　　　　　　　　　　　　　　　　　　　　　　　　　　　　单位:元

项　目	第一车间	第二车间	第三车间
月初在产品成本	300 000	180 000	80 000
其中:直接材料	180 000	—	—
直接人工	64 000	110 000	50 000
制造费用	56 000	70 000	30 000
本月本步骤发生的生产费用	550 000	360 000	370 000
其中:直接材料	280 000	—	—
直接人工	140 000	250 000	220 000
制造费用	130 000	110 000	150 000

【要求】 根据资料,采用逐步分步法计算甲产成品及其 A 半成品、B 半成品(月末在产品按约当产量法计算)的成本,编制结转完工产品的会计分录,登记产品生产成本明细账,见表 8-29、表 8-30、表 8-31。

表 8-29　第一车间产品生产成本明细账

产品:A 半成品　　　　　　　　　　　　　　　　　　　　　　　　　　单位:元

摘　要	直接材料	直接人工	制造费用	合　计
月初在产品成本				
本月本步发生的费用				
生产费用合计				
本月完工产品数量				
月末在产品约当产量				
约当总产量				
完工产品单位成本				
完工产品总成本				
月末在产品成本				

表 8-30　第二车间产品生产成本明细账

产品:B 半成品　　　　　　　　　　　　　　　　　　　　　　　　　　单位:元

摘　要	上一步骤转入	本步骤发生		合　计
	A 半成品	直接人工	制造费用	
月初在产品成本				
本月本步发生的费用				
本月上一步骤转入费用				
生产费用合计				
本月完工产品数量				
月末在产品约当产量				
约当总产量				
完工产品单位成本				
完工产品总成本				
月末在产品成本				

表 8-31 第三车间产品生产成本明细账

产品：甲产成品　　　　　　　　　　　　　　　　　　　　　　　　　　　　单位：元

摘　要	上一步骤转入	本步骤发生		合　计
	B 半成品	直接人工	制造费用	
月初在产品成本				
本月本步发生的费用				
本月上一步骤转入费用				
生产费用合计				
本月完工产品数量				
月末在产品约当产量				
约当总产量				
完工产品单位成本				
完工产品总成本				
月末在产品成本				

【实训二】 根据上题计算结果，采用比重还原法和系数还原法，对第三车间所产甲产品总成本中的自制半成品进行成本还原，并填入表 8-32、表 8-33 中。

表 8-32 产品成本还原计算表（比重还原法）

产品：甲产品　　　　　　　　　　　　　　　　　　　　　　　　　　　　　单位：元

摘　要	成　本　项　目					合　计
	B 半成品	A 半成品	直接材料	直接人工	制造费用	
还原前总成本						
B 半成品成本构成						
B 半成品成本还原						
A 半成品成本构成						
A 半成品成本还原						
还原后总成本						
还原后单位成本						

表 8-33 产品成本还原计算表（系数还原法）

产品：甲产品　　　　　　　　　　　　　　　　　　　　　　　　　　　　　单位：元

摘　要	还原分配率	成　本　项　目					合计
		B 半成品	A 半成品	直接材料	直接人工	制造费用	
还原前总成本							
本月所产 B 半成品成本							

（续表）

摘 要	还原分配率	成本项目					
		B半成品	A半成品	直接材料	直接人工	制造费用	合计
B半成品成本还原							
本月所产A半成品成本							
A半成品成本还原							
还原后总成本							
还原后单位成本							

【实训三】 某企业生产的甲产品顺序经过第一、第二、第三这三个基本生产车间加工，原材料在生产开始时一次投入，各车间工资和制造费用发生均衡，月末本车间在产品完工程度为50%。采用平行结转分步法计算甲产品成本，并且采用约当产量法计算各个步骤应计入产成品成本中的份额。有关资料见表8-34、表8-35所示。

表8-34 生产数量资料

产品：甲产品　　　　　　　　　　　　　　　　　　　　　　　　　　　　　　　　单位：件

项 目	第一车间	第二车间	第三车间
月初在产品	200	100	100
本月投入或上一步骤转入	400	500	400
本月完工转入下一步骤或交库	500	400	200
月末在产品	100	200	300

表8-35 生产费用资料

产品：甲产品　　　　　　　　　　　　　　　　　　　　　　　　　　　　　　　　单位：元

项 目	第一车间	第二车间	第三车间
月初在产品成本	44 000	41 000	5 900
其中：直接材料	24 000	—	—
直接人工	8 000	30 000	3 100
制造费用	12 000	11 000	2 800
本月本步骤发生的生产费用	160 000	160 000	35 000
其中：直接材料	20 000	—	—
直接人工	22 000	18 000	16 000
制造费用	118 000	142 000	19 000

【要求】

根据资料采用平行结转分步法计算甲产品成本，计入产品生产成本明细账，见表8-36、

表 8-37、表 8-38 所示,并根据产品成本计算汇总表(如表 8-39 所示)编制会计分录。

表 8-36　第一车间产品生产成本明细账

产品:甲产品　　　　　　　　　　　　　　　　　　　　　　　　　　　　单位:元

摘　要	直接材料	直接人工	制造费用	合　计
月初在产品成本				
本月发生的生产费用				
生产费用合计				
最终产成品数量				
在产品约当产量				
生产总量(分配标准)				
单位产成品成本份额				
结转 200 件产成品成本份额				
月末在产品成本				

表 8-37　第二车间产品生产成本明细账

产品:甲产品　　　　　　　　　　　　　　　　　　　　　　　　　　　　单位:元

摘　要	直接材料	直接人工	制造费用	合　计
月初在产品成本				
本月发生的生产费用				
生产费用合计				
最终产成品数量				
在产品约当产量				
生产总量(分配标准)				
单位产成品成本份额				
结转 200 件产成品成本份额				
月末在产品成本				

表 8-38　第三车间产品生产成本明细账

产品:甲产品　　　　　　　　　　　　　　　　　　　　　　　　　　　　单位:元

摘　要	直接材料	直接人工	制造费用	合　计
月初在产品成本				
本月发生的生产费用				
生产费用合计				

(续表)

摘要	直接材料	直接人工	制造费用	合 计
最终产成品数量				
在产品约当产量				
生产总量(分配标准)				
单位产成品成本份额				
结转200件产成品成本份额				
月末在产品成本				

表8-39 产品成本计算汇总表

产品：甲产品　　　　　　　　　　　　　　　　　　　　　　　　　　单位：元

车 间	直接材料	直接人工	制造费用	合 计
第一车间				
第二车间				
第三车间				
完工产品总成本				
完工产品单位成本				

项目九　产品成本核算的分类法

【知识学习目标】　掌握分类法的特点和适用范围；掌握分类法的核算程序，理解联产品、副产品、等级产品的概念及三者之间的关系，熟悉副产品成本核算的程序。

【能力培养目标】　能够依据企业不同的环境情况相应地选择不同的成本核算方法；能够运用分类法进行成本核算。

【教学重点】　分类法成本核算的程序及方法。

【教学难点】　分类法下各种核算的程序及方法。

任务一　分类法的核算程序及应用

学习情景一　分类法的含义及适用范围

一、分类法的含义

产品成本核算的分类法就是在产品品种、规格繁多，但又可以按照一定标准分类的情况下，为了简化成本核算工作而采用的一种成本核算方法。分类法不是一种独立的成本核算方法，它可以和品种法、分批法、分步法结合应用。例如，多步骤大量生产的钢铁公司可采用分步法计算各类钢铁的成本，然后采用分类法分别计算各类中各种产品的成本。在这种方法下，先按照产品耗用的原材料和加工费用将产品划分为若干类别，分类时，将耗用原材料和加工过程相类似的产品归为一类，然后根据生产类型和成本管理要求，采用品种法或其他成本核算方法，计算出各类完工产品的总成本，再采用一定的分配方法，把类别总成本在同类中各种产品之间进行分配，分别计算各种产品的总成本和单位成本。

二、分类法的适用范围

产品成本核算的分类法主要适用于产品品种规格繁多且按照一定的标准将产品进行分类的企业或车间,如鞋厂、轧钢厂等。分类法与企业生产类型没有直接联系,只要企业的产品可以按照其性质、用途、生产工艺过程和原材料消耗等方面的特点划分为一定类别,包括同类产品、联产品以及副产品等的成本核算,都可以采用分类法。分类法与产品的生产类型没有直接关系,可以在各种类型的生产中应用。但产品的分类和分配标准的确定是否适当,是采用分类法的关键。适当进行产品分类,适当地确定分配标准,是采用分类法的前提条件。

学习情景二　分类法的特点

产品成本核算的分类法是为了简化某些特定企业成本核算工作,在产品成本基本核算方法基础上发展起来的一种方法。分类法以每一类产品作为成本核算对象,按照产品的类别设立产品成本明细账,归集生产费用,并结合企业的生产工艺过程和生产组织方式的特点,选择一定的方法计算出每类完工产品的总成本,然后再按照一定的方法在类内产品之间分配费用,从而计算出类内各种产品的成本。分类法的特点可概括为以下三个方面。

（1）以产品的类别作为成本核算对象,汇集各类产品的生产费用,最终计算出各种产品的成本。采用分类法可以适当减少成本核算对象,简化成本核算工作。但是,分类法只是成本核算的辅助方法,在计算各类产品成本时,还要运用品种法、分批法或分步法等成本核算的基本方法。

（2）成本核算期取决于生产特点及管理要求。如果是大批量生产,结合品种法和分步法进行成本核算,则应在月末进行成本核算;如果与分批法结合运用,成本核算期可不固定,而与生产期一致。

（3）月末一般要将各类产品生产费用总额在完工产品和月末在产品之间进行分配。在计算出各类产品成本后,还应选择适当的方法,将成本在各种规格型号的产品之间进行分配,计算出各种产品的实际成本和单位成本。

产品分类的原则一般是将产品的性质、结构、用途、耗用原材料、工艺过程相同或相近的产品归为一类。

学习情景三 分类法的核算程序

一、分类法的核算程序

（1）为了使成本核算既简化又相对正确，必须恰当地划分产品类别。根据产品的结构、所用原材料和工艺过程的不同，按照一定的标准将产品划分为若干类别。例如，鞋厂可以按照耗用原材料的不同，将产品分为皮鞋、布鞋、塑料鞋三个类别，然后以产品类别作为成本核算对象，开设成本明细账，归集生产费用。对于类内不同品种或规格的产品进一步归类时，类距不能过大，否则，成本核算就会不细，从而造成品种或规格相差很大的产品成本却相近；但类距也不能过小，否则，就会加大成本核算工作量，失去分类法简化成本核算工作的优越性。

（2）根据生产特点和管理要求，采用品种法、分批法或分步法计算各类完工产品的总成本。

（3）采用适当的方法将各类完工产品的总成本在类内的各种产品间进行分配，计算各种完工产品的总成本和单位成本。

假设某企业生产甲、乙两类产品，甲类产品包括 A1、A2、A3 三种产品；乙类产品包括 B1、B2、B3 三种产品。该企业按分类法核算成本的程序如图 9-1 所示。

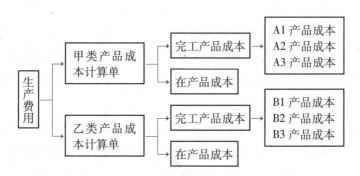

图 9-1 分类法的成本核算程序

二、分类法下各种产品成本的分配

分配标准的选择是分类法正确计算各品种、规格产品成本的关键，选择的分配标准必须与成本水平的高低具有密切联系，不同的成本项目可考虑选用不同的分配标准，以使其分配结果尽可能接近实际。分类法下各类产品总成本在类内各种产品之间的分配，既可以采用产品的计划成本、定额成本、销售单价作为分配标准，也可以采用产品的重量、体积、长度等作为分配标准。常用的分配方法有系数分配法和定额比例分配法,这里重点介绍系数分配法。

系数分配法是指计算出各类产品总成本后,按照系数分配类内各种产品成本的方法。这里的系数是指各种规格产品之间的比例关系。为了简化分配工作,在实际工作中,常常将分配标准折合成系数。采用系数分配法时,首先,要确定系数,一般在同类产品中选择一种产销量大、生产正常、销售单价稳定的产品,作为标准产品,并将其系数定位"1",其他各种产品的分配标准与标准产品的分配标准相比,其比率即为其他各种产品的系数;其次,每一种产品的系数确定后,将各种产品的实际产量分别乘以该产品的系数,折算为总系数(即标准产量),在产品可按约当产量先折算成该完工产品的产量,再按系数折算为标准产品产量;再次,有了分配标准,即可按总系数的比例计算出各种产品的产成品和在产品成本。系数分配法的相关计算公式如下:

$$某产品的系数 = \frac{该产品售价(或定额消耗量、体积等)}{标准产品售价(或定额消耗量、体积等)}$$

$$某产品的总系数(标准产量) = 某产品实际产量 \times 该产品系数$$

$$费用分配率 = \frac{应分配成本总额}{各种产量总系数之和}$$

$$某产品应分配费用 = 该产品总系数 \times 费用分配率$$

学习情景四 分类法的应用

一、按单位定额成本确定系数

采用分类法核算产品成本时,类内各种产品的系数可以直接按照单位产品定额成本来确定。

【案例分析9-1】 泰达工厂生产甲、乙、丙、丁、戊、己六种产品,由于产品规格较多,成本核算采用分类法。按产品的结构、所用原材料和工艺过程,将产品分为A、B两大类。A类产品包括甲、乙、丙三种不同规格的产品,B类产品包括丁、戊、己三种不同规格的产品。根据该厂的生产特点,对于A、B两类产品的成本月末在产品均按所消耗的直接材料定额成本核算,其他费用全部由完工产品负担,有关资料见表9-1、表9-2、表9-3。

表 9-1 泰达工厂直接材料定额成本表

20××年5月

产品类别	产品单位消耗定额(千克)	计划单价(元)	定额成本(元)
A 类产品	14	1	14
B 类产品	10	2	20

表 9-2 泰达工厂产量和单位定额成本表

20××年5月

产品类别	产品名称	产量(件)	单位定额成本(元)
A 类产品	甲	150	28
	乙	320	26
	丙	180	25
B 类产品	丁	300	40
	戊	200	38
	己	100	37

表 9-3 泰达工厂月初在产品成本及本月发生费用

20××年5月 单位:元

产品类别	月初在产品直接材料定额	本月发生费用			
		直接材料	直接人工	制造费用	合 计
A 类产品	420	8 960	3 840	4 020	16 820
B 类产品	200	12 000	5 600	5 700	23 300

(1) 计算 A、B 两类产品成本。

A、B 两类产品的月末在产品成本按消耗的直接材料定额成本核算,月末在产品成本见表 9-4。

表 9-4 泰达工厂月末在产品成本

20××年5月

产品类别	数量(件)	单位材料定额成本(元)	定额成本(元)
A 类产品	20	14	280
B 类产品	10	20	200

根据上述资料编制泰达工厂 A、B 两类产品的产品成本计算单,见表 9-5、表 9-6。

表 9-5　泰达工厂产品成本计算单

产品：A 类产品　　　　　　　　　　20××年 5 月　　　　　　　　　　单位：元

项　目	直接材料	直接人工	制造费用	合　计
月初在产品成本	420			
本月发生的费用	8 960	3 840	4 020	16 820
生产费用合计	9 380	3 840	4 020	17 240
本月完工产品成本	9 100	3 840	4 020	16 960
月末在产品成本	280			

表 9-6　泰达工厂产品成本计算单

产品：B 类产品　　　　　　　　　　20××年 5 月　　　　　　　　　　单位：元

项　目	直接材料	直接人工	制造费用	合　计
月初在产品成本	200			
本月发生的费用	12 000	5 600	5 700	23 300
生产费用合计	12 200	5 600	5 700	23 500
本月完工产品成本	12 000	5 600	5 700	23 300
月末在产品成本	200			

（2）计算 A、B 两类产品类内各种产品成本。

① 选定标准成本，确定各种产品系数。

泰达工厂 A 类产品选择丙为标准产品，其系数为"1"。B 类产品选择丁为标准产品，其系数为"1"。A、B 两类产品均以单位产品的定额成本计算系数，类内产品系数的计算见表 9-7。

表 9-7　泰达工厂产品系数计算表

20××年 5 月

产品类别	产品名称	系　数	产品类别	产品名称	系　数
A 类产品	甲	1.12	B 类产品	丁	1
	乙	1.04		戊	0.95
	丙	1		己	0.925

A 类产品：

甲产品系数 $= \dfrac{28}{25} = 1.12$　　乙产品系数 $= \dfrac{26}{25} = 1.04$　　丙产品系数 $= 1$

B 类产品：

丁产品系数 = 1   戊产品系数 = $\frac{38}{40}$ = 0.95   己产品系数 = $\frac{37}{40}$ = 0.925

② 计算各种产品本月的总系数。

生产成本在类内各种产品之间的分配标准是总系数(标准总产量)，根据表 9-7 所列各种产品系数和本月各种产品产量资料，编制泰达工厂产品总系数计算表，见表 9-8。

表 9-8　泰达工厂产品总系数(标准总产量)计算表

20××年 5 月

产品类别	产品名称	实际产量（件）	系　数	总系数	完工产品总成本（元）	标准产品单位成本（元）
A 类产品	甲	150	1.12	168		
	乙	320	1.04	332.8		
	丙	180	1	180		
	合计			680.8	16 960	24.911 9
B 类产品	丁	300	1	300		
	戊	200	0.95	190		
	己	100	0.925	92.5		
	合计			582.5	23 300	40

③ 计算各种产品的总成本和单位成本。

根据表 9-5、表 9-6 所列 A、B 两类产品本月完工产品总成本以及表 9-8 所列各种产品总系数，可以计算成本费用分配率，再根据各种产品总系数和费用分配率，编制泰达工厂产品成本计算单，见表 9-9、表 9-10。

A 类产品成本费用分配率 = $\frac{16\ 960}{680.8}$ = 24.911 9

B 类产品成本费用分配率 = $\frac{23\ 300}{582.5}$ = 40

表 9-9　泰达工厂产品成本计算单

产品：A 类产品　　　　　　　　　　　20××年 5 月　　　　　　　　　　　单位：元

产品名称	实际产量	材料总系数	标准产品单位成本	产成品总成本	产成品单位成本
甲	150	168		4 185	27.9
乙	320	332.8		8 291	25.91
丙	180	180		4 484	24.91
合计	650	680.8	24.911 9	16 960	

表 9-10 泰达工厂产品成本计算单

产品：B 类产品　　　　　　　　20××年 5 月　　　　　　　　单位：元

产品名称	实际产量（件）	材料总系数	标准产品单位成本	产成品总成本	产成品单位成本
丁	300	300		12 000	40
戊	200	190		7 600	38
己	100	92.5		3 700	37
合计	600	582.5	40	23 300	

二、分别确定直接材料系数和加工费用系数

在确定各种产品系数时，直接材料费用按材料消耗定额比例来计算，直接人工和制造费用按工时消耗定额来确定。

【案例分析 9-2】 某企业生产甲、乙、丙三种产品，所用原材料和工艺过程相似，合并为 A 类进行生产成本核算。该企业规定：该类产品的原材料费用随生产进度逐步投入，材料费用按照各自产品的原材料费用系数进行分配；加工费用按照各自产品的工时系数进行分配。同类产品内各自产品的原材料费用，按原材料费用定额确定系数；同类产品内各自产品之间的直接工资和制造费用，均按各自产品的定额工时计算确定系数；该公司规定乙种产品为标准产品。有关成本资料如下。

（1）A 类产品成本资料见表 9-11。

表 9-11 泰达工厂期初在产品成本和本月生产费用

产品：A 类产品　　　　　　　　20××年 5 月　　　　　　　　单位：元

项　目	直接材料	直接人工	制造费用	合　计
期初在产品成本	38 860	12 520	44 550	95 930
本月生产费用	54 500	18 600	60 800	133 900
生产费用合计	93 360	31 120	105 350	229 830

（2）A 类产品的工时定额和材料消耗定额分别为：① 工时定额：甲产品 16 小时，乙产品 10 小时，丙产品 11 小时；② 材料消耗定额：甲产品 170 元，乙产品 160 元，丙产品 180 元。

（3）该公司 5 月份各产品完工产品与在产品的实际产量分别为：① 完工产品产量：甲产品 120 件，乙产品 90 件，丙产品 150 件；② 在产品产量：甲产品 110 件，乙产品 120 件，丙产品 40 件。

（4）A 类各种产品在产品单位定额成本资料见表 9-12。

表9-12 泰达工厂在产品单位定额成本资料

20××年5月　　　　　　　　　　　　　　　　　　　　　　　单位：元

A类产品	直接材料	直接人工	制造费用	合　计
甲产品	112	50	168	330
乙产品	111	60	157	328
丙产品	148	35	190	373

【要求】 根据上述成本资料，运用品种法的成本核算原理，计算出A类产品的本月完工产品和月末在产品成本，然后计算A类产品的类内甲、乙、丙产品的成本。

（1）计算A类完工产品的生产成本。

根据上述资料运用品种法编制泰达工厂产品成本计算单，见表9-13。

表9-13 泰达工厂产品成本计算单

产品：A类产品　　　　　　　　20××年5月　　　　　　　　　　　　单位：元

月	日	摘　　要	直接材料	直接人工	制造费用	合　计
5	1	期初在产品成本	38 860	12 520	44 550	95 930
5	31	本月发生的生产成本	54 500	18 600	60 800	133 900
5	31	生产费用合计	93 360	31 120	105 350	229 830
5	31	本月完工A类产品成本	61 800	17 020	60 430	139 250
5	31	期末A类在产品成本	31 560	14 100	44 920	90 580

注：期末A类在产品成本核算方法：① 直接材料 = 110×112+120×111+40×148 = 31 560（元）；② 直接人工 = 110×50+120×60+40×35 = 14 100（元）；③ 制造费用 = 110×168+120×157+40×190 = 44 920（元）。

（2）计算A类产品的类内甲、乙、丙产品的生产成本。

① 选定标准产品。

泰达工厂A类产品选择生产稳定，规格适中的乙产品为标准产品，标准产品系数"1"。

表9-14 泰达工厂产品系数计算表

产品：A类产品　　　　　　　　20××年5月

产品名称		加工费用系数		直接材料系数	
		单位产品工时定额（小时）	人工和制造费用系数	单位产品材料定额（小时）	原材料费用系数
A类产品	甲产品	16	1.6	170	1.062 5
	乙产品（标准产品）	10	1	160	1
	丙产品	11	1.1	180	1.125

② 确定各种产品系数。

泰达工厂A类产品中直接材料费用按材料消耗定额比例计算系数,直接人工和制造费用按工时消耗定额确认系数,类内产品系数计算表见表9-14。

③ 计算各种产品本月总系数。

根据各种产品的产量以及表9-14所列各种产品的系数编制总系数计算表,见表9-15。

表9-15　泰达工厂产品总系数计算表

产品:A类产品　　　　　　　　　　20××年5月

产品名称	产品产量(件)	直接人工和制造费用总系数		材料费用系数	
		系 数	总系数	系 数	总系数
甲产品	120	1.6	192	1.062 5	127.5
乙产品	90	1	90	1	90
丙产品	150	1.1	165	1.125	168.75
合　计			447		386.25

④ 计算各种产品的总成本和单位成本。

根据A类产品本月完工产品的总成本和所列各种产品的总系数,计算成本项目的费用分配率,编制泰达工厂产品成本计算单见表9-16。

$$直接材料费用分配率 = \frac{61\,800}{386.25} = 160$$

$$直接人工费用分配率 = \frac{17\,020}{447} = 38.076$$

$$间接制造费用分配率 = \frac{60\,430}{447} = 135.19$$

表9-16　泰达工厂产品成本计算单

产品:A类产品　　　　　　　20××年5月　　　　　　金额单位:元

项目	产量(件)	材料总系数	直接材料分配金额	工时总系数	直接人工分配金额	制造费用分配金额	产成品总成本	单位成本
A类产品			61 800		17 020	60 430	139 250	
分配率			160		38.076	135.19		
甲产品	120	127.5	20 400	192	7 311	25 957	53 667	447.23
乙产品	90	90	14 400	90	3 427	12 167	29 994	333.27
丙产品	150	168.8	27 000	165	6 283	22 306	55 589	370.59
合　计		386.3	61 800	447	17 020	60 430	139 250	

根据表9-16的成本核算资料,编制结转完工入库产品成本的会计分录如下:
借:库存商品——甲产品　　　　　　　　　　　　　　53 667
　　　　　　——乙产品　　　　　　　　　　　　　　29 994
　　　　　　——丙产品　　　　　　　　　　　　　　55 589
　　贷:生产成本——A类产品　　　　　　　　　　　　139 250

任务二　副产品、联产品和等级产品的成本核算

学习情景一　联产品成本的核算

一、联产品的含义

联产品是指在同一生产过程中,用同种材料同时生产出的几种使用价值不同但具有同等地位的主要产品。这些产品虽然性质和用途不同,但在经济上都有重要意义,它们都是企业的主要产品,如化工企业生产的各种化工产品,炼油厂从原油中同时提炼出的汽油、煤油、机油、柴油等产品。

二、联产品的特点

联产品与同类产品不同,同类产品是指由在产品品种、规格繁多的企业或车间按照一定的标准来归类的产品。这样归类的目的是便于采用分类法简化产品成本核算工作。联产品的生产是联合生产,其特点是同一资源在同一生产过程中投入,分离出两种或两种以上的主要产品,其中,个别产品的产出必然伴随联产品同时产出。

各种联产品的产出,有的要到生产过程终了时才分离出来,有的也可能从生产过程的某个步骤中先分离出来,有些产品分离后还需继续加工。联产品在分离时的生产步骤称为分离点。分离点是联产品的联合生产程序结束,各种产品可以辨认的生产交界点。分离后的联产品有的可以直接出售,有的经过进一步加工后再出售。在分离点前发生的成本称为联合成本或共同成本,在分离点后再发生的加工成本称为可归属成本或可分成本。

三、联产品成本的核算

联产品成本的核算就是分离点前联产品的联合成本在各联产品之间进行分配,而联产品分离前成本的归集以及分离后的可归属成本的计算,则可以根据不同的生产类型和工艺过程,采用一定的成本核算方法来计算确定。具体计算步骤如下。

(一)分离前联合成本的计算

产品分离前的生产费用,可按一个成本核算对象,设置一个生产成本明细账进行归

集,计算出联合成本,然后选择适当的方法在各联产品之间进行分配,从而求出各种联产品应负担的生产费用。

(二) 分离后产品成本的计算

分离后按各种产品设置生产成本明细账,分别归集各种产品分离后所发生的生产费用。分离后即为最终产品的,分离时所分配的联合成本的生产费用即为该产品的生产成本;分离后继续加工的,分离时所分配的联合成本的生产费用加上分离后发生的生产费用即为该产品的生产成本。

四、联产品联合成本的分配方法

联产品成本核算的关键是联合成本的分配。常用的联合成本分配方法是系数分配法;除此之外,还可采用实物量分配法、相对销售收入分配法和净实现价值分配法等较简便的分配方法。

(一) 系数分配法

系数分配法是将各种联产品的实际产量乘以事先制定的各该联产品的系数,把实际产量换算成相对生产量,然后,按联产品的相对生产量比例来分配联产品的联合成本。系数分配法的关键是系数的确定要合理。实践中,系数的确定标准有的是用各联产品的技术特征(如重量、体积、质量性能、含量和加工难易程度等),有的是用各联产品的经济指标(如定额成本、售价等)。

(二) 实物量分配法

实物量分配法是按分离点上各种联产品的重量、容积或其他实物量度比例来分配联合成本。这种方法的优点是简便易行,并且采用这种方法计算出的单位成本是平均单位成本,因此,各联产品的单位成本是一致的。但这种方法也存在某些缺陷,由于并非所有的成本发生都与实物量直接相关,容易造成成本与实际相脱节的情况,故此法一般适用于成本的发生与产量关系密切,而且各联产品销售价格较为均衡的联合成本的分配。

(三) 相对销售收入分配法

相对销售收入分配法是指用各种联产品的销售收入比例来分配联合成本。这种分配法是基于售价较高的联产品应该成比例地负担较高份额的联合成本,售价较低的联产品应该负担较低份额的联合成本,其结果是各种联产品的毛利率相同,这种方法克服了实物量分配法的不足,但其本身也存在着缺陷,主要表现在:(1) 并非所有的成本都与售价有关,价格较高的产品不一定要负担较高的成本,因为影响产品价格的因素不止其价值一项;(2)并非所有的联产品都具有同样的获利能力。若不区分具体情况而盲目采用这种方法,会对产品生产决策带来不利的影响。这种方法一般适用于分离后不再继续加工,而且价格波动不大的联产品成本核算。若企业的某些联产品分离后仍需进一步加工方可销售,联合成本的分配可考虑采用净实现价值分配法。

(四)净实现价值分配法

净实现价值分配法是将联产品的联合成本按净实现价值的比例分配。其计算公式为:

$$净实现价值 = 产品销售价格 - 该产品可归属成本$$

由以上公式可以看出,无须进一步加工的联产品,其净实现价值与其销售价格一致。

以上几种方法各有其优缺点,企业可根据具体情况,选择最合适的方法,达到成本核算合理、准确、简单易行的目的。

五、联产品成本核算的实际运用

【**案例分析 9-3**】 泰达工厂用某种原料经过同一生产过程同时生产出甲、乙两种联产品。20××年5月份共生产甲产品400千克,乙产品100千克。无期初、期末在产品。该月生产这些联产品的联合成本分别为:直接材料80 000元,直接人工24 400元,制造费用46 800元。甲产品每千克售价500元,乙产品每千克售价750元,设全部产品均已售出。根据所给资料,分别按前述联产品成本核算各方法计算甲、乙两种产品的成本。

(1)按系数分配法分配联合成本。按产品定额成本确定系数,甲产品为标准产品,其系数为1,乙产品的系数为1.2,分别成本项目分配联合成本(见表9-17)。

表9-17 泰达工厂联产品成本计算单(系数分配法)

20××年5月   单位:元

产品名称	产量(千克)	系数	总系数	分配比例	应负担的成本			
					直接材料	直接人工	制造费用	合计
甲	400	1	400	76.92%	61 538	18 769.23	36 000.00	116 307.69
乙	100	1.2	120	23.08%	18 462	5 630.77	10 800.00	34 892.31
合计	500		520	1	80 000	24 400	46 800	151 200

注:甲产品分配比例=400/520=76.92%;乙产品分配比例=120/520=23.08%。

(2) 按实物量分配法分配联合成本,如表9-18所示。

表 9-18　泰达工厂联产品成本计算单(实物量分配法)

20××年 5 月　　　　　　　　　　　　　　　　　　单位:元

产品名称	产量(千克)	联合成本				应负担成本			
		直接材料	直接人工	制造费用	合计	直接材料	直接人工	制造费用	合计
分配率		160	48.8	93.6					
甲	400					64 000	19 520	37 440	120 960
乙	100					16 000	4 880	9 360	30 240
合计	500	80 000	24 400	46 800	151 200	80 000	24 400	46 800	151 200

注:直接材料分配率=80 000/500=160;直接人工分配率=24 400/500=48.8;
　　制造费用分配率=46 800/500=93.6。

(3) 按相对销售收入分配法分配联产品成本,如表9-19所示。

表 9-19　泰达工厂联产品成本计算单(相对销售收入分配法)

20××年 5 月　　　　　　　　　　　　　　　　　　单位:元

产品名称	产量(件)	单价	销售收入	分配比例	应负担成本			
					直接材料	直接人工	制造费用	合计
甲	400	500	200 000	72.73%	58 182	17 745.45	34 036.36	109 963.64
乙	100	750	75 000	27.27%	21 818	6 654.55	12 763.64	41 236.36
合计	500		275 000	1	80 000	24 400	46 800	151 200

注:甲产品分配比例=200 000/275 000=72.73%;乙产品分配比例=75 000/275 000=27.27%。

(4) 按净实现价值分配法分配联产品成本。假定甲、乙两种产品分离后还要继续加工,其继续加工的成本分别为 12 000 元和 8 000 元,按净实现价值分配法计算联产品成本(见表9-20)。

表 9-20　泰达工厂联产品成本计算单(净实现价值分配法)

20××年 5 月　　　　　　　　　　　　　　　　　　单位:元

产品名称	产量(件)	单价	销售收入	分离后加工成本	净实现价值	分配比例	应负担成本
甲	400	500	200 000	12 000	188 000	73.73%	111 472.94
乙	100	750	75 000	8 000	67 000	26.27%	39 727.06
合计	500		275 000	20 000	255 000	100.00%	15 1 200

甲产品的净实现价值 = 400 × 500 − 12 000 = 188 000(元)

乙产品的净实现价值 = 100 × 750 − 8 000 = 67 000(元)

甲产品分配比例 = $\dfrac{188\,000}{255\,000}$ = 73.73%

乙产品分配比例 = $\dfrac{67\,000}{255\,000}$ = 26.27%

学习情景二　副产品成本的核算

一、副产品的含义

副产品是指企业采用同样的原材料,在同一生产过程中,生产出主要产品的同时,附带生产出的非主要产品。例如,炼油厂在提炼原油过程中产生的渣油、石油焦;酿造业用粮食酿酒时附带生产出来的酒精等。与主要产品相比,尽管副产品的数量不多,但其生产具有一定的经济价值,有时还很畅销。因此,无论副产品的比重大还是小,应当正确计算副产品的成本。

二、副产品与联产品的比较

(一) 相同之处

两者都是联合生产过程的产出物(即同源产品),都不可能按每种产品归集生产费用;联产出来的各种联、副产品性质和用途都不相同;联产过程结束,有的产品可以直接出售,有的需进一步加工后才能出售。

(二) 区别之处

副产品的销售收入在企业全部产品的销售总额中所占比重很小,对企业效益影响不大。联产品销售收入较大,其生产的好坏直接影响企业的经济效益。联产品都是主要产品,是企业生产活动的主要目的;副产品是次要产品,随主要产品附带生产出来,依附于主要产品,其不是企业生产活动的主要目的。

主、副产品并不是固定不变的,随着各种条件的变化,副产品也能转为主产品。例如,原来的副产品由于新的用途而提高售价,就可能从副产品上升为主产品。

三、副产品的成本核算

副产品在一般情况下比重较小,但是,副产品的计价对正确地计算主、副产品成本有着重要意义。副产品的计价不能过高,否则主产品成本就会出现不应有的偏低;副产品的计价也不能过低,以免把副产品的费用转嫁到主产品成本中去。

由于副产品和主要产品是在同一生产过程中生产出来的,它们发生的费用很难划分开,往往只能将主副产品归为一类,用分类法归集生产费用计算产品成本。副产品成本的计算方法主要有两种:一是按照副产品的售价减去销售税金和销售利润以后的余额计价;二是按企业制定的副产品计划(或定额)成本计价。

(一)直接对外销售副产品的成本核算

1. 副产品不负担联合成本

如果副产品的价格较低,副产品可以不负担分离前的联合成本,联合成本全部由主产品负担,副产品的销售收入直接作为其他业务利润处理。采用这种方法,计算简便,但由于副产品不负担分离前的联合成本,一定程度上会影响主产品成本的正确性。

2. 副产品作价扣除

如果副产品的价值较高,可采用与分类法相似的方法计算成本,即将副产品与主产品合为一类,开设成本核算单归集费用,然后按销售价格扣除税金、销售费用和合理利润后的余额,作为副产品应负担的成本从联合成本中扣除。副产品的成本既可以从直接材料成本项目中一笔扣除,也可以按比例从联合成本各成本项目中减除。

(二)需进一步加工的副产品的成本核算

与主产品分离后,需要进一步加工才能出售的副产品,如果其价值较小,则它只负担可分成本。采用这种方法时,副产品不负担分离前的联合成本,联合成本全部由主产品负担,副产品只负担分离后进一步加工的成本。显而易见,这种方法简便、易行,但是它少计了副产品的成本,多计了主产品的成本。对于分离后仍需进一步加工且价格较高的副产品,则需同时负担分离前的联合成本,又负担进一步加工的可归属成本。

【案例分析9-4】 泰达工厂生产甲、乙两种产品。在生产甲产品(主产品)的过程中,同时生产出副产品A作为乙产品的原料,A不能直接出售,只能加工成乙产品以后再出售。在进一步对副产品A加工的过程中还会发生直接材料300元,直接人工1 000元,负担制造费用600元。20××年5月甲产品实际产量5 000千克,乙产品实际产量100千克。乙产品每千克售价200元,每千克应交销售税金6元,同类产品销售利润率10%。主、副产品应负担的成本的计算如表9-21所示。

乙产品的单位成本 = 200 - 6 - 200 × 10% = 174(元)

乙产品的总成本 = 174 × 100 = 17 400(元)

副产品 A 的总成本 = 17 400 - (300 + 1 000 + 600) = 15 500(元)

甲产品的总成本 = 229 400 - 15 500 = 213 900(元)

表 9-21　泰达工厂产品成本计算单

产品：甲产品　　　　　　　　20××年 5 月　　　　　　　　单位：元

项　　目	直接材料	直接人工	制造费用	合　　计
生产费用合计	182 400	16 800	30 200	229 400
结转 A 副产品成本	15 500			
甲产品成本	166 900	16 800	30 200	213 900
甲产品单位成本	33.38	3.36	6.04	42.78

（三）副产品成本按计划单位成本核算

如果副产品进一步加工所需时间不长，费用不大，为简化成本核算工作，可以只设主产品成本计算单，不设副产品成本计算单。副产品按计划单位成本计价，从主副产品总成本中扣除，余额即为主产品的成本。

学习情景三　等级产品成本的核算

一、等级产品的概念

等级产品是指使用同种原料，经过相同加工过程生产出来的品种相同，但质量不同的产品。等级产品和废品是两个不同的概念，等级产品是合格品，而废品是非合格品。

二、等级产品与联产品、副产品的比较

（一）相同之处

三者都是使用同种原料，经过同一生产过程而产生的。

（二）不同之处

联产品、副产品的产品性质、用途不同，属于不同种产品，而等级产品是性质、用途相同的同种产品；在每种联产品、副产品中，其质量可以比较一致，因而销售单价相同，

而等级产品质量的存在差异,销售单价相应地分为不同等级。

三、等级产品与非合格品的比较

等级产品与非合格品是两个不同的概念。

等级产品质量上的差别在允许的设计范围以内,这些差别一般不影响产品的使用寿命。

非合格品是等级以下的产品,其质量标准达不到设计的要求,属于废品的范围。

四、等级产品成本的计算方法

等级产品成本的计算方法,需视等级产品造成的原因而定。等级产品产生的原因通常有两种。一是由于工人操作不慎,技术不熟练,生产管理不善所致,对于这种原因形成的等级产品,其成本不应有别,即不同等级的产品应具有相同的成本,可以采用实物量分配法,使各等级产品的单位成本相同。这样,次级产品可能由于售价较低而造成亏损,正好可以说明企业生产经营管理上的缺陷,从而促进企业不断改善工作、提高产品质量。二是由于材料质量不同、工艺技术上的要求不同或目前生产技术条件所限造成。例如,对原煤进行洗煤加工,由于受原材料质量影响,会洗出售价不同的等级煤。对于这种原因造成的等级产品,往往以单位售价比例定出系数,按系数比例来分配各等级产品应分摊的联合成本,其计算结果是售价高的产品负担较多的联合成本,售价低的产品负担较少的成本。

【案例分析9-5】 泰达工厂大量单步骤生产三极管100 000只,产出不同等级的产品。其中,甲级品50 000只,乙级品24 000只,丙级品26 000只。其售价分别为30元、36元、24元,联合成本800 000元。分别按实物量比例分配和按系数比例分配核算甲、乙、丙三种等级产品的单位成本。

(1) 按实物量比例分配等级产品成本,如表9-22所示。

表9-22 泰达工厂等级产品成本计算单(实物量比例分配)

20××年5月 单位:元

产品等级	产量(只)	比例(%)	各产品应负担成本	单位成本
甲级产品	50 000	50	400 000	8
乙级产品	24 000	24	192 000	8
丙级产品	26 000	26	208 000	8
合　　计	100 000	100	800 000	8

注:甲产品分配比例=50 000/100 000=50%;乙产品分配比例=24 000/100 000=24%;丙产品分配比例=26 000/100 000=26%。

表 9-23　泰达工厂等级产品成本计算单（系数比例分配）

20××年 5 月　　　　　　　　　　　　　　　　　　　单位：元

产品等级	产量（只）	单价	系数	相对产量	比例(%)	各产品负担成本	单位成本
甲级产品	50 000	30	1	50 000	50.20	401 600	8.03
乙级产品	24 000	36	1.2	28 800	28.92	231 360	9.64
丙级产品	26 000	24	0.8	20 800	20.88	167 040	6.42
合　　计	100 000			99 600	100	800 000	

（2）按系数比例分配等级产品成本，如表 9-23 所示。按售价确定产品系数，选择甲级产品为标准产品，系数为"1"，乙级产品系数 = 36/30 = 1.2，丙级产品系数 = 24/30 = 0.8，计算过程如下：

$$甲产品相对产量比例 = \frac{50\,000}{99\,600} \times 1 = 50.20\%$$

$$乙产品相对产量比例 = \frac{24\,000}{99\,600} \times 1.2 = 28.92\%$$

$$丙产品相对产量比 = \frac{26\,000}{99\,600} \times 0.8 = 20.88\%$$

任务三 技能训练

本部分要求学生先用手工完成各个实训的表格计算,然后再利用 Excel 制作各个实训的表格,并通过编辑公式进行单元格的计算。

【实训一】 产品成本计算的分类法

某企业生产甲、乙、丙三种产品,所用原材料和工艺过程相似,合为一类计算成本。该类产品的原材料费用按照各种产品的原材料费用系数进行分配;原材料费用系数按原材料费用定额确定。该企业规定乙种产品为标准产品。原材料费用定额如表 9-24 所示。该企业规定,同类产品内各种产品之间的工资及福利费和制造费用,均按各种产品的定额工时比例分配。其工时定额为:甲产品 16 小时,乙产品 14 小时,丙产品 11 小时。8 月份的完工产量为:甲产品 120 件,乙产品 90 件,丙产品 150 件。8 月份产品成本明细账如表 9-25 所示。

【要求】

(1) 根据各产品所耗各种原材料的消耗定额、计划单价以及费用总定额,填制原材料费用系数计算表(见表 9-24)、分类产品成本明细账(见表 9-25)。

(2) 根据各种产品的产量、原材料费用系数,以及该类产品成本明细账中 8 月份产成品成本资料,填制该类各种产成品成本核算单(见表 9-26)。

表 9-24 各种产品原材料费用系数计算表

产品名称	原材料名称或编号	消耗定额(千克)	计划单价(元)	费用定额(元)	原材料费用系数
甲	101	6.15	20	123	
	102	25	37	925	
	103	24	45	1 080	
	合计			2 128	
乙	201	19	20	380	
	202	30	37	1 110	
	203	26	45	1 170	
	合计			2 660	
丙	301	48.45	20	969	

表 9-25　分类产品成本明细账

产品类别：第一类　　　　　　　　　20××年8月　　　　　　　　　　　　　单位：元

项　目	直接材料	直接人工	制造费用	合　计
期初在产品成本	41 910	13 530	44 550	99 990
本月生产费用	53 400	19 000	60 100	132 500
生产费用合计	95 310	32 530	104 650	232 490
完工产品成本				
月末在产品成本(定额成本)	30 510	12 727	42 343	85 580

表 9-26　同类别各种产成品成本核算单

产品类别：第一类　　　　　　　　　20××年8月　　　　　　　　　　　　　单位：元

项　目	产量（件）	原材料费用总系数	工时定额（小时）	定额总工时（小时）	直接材料	直接人工	制造费用	合计
费用分配率								
甲产品	120		16					
乙产品	90		14					
丙产品	150		11					
合计								

【实训二】　副产品成本的计算

某企业在生产甲产品的同时还生产乙副产品。本月共发生费用250 000元，其中，直接材料95 000元，直接人工88 000元，制造费用67 000元。乙产品的产量为2 000千克。每千克售价15元，单位税金1元，单位销售费用和利润为4元。假设副产品成本从各成本项目减除。

【要求】

(1) 计算甲产品成本和乙副产品成本。

(2) 编制产品成本计算单(见表9-27)。

表 9-27　产品成本计算单

产品：甲产品　　　　　　　　　　　20××年××月　　　　　　　　　　　　单位：元

项　目	直接材料	直接人工	制造费用	合　计
生产费用合计				
结转乙副产品成本				
甲产品成本				

项目十　变动成本法

【知识学习目标】　理解成本按性态如何分类,掌握固定成本和变动成本的含义及其特征;正确理解本量利的基本关系,理解边际贡献、边际贡献率的含义,掌握本量利关系中的损益方程式、边际贡献方程式和边际贡献率方程式;正确理解盈亏临界分析,掌握盈亏临界点销售量和销售额的计算和分析;变动成本法和完全成本法的区别,两种成本方法下利润表的编制,两种成本法下税前利润产生差异的原因,两种成本法的结合运用。

【能力培养目标】　能计算传统成本法和变动成本法下的营业利润,会变动成本法下的账务处理。

【教学重点】　本量利分析、盈亏临界点分析、完全成本法和变动成本法的比较。

【教学难点】　盈亏临界点分析、完全成本法和变动成本法的比较。

任务一　本量利分析

学习情景一　本量利关系

促使人们研究本量利关系的动因,是传统的成本分类不能满足企业决策、计划和控制的要求。企业这些内部经营管理工作,通常以数量为起点,以利润为目标。企业管理人员在决定生产和销售数量时,非常想知道它对企业利润的影响。但是,这中间隔着收入和成本,收入很容易根据数量和单价来估计,成本则不然。无论总成本还是单位成本,都难以把握。不能用单位成本和数量的乘积来估计总成本,因为数量变化以后,单位成本也会变化。管理人员需要一个模型。这个模型中除业务量和利润之外都是常数,使业务量和利润之间建立直接的函数关系。这样,他们可以利用这个模型,在业务量变动时估计其对利润的影响,或者在目标利润变动时计算出完成目标利润所需要的业务量水平。建立这样一个模型的主要障碍是成本和业务量之间的数量关系不清楚。为此,人们首先研究成本和业务量之间的关系,并确立了成本按性态的分类,然后在此基础上明确成本、数量和利润之间的相互关系。

本量利分析是成本、业务量、利润分析的简称,也称 CVP 分析。这是在把成本分解为固定成本和变动成本的基础上,研究企业在一定期间内的成本、业务量和利润三者之间的数量关系,从而进行规划、控制的一种会计分析方法。

学习情景二　　成本性态

成本性态也称成本习性,是指成本总额和业务量之间的依存关系。在对这种依存关系的分析中,成本通常指一定时期的成本总额;业务量则是特定分析领域的成本动因数量。它可以是产出量,也可以是投入量;可以使用实物度量、时间度量,也可以使用货币度量,如产品产量、人工工时、销售额等。当业务量变化以后,各项成本有不同的性态,大体上可以分为变动成本、固定成本和混合成本三种。

一、变动成本

变动成本是指在一定时期和一定业务量范围内,其成本总额的变动和业务量之间保持正比例关系的成本。在一定范围内,当业务量上升时,变动成本总额同比例地增加;反过来,当业务量下降时,变动成本总额也同比例地下降,但相应地,单位变动成本则保持不变。假设每生产一件甲产品需要原材料 20 公斤,每公斤原材料 40 元,则在一定的范围内,甲产品的单位原材料成本保持不变,为 800 元/件,而原材料成本总额和业务量之间保持正比例关系,即该产品的原材料成本总额=800×产量,所以,这项原材料成本是变动成本。

变动成本总额与单位变动成本的习性模型如图 10-1 和图 10-2 所示。

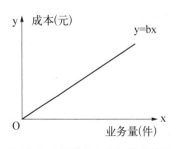

图 10-1　变动成本总额性态模型

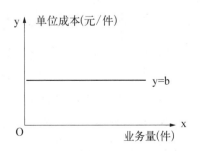

图 10-2　单位变动成本性态模型

一般地,企业的直接材料、计件工资制度下的直接人工、按销售总额计提的销售人员工资等费用都属于变动成本。

二、固定成本

固定成本是指在一定时期和一定业务量范围内,其成本总额不受业务量增减变动的影响而保持固定不变的成本。在一定范围内,固定成本总额不随业务量的变动而变动,保持固定不变;相应地,单位产品所负担的固定成本随业务量的变动而反方向地变动。假定某企业一台生产设备的原值为10万元,使用年限为10年,每年折旧额10 000元。在一定范围内,该项折旧费保持每年10 000元的总额不变;若该产品年产量为100件,则每件产品应负担的折旧费为100元;若该产品年产量为120件,则每件产品应负担的折旧费为83元,因此,单位产品所负担的折旧费与产量成反比例地变动。这项生产设备的折旧费即是固定成本。

固定成本总额与单位固定成本的性态模型如图10-3和图10-4所示。

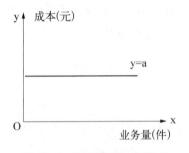
图10-3 固定成本性态模型

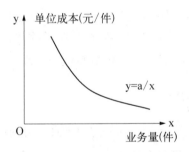
图10-4 单位固定成本性态模型

一般来说,按直线法计提的折旧费、计时工资、房屋设备的租金、保险费、广告费等都属于固定成本。

需要注意的是,固定成本并非固定不变的成本,"固定"的含义只是说明固定成本总额和业务量变动之间没有必需的联系,不会随业务量的变动而变动。超出一定时间、一定范围,固定成本总额也会发生改变。

三、固定成本和变动成本的相关范围及其成本模式

固定成本发生额不受业务量增减变化影响是有一定条件的,即限定在一定时期的业务量范围内。超出这个条件,其发生额将发生变化,这个范围称为相关范围。例如,一家制造企业最大生产能量为50 000件,固定成本1 000 000元,如超过50 000件,则需增置设备,固定成本支出增加。这种固定成本总额受一定条件所制约的相关范围限制,如图10-5所示。

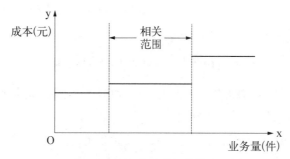

图 10-5　固定成本相关范围

四、混合成本及其分解

变动成本和固定成本是现实经济生活中两种极端的形式,实际上,大多数成本是处于两者之间的混合体。这类成本的特性介于变动成本和固定成本之间,当业务量发生变动时,其成本总额也发生变动,但和业务量之间不成正比例,即为混合成本。混合成本可以按照一定的方法进行分解,最终分解为变动成本和固定成本两部分。因此,企业总成本最终可以分为变动成本和固定成本两大类。

从财务管理角度考虑,把企业的全部成本分为变动成本和固定成本两大类,则有：

$$产品成本总额 = 固定成本总额 + 变动成本总额$$
$$= 固定成本总额 + 单位变动成本 \times 业务量$$

设产品总成本为 y,固定成本总额为 a,单位变动成本为 b,业务量为 x,则上述产品总成本的公式可改为：

$$y = a + bx$$

学习情景三　本量利关系式

将成本总额按其与业务量的关系分解成固定成本和变动成本后,再将收入和利润综合考虑,就能得出成本、业务量与利润之间的关系。本量利关系的数学表达式主要有三种形式。

一、损益方程式

$$利润 = 销售收入 - 总成本$$
$$= 单价 \times 销量 - 单位变动成本 \times 销量 - 固定成本总额$$
$$= (单价 - 单位变动成本) \times 销量 - 固定成本总额$$

设产品总成本为 y,固定成本总额为 a,单位变动成本为 b,业务量为 x,单价为 p,利润为 E,则本量利的基本表达式可以表示为:

$$E = px - (a + bx) = (p - b)x - a$$

上述公式中,有利润、销售量、单价、单位变动成本和固定成本五个变量,已知其中的四个变量,就可以求出另一个未知量。

【案例分析10-1】 某企业每月固定成本2 000元,生产一种产品,单价10元,单位变动成本为6元,本月计划销售1 000件,则根据上述本量利关系式可以计算出该企业的预期利润为:

预期利润 = 单价 × 销量 − 单位变动成本 × 销量 − 固定成本总额

$= 10 × 1 000 − 6 × 1 000 − 2 000 = 2 000(元)$

若企业拟实现目标利润2 400元,在单价、成本水平不变的情况下,则企业应达到的销售量为:

销售量 = (固定成本 + 目标利润) ÷ (单价 − 单位变动成本)

$= (2 000 + 2 400) ÷ (10 − 6) = 1 100(件)$

若企业计划销售1 050件,单位变动成本和固定成本水平不变,欲实现目标利润3 250元,则应达到的单价水平为:

单价 = (固定成本 + 目标利润) ÷ 销售量 + 单位变动成本

$= (2 000 + 3 250) ÷ 1 050 + 6 = 11(元)$

若企业固定成本、单价水平不变,计划销售1 050件,欲实现目标利润1 570元,则单位变动成本应控制的水平为:

单位变动成本 = 单价 − (固定成本 + 目标利润) ÷ 销售量

$= 10 − (2 000 + 1 570) ÷ 1 050 = 6.6(元／件)$

若企业单位变动成本为6.6元,单价为10元,计划销售1 050件,欲实现目标利润1 800元,则固定成本应控制的水平为:

固定成本 = 单价 × 销量 − 单位变动成本 × 销量 − 目标利润

$= 10 × 1 050 − 6.6 × 1 050 − 1 800 = 1 770(元)$

二、边际贡献方程式

边际贡献是本量利分析中十分重要的概念,又叫贡献毛益。它是销售收入超过其

变动成本的金额,边际贡献分为单位边际贡献和总边际贡献,其计算公式为:

$$单位边际贡献(Cm) = 单价 - 单位变动成本 = p - b$$

$$边际贡献(Tm) = 销售收入 - 总变动成本 = px - bx = (p - b)x$$

$$= 单位边际贡献 \times 销量 = Cm \cdot x$$

【案例分析 10-2】 某企业只生产一种产品,单价为 6 元,单位变动成本为 3 元,销量为 600 件,则:

$$单位边际贡献(Cm) = 单价 - 单位变动成本 = p - b = 6 - 3 = 3(元)$$

$$边际贡献(Tm) = 单位边际贡献 \times 销量 = Cm \cdot x = 3 \times 600 = 1\,800(元)$$

由于创造了边际贡献的概念,我们可以将本量利损益方程式改写为新的形式。

$$利润 = 销售收入 - 总成本$$

$$= 销售收入 - 总变动成本 - 固定成本额$$

$$= 边际贡献 - 固定成本额 = Tm - a$$

$$= 单位边际贡献 \times 销量 - 固定成本额 = Cm \cdot x - a$$

从上式可见,边际贡献首先要补偿固定成本总额,如果补偿固定成本后还有剩余,才能为企业提供利润;如果边际贡献不足以补偿固定成本总额,企业就会发生亏损。

上例中,如果企业的固定成本为 1 500 元,则边际贡献 1 800 元补偿固定成本 1 500 元后还剩 300 元,即为企业的利润。如果企业固定成本为 2 000 元,则边际贡献 1 800 元不足以补偿固定成本,尚未补偿完的 200 元即为企业的亏损。

三、边际贡献率方程式

边际贡献率是指边际贡献在销售收入中所占的比重。其公式为:

$$边际贡献率(Rm) = \frac{边际贡献}{销售收入} \times 100\% = \frac{单位边际贡献}{单价} \times 100\%$$

与此相对应的是变动成本率,变动成本率是指变动成本占销售收入的比重。其公式为:

$$变动成本率(Rb) = \frac{变动成本}{销售收入} \times 100\% = \frac{单位变动成本}{单价} \times 100\%$$

【案例分析 10-3】 根据【案例分析 10-2】中的资料,边际贡献率(Rm) = 3/6 × 100% = 50%,变动成本率 = 3/6 × 100% = 50%。

$$边际贡献率(Rm) + 变动成本率(Rb) = 1$$

根据边际贡献方程式,本量利关系式又可以改写为:

$$利润 = 边际贡献 - 固定成本总额$$

$$= 销售收入 \times 边际贡献率 - 固定成本总额 = px.Rm - a$$

损益方程式和边际贡献方程式只能用于企业生产单一产品的本量利分析,而边际贡献率方程式既可以用于单一产品的本量利分析,也可用于多品种本量利分析。由于多种产品的销售收入可以直接相加,所以,问题的关键是要计算出多种产品的加权平均边际贡献率。

$$加权平均边际贡献率 = \Sigma 各种产品的边际贡献 / \Sigma 各种产品的销售收入 \times 100\%$$

$$= \Sigma 各种产品的边际贡献率 \times 各种产品占总销售的比重$$

【案例分析 10-4】 某企业生产甲、乙、丙三种产品,固定成本 2 000 元,有关资料见表 10-1,请计算其预期利润。

表 10-1 销售和成本计划资料

产品	单价(元/件)	单位变动成本(元)	单位边际贡献(元)	销量(件)
甲	10	8	2	100
乙	9	6	3	300
丙	8	4	4	500

根据上表资料计算:

加权平均边际贡献率 = Σ 各种产品的边际贡献 / Σ 各种产品的销售收入 × 100%

= (2 × 100 + 3 × 300 + 4 × 500) / (10 × 100 + 9 × 300 + 8 × 500) × 100%

= 40.26%

加权平均边际贡献率 = Σ 各种产品边际贡献率 × 各种产品占总销售的比重,有关资料计算见表 10-2。

表 10-2 加权平均边际贡献率

单位:元

产品	单价	单位变动成本	单位边际贡献	边际贡献率	销量(件)	销售收入	占销售的比重
甲	10	8	2	20%	100	1 000	12.99%
乙	9	6	3	33.33%	300	2 700	35.06%
丙	8	4	4	50%	500	4 000	51.95%
合计						7 700	100%

加权平均边际贡献率 = 20% × 12.99% + 33.33% × 35.06% + 50% × 51.95%

= 40.26%

利润 = 销售收入 × 边际贡献率 − 固定成本总额

= 7 700 × 40.26% − 2 000 = 1 100(元)

任务二　盈亏临界分析

学习情景一　盈亏临界分析

盈亏临界分析是本量利分析的一项基本内容,也称损益平衡分析或保本分析。它主要研究如何确定盈亏临界点、有关因素变动对盈亏临界点的影响等问题,并可以为决策者提供在何种业务量下企业将盈利,在何种业务量下会出现亏损等信息。

盈亏临界点是指当产品的销售量达到某一点时,其总收入等于总成本,边际贡献正好抵偿全部固定成本,利润为零,企业处于不盈不亏的状态,这种特殊的状态就称为盈亏临界状态,使企业达到盈亏临界状态的销售量(或销售额)之点即盈亏临界点,也称保本点、损益平衡点。只有业务量超过盈亏平衡点时才会盈利,如果业务量低于盈亏平衡点,则为亏损。盈亏临界点主要有两种表现形式:盈亏临界点销售量(简称保本量)和盈亏临界点销售额(简称保本额)。前者以实物表示,后者以货币价值量单位表示。

一、盈亏临界点销售量

单一品种的盈亏临界点的计算比较简单。由于利润的计算公式为:

$$利润 = (单价 - 单位变动成本) \times 销量 - 固定成本总额$$

$$E = (p - b)x - a$$

令利润 $E=0$,此时的销量即为盈亏临界点销售量:

$$盈亏临界点销售量 = \frac{固定成本总额}{单价 - 单位变动成本} = \frac{固定成本总额}{单位边际贡献}$$

即表达式为:

$$x_0 = a/(p - b)$$

【案例分析10-5】　某公司只产销A产品,全年产销量为10 000件,单位变动成本为1 800元,固定成本总额为6 000 000元,每件售价为3 000元,则盈亏临界点销售量为:

$$x_0 = \frac{a}{(p - b)} = \frac{6\,000\,000}{(3\,000 - 1\,800)} = 5\,000(件)$$

二、盈亏临界点销售额

单一产品企业在现代经济中只占少数,大部分企业产销多种产品。企业在生产销售多种产品的情况下,其盈亏临界点分析就不能用实物量表现,而只能用货币表现。因为不同品种的销售量无法直接相加,也就无法直接应用以单一品种为基础的盈亏临界点销售量公式计算企业综合的盈亏临界点。因此,多品种盈亏临界点要用销售额来表示。根据本量利分析中的边际贡献率方程式可知:

$$利润 = 销售收入 \times 边际贡献率 - 固定成本总额 = Rm.px - a$$

令利润 E = 0,即可得到:

$$盈亏临界点销售额(y_0) = 固定成本总额 / 边际贡献率 = a/Rm$$

根据【案例分析 10-5】的资料:

边际贡献率 = (3 000 − 1 800)/3 000 = 40%

盈亏临界点销售额(y_0) = 6 000 000/40% = 15 000 000(元)

根据【案例分析 10-4】资料:

盈亏临界点销售额 = 固定成本 / 加权边际贡献率
　　　　　　　　　 = 2 000/40.26% = 4 968(元)

甲产品盈亏临界点销售额 = 总销售额 × 某种产品销售比重
　　　　　　　　　　　　 = 4 968 × 12.99% = 645(元)

甲产品盈亏临界点销售量 = 销售额 / 单价 = 645/10 = 65(件)

乙产品盈亏临界点销售额 = 4 968 × 35.06% = 1 742(元)

乙产品盈亏临界点销售量 = 1 742/9 = 194(件)

丙产品盈亏临界点销售额 = 4 968 × 51.95% = 2 581(元)

丙产品盈亏临界点销售量 = 2 581/8 = 323(件)

学习情景二　企业经营安全分析

一、安全边际的含义及其指标

1. 安全边际的含义

安全边际是指企业实际或预计的销售量(或销售额)与盈亏临界点销售量(或销售

额)之间的差量(或差额),其计算公式为:

$$安全边际量 = 实际(或预计)销售量 - 盈亏临界点销售量$$

$$安全边际额 = 实际(或预计)销售额 - 盈亏临界点销售额$$

$$= 安全边际量 \times 销售单价$$

安全边际可以表明从实际或预计销售量(额)到盈亏临界点销售量(额)之间的差距,说明企业达不到预计销售目标而又不至于亏损的范围有多大,这个范围越大,说明企业发生亏损的可能性越小,经营就越安全。

2. 安全边际率

企业生产经营的安全性还可以用安全边际率来表示。安全边际率是指安全边际与实际(或预计)销售量(或销售额)之间的比率。其计算公式如下:

$$安全边际率 = \frac{安全边际量(额)}{实际(或预计)销售量(额)}$$

安全边际与安全边际率都是评价企业经营安全程度的指标,指标数值越大,说明企业经营越安全;反之,指标数值越小,则企业经营风险越大。

二、盈亏临界点作业率

盈亏临界点作业率是指盈亏临界点销售量占企业正常销售量的比重。所谓正常销售量,是指正常市场和正常开工情况下企业的销售数量,也可以用销售金额来表示。

盈亏临界点作业率的计算公式如下:

$$盈亏临界点作业率 = \frac{盈亏临界点销售量}{正常销售量} \times 100\%$$

这个比率表明企业保本的业务量在正常业务量中所占的比重。由于多数企业的生产经营能力是按正常销售量来规划的,生产经营能力与正常销售量基本相同,盈亏临界点作业率也可以表示保本状态下生产经营能力的利用程度。

安全边际率与盈亏临界点作业率存在以下关系:

$$安全边际率 + 盈亏临界点作业率 = 1$$

【案例分析10-6】 某企业的正常销售量为10 000件,盈亏临界点销售量为6 000件,则:

安全边际率 = (10 000 - 6 000)/10 000 = 40%

盈亏临界点作业率 = 6 000/10 000 × 100% = 60%

计算表明,该企业的作业率必须达到正常作业的60%以上才能取得盈利,否则,就会发生亏损。

任务三　变动成本法

学习情景一　变动成本法概述

一、变动成本法的含义

变动成本法又称变动成本计算法,是指在组织常规的产品成本计算时,以成本习性分析为基础,只包括产品生产过程直接消耗的直接材料、直接人工和变动制造费用(不包括固定制造费用),而将所有的固定制造费用(即固定生产成本)作为期间成本,在发生的当期全额从当期收入中扣除的一种产品成本计算方法。在变动成本法下,产品成本的构成如图10-6所示。

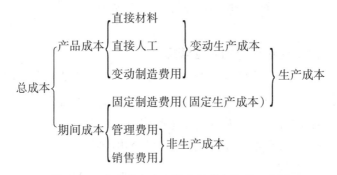

图10-6　变动成本法下的产品成本构成示意图

二、变动成本法的理论依据

产品成本是指随产品实体的流动而流动,能与销售收入相配比,其成本补偿期可能不止一个(如产品中与产量有关的直接材料、直接人工和变动制造费用应构成产品成本)。

期间成本是指不随产品实体的流动而流动,而是随企业生产经营持续时间长短而增减,其效益随期间的推移而消逝,不能递延到下期,只能于发生的当期从当期收入中全额得到补偿的成本。这类成本的补偿期只有一个。(例如,固定制造费用主要是为企业提供一定的生产经营条件而发生的,这些生产经营条件一经形成,不论其实际利用程度如何,有关费用照常发生,同产品的实际生产没有直接联系,并不随产品实体的流动而流动,因而不能把它计入产品成本,而应作为期间成本处理。

三、变动成本法的主要特点

变动成本法具有的特点是相对于传统的全部成本法而言的。一般来说,变动成本法具有以下三个主要特点。

(一)以成本习性分析为基础

变动成本法是以按成本习性将所有成本划分为固定成本和变动成本两大部分为基础的,仅把产品生产过程中与产量有直接联系的变动成本记入产品成本,而把产品生产过程中与产量没有直接关系的固定成本作为期间成本直接计入当期损益。

(二)企业利润由贡献式损益表来确定

为了便于取得贡献毛益(或边际贡献)这一重要经济信息,变动成本法把企业利润改由贡献式利润表确定,分两个步骤计算。其计算公式为:

$$贡献毛益 = 产品销售收入 - 变动成本$$

$$税前利润 = 贡献毛益 - 固定成本$$

(三)主要应用于企业内部的经营管理

变动成本法不仅是一种比较成熟的成本计算方法,而且是企业内部的一种成本会计制度。在采用变动成本法时,成本项目必须按成本习性进行分类。同时,成本记录、账户设置、成本归集、内部报表编制等均需按此分类进行会计处理。但有关会计准则仍需要企业按全部成本法提供的成本资料编制对外的财务报表,所以,变动成本法主要应用于企业内部的经营管理。

学习情景二 变动成本法与全部成本法的比较

全部成本法是指在组织常规的产品成本计算时,以成本按经济用途分类为基础,将全部生产成本(即制造成本)作为产品成本的构成内容,而将非生产成本(即非制造成本)作为期间成本的一种产品成本计算方法。在全部成本法下,产品成本的构成如图10-7所示。

由于变动成本法与全部成本法对固定制造费用(即固定生产成本)的处理方法不同,这两种方法因此存在着一系列的差异。主要表现为成本的分类不同、对存货成本的估价水平不同和分期损益不同三个方面。

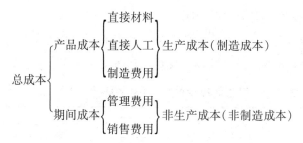

图 10-7 全部成本法下的产品成本示意图

一、成本的分类不同

变动成本法要求把全部成本按成本习性分为变动成本和固定成本两大部分。其中,生产成本要按生产量划分为变动生产成本和固定生产成本(即固定制造费用);管理及销售费用(即非生产成本)要按销售量划分为变动管理及销售费用和固定管理及销售费用。其产品成本只包括变动生产成本,固定生产成本和非生产成本全部作为期间成本处理。

全部成本法要求把全部成本按经济用途分为生产成本和非生产成本两大部分。其中,将在生产领域中为生产产品发生的成本划为生产成本,而把发生在服务领域或流通领域中为组织日常行政管理或日常销售而发生的成本划为非生产成本。其产品成本包括全部生产成本,把非生产成本作为期间成本处理。

变动成本法和全部成本法的成本分类区别可用表 10-3 来表示。

表 10-3 变动成本法和全部成本法的成本分类区别表

项　目	变动成本法	全部成本法
分类的基础	以成本的习性分析为基础	以成本的经济用途为基础
划分的成本类别	变动成本 固定成本	生产成本 非生产成本
产品成本包含的内容	变动生产成本 　直接材料 　直接人工 　变动制造费用	生产成本(制造成本) 　直接材料 　直接人工 　制造费用
期间成本包含的内容	固定成本 　固定制造费用(固定生产成本) 　固定管理费用 　固定销售费用 变动成本 　变动管理费用 　变动销售费用	非生产成本(非制造成本) 　管理费用 　销售费用

为便于理解,现举一实例加以说明。

【案例分析10-7】 假设甲公司只产销一种产品,其2011年的有关业务量、售价与成本资料如表10-4所示。并假定该年投产的产品均完工。

表10-4 甲公司20××年的有关业务量、售价与成本资料表

业务量及售价		成本项目	
年初产品数量	0件	直接材料	8 000元
本年完工产成品数量	4 000件	直接人工	4 000元
本年销售产品成品数量	3 000件	变动制造费用	3 000元
年末产成品数量	1 000件	固定制造费用	5 000元
销售单价	10元/件	变动管理费用	900元
		固定管理费用	1 100元
		变动销售费用	2 100元
		固定销售费用	900元

试分别采用变动成本法和全部成本法计算该公司的产品成本和期间成本。

根据表10-4资料,现分别按变动成本法和全部成本法计算产品成本和期间成本如表10-5所示。

表10-5 变动成本法和全部成本法的产品成本和期间成本计算表

单位:元

项目		变动成本法		全部成本法	
		总成本	单位成本	总成本	单位成本
产品成本	直接材料	8 000	2	8 000	2
	直接人工	4 000	1	4 000	1
	变动制造费用	3 000	0.75	3 000	0.75
	固定制造费用			5 000	1.25
	合 计	15 000	3.75	20 000	5
期间成本	固定制造费用	5 000			
	管理费用	2 000		2 000	
	销售费用	3 000		3 000	
	合 计	10 000		5 000	

二、对存货成本的估价水平不同

一般来说,广义的产品有销货和存货两种实物形态。在期末存货和本期销货均不为零的条件下,本期发生的产品成本最终要表现为销货成本(即已销产品成本)和存货成本(即在产品成本和产成品成本)。

在全部成本法下,各会计期间所发生的固定制造费用同其他生产成本一样在完

工产成品和期末在产品之间(按一定方法)进行分配;完工产成品在销售时,全部还需在已销产品和未销产品之间(按一定方法)进行分配。这样,已销产品、库存产成品、在产品均"吸收"了一定份额的固定制造费用,也就是说,各会计期末的产成品和在产品都是按全部生产成本(即全部制造成本)计价,既包括变动生产成本,又包括一部分固定制造费用。

在变动成本法下,产品成本只包括变动生产成本,无论是在产品、库存产成品还是已销产品,其成本均只包含变动生产成本。这样,期末存货是按变动生产成本计价的,并不包括固定制造费用。

由此可见,变动成本法和全部成本法对存货的估价不同,且全部成本法的存货计价必然高于变动成本法的存货计价。

【案例分析10-8】 以【案例分析10-7】所示的表10-4为例。

试分别采用变动成本法和全部成本法计算确定该公司的期末存货成本和本期销货成本。

根据表10-4资料,现分别按变动成本法和全部成本法计算期末存货成本和本期销货成本如表10-6所示。

表10-6 变动成本法和全部成本法计算的期末存货成本和本期销货成本

单位:元

项　　目	变动成本法	全部成本法
年初产成品成本	0	0
本年完工产品成本	15 000	20 000
可供销售产成品成本	15 000	20 000
单位产成品成本(件/元)	3.75	5
年末产成品数量(件)	1 000	1 000
年末产成品成本	3 750	5 000
本年已销产品成本	11 250	15 000

由表10-6可以看出,按变动成本法计算的期末存货成本比按全部成本法计算的期末存货成本少1 250元,且按变动成本法计算的本期销货成本也比按全部成本法计算的本期销货成本少3 750元。其主要原因是,在采用全部成本法时,资产负债表中的产成品存货与利润表中的销货成本一致,每件均按5元计价。而在采用变动成本法时,资产负债表的1 000件产成品存货与利润表中的3 000件产品销货成本一样,每件均按3.75元计价,本期发生的5 000元固定制造费用则全额从利润表的销售收入中扣减。这样就使本期每件期末产成品存货和每件产品销货成本均少计1.25元。所以,按变动成本法计算的期末存货成本和本期销货成本分别比按全部成本法计算的期末存货成本和本期销货成本少1 250元和3 750元。

三、分期损益不同

变动成本法的主要特点是,产品成本中只包括变动生产成本,而把固定生产成本(即固定制造费用)当作期间成本,直接在发生的当期全额列入损益表,从该期销售收入中扣减,期末资产负债表中的在产品、产成品均按变动生产成本计价。

全部成本法则把变动生产成本和固定生产成本(两者统称为生产成本或制造成本)都计入产品成本,并使本期已销的产品和期末的在产品、产成品具有相同的成本构成。

这个特点对分期损益计算有重大影响,主要表现在当产销不平衡时,以这两种成本计算方法为基础所确定的分期损益不同。

【案例分析10-9】 仍以【案例分析10-7】所示的表10-4资料为例。

试分别采用变动成本法和全部成本法编制该公司的贡献式利润表和职能式利润表。

根据表10-4资料,现分别按变动成本法和全部成本法编制该公司的贡献式利润表和职能式利润表如表10-7所示。

表10-7 按变动成本法和全部成本法编制的利润表

单位:元

贡献式利润表		职能式利润表	
项目	金额	项目	金额
销售收入(3 000件@10元)	30 000	销售收入(3 000件@10元)	30 000
减:销货变动成本		减:销货成本	
期初存货成本	0	期初存货成本	0
本期产品成本(4 000件@3.75元)	15 000	本期产品生产成本(4 000件@5元)	20 000
可供销售的产品成本	15 000	可供销售的产品成本	20 000
减:期末存货成本(1 000件@3.75元)	3 750	减:期末存货成本(1 000件@5元)	5 000
本期销货成本合计	11 250	本期销货成本合计	15 000
边际贡献(制造部分)	18 750		
减:变动非生产成本			
变动管理费用(3 000件@0.3元)	900		
变动销售费用(3 000件@0.7元)	2 100		
变动非生产成本合计	3 000		
边际贡献(最终)	15 750	销货毛利	15 000
减:固定成本		减:期间成本	
固定制造费用	5 000	管理费用	2 000
固定管理费用	1 100	销售费用	3 000
固定销售费用	900	期间成本合计	5 000
固定成本合计	7 000		
税前利润	8 750	税前利润	10 000

由表10-7可以看出,采用不同的成本计算方法,据以编制确定的税前利润不同,按变动成本法计算确定的税前利润比按全部成本法计算确定的税前利润少1 250元。其主要原因是期末产成品存货,在采用全部成本法时,资产负债表中的产成品存货每件按5元(不仅包括单位变动成本3.75元,而且包括每件产品分摊的固定制造费用1.25元)计价,从而使其所确定的产品销售成本比采用变动成本法确定的产品销售成本减少1 250元(即1 000件×1.25)。故其计算确定的税前利润比按变动成本法计算确定的税前利润增加1 250元。也就是说,这1 250元的固定制造费用,全部成本法是当作资产列入期末的资产负债表,并使之结转下期;变动成本法则直接从当期的销售收入中扣减,所以出现了上述差异。一般来说,当期产成品的生产量(4 000件)大于当期的销售量(3 000件),就会出现这种结果。

为了更全面地说明这两种成本方法计算确认的税前利润不同的原因,下面再列举两种不同情况下连续各期的损益计算。

(一)在连续各期生产量稳定而销售量变动的情况下,两种计算方法对分期损益的影响

【案例分析10-10】 假设甲公司只生产一种产品,过去连续三年的产销业务量、成本及售价等资料如表10-8所示。假设各年成本消耗水平和售价不变,每年投产的产品均在当年全部完工,存货计价采用先进先出法。

表10-8 甲公司的产销业务量、成本及售价资料表

单位:元

业务量	第一年	第二年	第三年	合 计
年初产成品数量(件)	0	0	1 000	0
当年生产数量(件)	5 000	5 000	5 000	15 000
当年销售数量(件)	5 000	4 000	6 000	15 000
年末产成品数量(件)	0	1 000	0	0

售价及成本项目		单位产品成本	
单位售价　　　　　　　　12元/件		变动成本法	全部成本法
生产成本			
单位变动成本　　　　　　5元/件		变动生产成本　　5元/件	变动生产成本　　5元/件
固定制造费用　　　　　10 000元			固定生产成本　　2元/件
管理及销售费用			
单位变动管理费用　　　　1元/件			
固定管理费用　　　　　3 000元			
单位变动销售费用　　　　2元/件			
固定销售费用　　　　　2 000元		单位产品成本　　5元/件	单位产品成本　　7元/件

根据表 10-8 的资料,分别按变动成本法和全部成本法计算确定各年税前利润。

根据表 10-8 资料,现分别按两种成本方法计算确定各年税前利润如表 10-9 所示。

表 10-9　甲公司编制的各年利润表

单位:元

项　　目	第一年	第二年	第三年	合　计
贡献式利润表(按变动成本法编制)				
销售收入(按销量计算)	60 000	48 000	72 000	180 000
减:销货变动成本				
期初存货成本	0	0	5 000	0
本期产品成本(5 000件@5元)	25 000	25 000	25 000	75 000
可供销售的产品成本	25 000	25 000	30 000	75 000
减:期末存货成本	0	5 000	0	0
本期销货变动成本合计	25 000	20 000	30 000	75 000
贡献毛益(制造部分)	35 000	28 000	42 000	105 000
减:变动非生产成本				
变动管理费用(按销量计算)	5 000	4 000	6 000	15 000
变动销售费用(按销量计算)	10 000	8 000	12 000	30 000
变动非生产成本合计	15 000	12 000	18 000	45 000
贡献毛益(最终)	20 000	16 000	24 000	60 000
减:固定成本				
固定制造费用	10 000	10 000	10 000	30 000
固定管理费用	3 000	3 000	3 000	9 000
固定销售费用	2 000	2 000	2 000	6 000
固定成本合计	15 000	15 000	15 000	45 000
税前利润	5 000	1 000	9 000	15 000
职能式利润表(按全部成本法编制)				
销售收入(按销量计算)	60 000	48 000	72 000	180 000
减:销货成本				
期初存货成本	0	0	7 000	0
本期产品成本(5 000件@7元)	35 000	35 000	35 000	105 000
可供销售的产品成本	35 000	35 000	42 000	105 000
减:期末存货成本	0	7 000	0	0
本期销货成本合计	35 000	28 000	42 000	105 000
销货毛利	25 000	20 000	30 000	75 000
减:期间成本				
管理费用	8 000	7 000	9 000	24 000
销售费用	12 000	10 000	14 000	36 000
期间成本合计	20 000	17 000	23 000	60 000
税前利润	5 000	3 000	7 000	15 000

比较表 10-9 得出的这两种成本方法计算确定的税前利润,可以发现,在生产量稳定而销售量变动的情况下:

(1) 第一年,两种成本方法计算确定的税前利润是相等的。这是由于当年年初产成品数量与年末产成品数量相等,也就是本年生产量等于销售量,即产销绝对平衡。在这种情况下,采用全部成本法时,随年初产成品存货转入当年和随年末存货转至下年的固定制造费用(固定生产成本)均为零。因而,从计算结果看,两种成本方法计算确定的税前利润相等。

(2) 第二年,按变动成本法计算确定的税前利润比按全部成本法计算确定的税前利润少2 000元。这是由于该年年末的产成品存货量比年初的产成品存货量增加了1 000件,也即产量大于销量1 000件。而按变动成本法计算的每件产成品存货比按全部成本法计算的少2元,就是全部成本法下单位产成品负担的固定制造费用。因此,按全部成本法就要把年末产成品存货1 000件"吸收"的固定制造费用2 000元转入下年,本年已销产成品4 000件只负担8 000元的固定制造费用;而变动成本法无论产销量如何变化,总是将该年的固定制造费用10 000元全部计入当年损益。所以,按变动成本法计算确定的税前利润比按全部成本法确定的税前利润少2 000元。

(3) 第三年,按变动成本法计算确定的税前利润比按全部成本法计算确定的税前利润多2 000元。这是由于该年年末的产成品存货量比年初的产成品存货量减少了1 000件,也即产量小于销量1 000件。采用全部成本法,把上年转来的年初产成品存货1 000件所"释放"的固定制造费用2 000元转为本年的销货成本,而本年年末产成品存货为0件,也即年末未"吸收"固定制造费用转入下年。这样,按全部成本法计入本年销货成本的固定制造费用为12 000元(即2 000+5 000×2)比按变动成本法计入本年损益的10 000元多2 000元。因此,按变动成本法计算确定的税前利润比按全部成本法计算确定的税前利润多2 000元。

(4) 从较长时期来看,这两种成本方法所计算确定的税前利润应该趋于一致。在【案例分析10-10】中,连续三年的生产量之和与销售量之和均为15 000件,因而,采用这两种成本计算方法的连续三年的税前利润之和相等,均为15 000元。从长时期来看,企业的产销应该趋于一致,各年税前利润的相差相互抵消。所以,无论按全部成本法计入销货成本的固定制造费用,还是按变动成本法直接计入当期损益的固定制造费用,其总额趋于相同。其结果对长期的税前利润之和影响甚微,甚至没有影响。

(二)在连续各期销售量稳定而生产量变动的情况下,两种计算方法对分期损益的影响

【案例分析10-11】 假设甲公司只生产一种产品,过去连续三年的产销业务量、成本及售价等资料如表10-10所示。假设每年投产的产品均在当年全部完工,存货计价采用先进先出法。

根据表10-10的资料,分别按变动成本法和全部成本法计算确定各年税前利润。

表 10-10 甲公司的产销业务量、成本及售价资料表

单位：元

业　务　量	第 一 年	第 二 年	第 三 年	合　　计
年初产成品数量(件)	0	1 000	1 000	
当年生产数量(件)	6 000	5 000	4 000	
当年销售数量(件)	5 000	5 000	5 000	
年末产成品数量(件)	1 000	1 000	0	

售价及成本项目		单位产品成本(元/件)			
单位售价　　　　12元(件)	变动成本法	全部成本法			
生产成本		年　　度	第一年	第二年	第三年
单位变动成本　　5元(件)	变动生产成本 5				
固定制造费用　　12 000元		变动生产成本	5	5	5
管理及销售费用					
单位变动管理费用　1元(件)		固定生产成本	2	2.4	3
固定管理费用　　3 000元					
单位变动销售费用　2元(件)	单位产品成本 5	单位产品成本	7	7.4	8
固定销售费用　　2 000元					

根据表 10-10 的资料，现分别按两种成本方法计算确定各年税前利润如表 10-11 所示。

比较表 10-11 得出的这两种成本方法计算确定的税前利润，可以发现在销售量稳定而生产量变动的情况下：

(1) 在采用变动成本法下，各年的税前利润相等，均为 3 000 元。这是因为在变动成本法下，每年的产品成本和期间成本水平均不变，而且每年的销售量相同，所以，各年的税前利润均相等。可见，这种情况下，各年生产量的变化对税前利润没有影响。

(2) 由于三年生产量不同，各年单位产品所分摊的固定制造费用也不相同。在全部成本法下，各年的单位产品成本就会有差异。即使在各年销售量相同的情况下，销货成本也不会相同，从而导致按全部成本法计算确定的各年税前利润不相等。

(3) 在各年生产量变动的情况下，即使在各年销售量相同的情况下，两种成本方法计算确定的税前利润也会出现差异。在【案例分析 10-11】中，第一年生产量大于销售量 1 000 件，按变动成本法计算确定的税前利润比按全部成本法计算确定的税前利润少 2 000 元。这是由于在全部成本法下，本年生产的每件产成品中包含的固定制造费用为 2 元，年末产成品存货 1 000 件"吸收"了 2 000 元(即 1 000×2)的固定制造费用转入下年，本年计入销货成本的固定制造费用只有 10 000 元(即 5 000×2)；而在变动成本法下，不论产销关系如何，本年发生的固定制造费用 12 000 元全额一次计入本年损益。所以，按变动成本法计算确定的税前利润比按全部成本法计算确定的税前利润少 2 000

元。第二年虽然生产量与销售量平衡,均为5 000件,但由于有年初和年末产成品存货,按变动成本法计算确定的税前利润比按全部成本法计算确定的税前利润少400元。这是由于在全部成本法下(存货计价采用先进先出法),该年年初的产成品存货量1 000件"释放"了上年发生的固定制造费用2 000元(即1 000×2)转入本年销货成本,本年生产的每件产成品中包含的固定制造费用为2.4元,年末产成品存货1 000件"吸收"了本年发生的固定制造费用2 400元转入下年,这样,计入本年损益的固定制造费用为11 600元(即1 000×2+5 000×2.4−1 000×2.4);而在变动成本法下,不论产销关系如何,本年发生的固定制造费用12 000元全额一次计入本年损益。所以,按变动成本法计算确定的税前利润比按全部成本法计算确定的税前利润少400元。第三年生产量小于销售量1 000件,按变动成本法计算确定的税前利润比按全部成本法计算确定的税前利润多2 400元。这是由于有年初产成品存货1 000件而无年末产成品存货,在全部成本法下,该年年初的产成品存货1 000件"释放"了上年发生的固定制造费用2 400元(即1 000×2.4)转入本年销货成本,本年生产的每件产成品中包含的固定制造费用为3元,这样,计入本年损益的固定制造费用为14 400元(即1 000×2.4+4 000×3);而在变动成本法下,不论产销关系如何,本年发生的固定制造费用12 000元全额一次计入本年损益。所以,按变动成本法计算确定的税前利润比按全部成本法计算确定的税前利润多2 400元。

表10-11 甲公司编制的各年利润表

单位:元

项　　目	第一年	第二年	第三年	合　计
贡献式利润表(按变动成本法编制)				
销售收入(5 000件@12元)	60 000	60 000	60 000	180 000
减:销货变动成本				
期初存货成本	0	5 000	5 000	0
本期产品成本(按产量计算)	30 000	25 000	20 000	75 000
可供销售的产品成本	30 000	30 000	25 000	75 000
减:期末存货成本	5 000	5 000	0	0
本期销货变动成本合计	25 000	25 000	25 000	75 000
贡献毛益(制造部分)	35 000	35 000	35 000	105 000
减:变动非生产成本				
变动管理费用(5 000件@1元)	5 000	5 000	5 000	15 000
变动销售费用(5 000件@2元)	10 000	10 000	10 000	30 000
变动非生产成本合计	15 000	15 000	15 000	45 000
贡献毛益(最终)	20 000	20 000	20 000	60 000
减:固定成本				
固定制造费用	12 000	12 000	12 000	30 000
固定管理费用	3 000	3 000	3 000	9 000
固定销售费用	2 000	2 000	2 000	6 000
固定成本合计	17 000	17 000	17 000	51 000
税前利润	3 000	3 000	3 000	9 000

(续表)

项目	第一年	第二年	第三年	合　计
职能式利润表(按全部成本法编制)				
销售收入(5 000件@ 12元)	60 000	60 000	60 000	180 000
减：销货成本				
期初存货成本	0	7 000	7 400	0
本期产品成本(按产量计算)	42 000	37 000	32 000	111 000
可供销售的产品成本	42 000	44 000	39 400	111 000
减：期末存货成本	7 000	7 400	0	0
本期销货成本合计	35 000	36 600	39 400	111 000
销货毛利	25 000	23 400	206 00	69 000
减：期间成本				
管理费用	8 000	8 000	8 000	24 000
销售费用	12 000	12 000	12 000	36 000
期间成本合计	20 000	20 000	20 000	60 000
税前利润	5 000	3 400	600	9 000

综上所述，可以得出以下结论：即使前后各期成本水平、价格和存货计价方法等都不变，按变动成本法计算确定的税前利润和按全部成本法计算确定的税前利润既可能相等，也可能不相等。导致这两种方法计算确定的税前利润之间是否存在差异及差异大小原因不是产销量是否平衡，也不是这两种成本法对固定制造费用的处理不同，而是这两种成本法计入当期的固定制造费用水平是否存在差异及差异的大小。

在变动成本法下，计入当期利润表、由当期损益承担的固定制造费用数额是当期发生的全部固定制造费用，即：

变动成本法下计入本期损益表的固定制造费用 ＝ 本期发生的全部固定制造费用

而在全部成本法下，计入当期利润表以及由当期损益承担的固定制造费用数额不仅受到当期发生的固定制造费用水平的影响，而且还受到期末存货和期初存货水平的影响，即：

全部成本法下计入本期损益表的固定制造费用 ＝ 本期发生的全部固定制造费用 ＋ 期初存货"释放"的固定制造费用 － 期末存货"吸收"的固定制造费用

因此，在其他条件不变的情况下，如果某期全部成本法下期末存货"吸收"的固定制造费用与期初存货"释放"的固定制造费用水平不同，就意味着这两种成本方法计入当期利润表的固定制造费用的数额不同，则一定会使这两种成本方法计算确定的当期税前利润出现差异，且差异的大小等于期末存货"吸收"的固定制造费用数额与期初存货"释放"的固定制造费用数额之差。如果某期全部成本法下期末存货"吸收"的固定制造费用与期初存货"释放"的固定制造费用水平相同,就意味着这两种成本法计入当期利润表的固定制造费用的数额相同,则这两种成本法计算确定的当期税前利润必然相等,即:

$$\begin{pmatrix}本期变动\\成本法下\\计算确定的\\税前利润\end{pmatrix} - \begin{pmatrix}本期全部\\成本法下\\计算确定的\\税前利润\end{pmatrix} = \begin{pmatrix}全部成本法\\下计入本期\\损益表的固\\定制造费用\end{pmatrix} - \begin{pmatrix}变动成本法\\下计入本期\\损益表的固\\定制造费用\end{pmatrix} = \begin{pmatrix}全部成本法\\期初存货\\"释放"的固\\定制造费用\end{pmatrix} - \begin{pmatrix}全部成本法\\期末存货\\"吸收"的固\\定制造费用\end{pmatrix}$$

在变动成本法下,本期的固定制造费用作为期间费用全部列入本期利润表的费用项目;在全部成本法下,本期列入利润表的固定制造费用受期初、期末存货中固定资产水平的影响,即列入本期利润表的固定制造费用为:

$$固定制造费用 = \begin{pmatrix}全部成本法下期初\\存货释放的固定\\制造费用\end{pmatrix} + \begin{pmatrix}本期发生的\\固定制造\\费用\end{pmatrix} - \begin{pmatrix}全部成本法下\\期末吸收的\\固定制造费用\end{pmatrix}$$

$$\begin{pmatrix}广义营业\\利润差额\end{pmatrix} = \begin{pmatrix}全部成本法下\\营业利润\end{pmatrix} - \begin{pmatrix}变动成本\\法下的\\营业利润\end{pmatrix} = \begin{pmatrix}全部成本法下\\期末存货吸收的\\固定制造费用\end{pmatrix} - \begin{pmatrix}全部成本法下\\期初存货释放的\\固定制造费用\end{pmatrix}$$

如果知道一种成本法下的营业利润,就可以按照这个公式计算出另一种成本法下的营业利润。

学习情景三　变动成本法的优缺点

一、变动成本法的优点

(1) 变动成本法更符合"费用与收益相配合"这项会计核算的要求。
(2) 采用变动成本法,能够促使企业管理当局更加重视销售环节,防止盲目生产。
(3) 变动成本法能够大大简化产品成本的计算。
(4) 变动成本法能够为企业的生产经营管理提供各种有益的会计信息。
(5) 变动成本法能对不同期间的经营业绩进行正确评价。

二、变动成本法的缺点

(1) 变动成本法不能适应长期决策的需要。
(2) 变动成本法不符合传统的成本概念的要求。
(3) 采用变动成本法会影响有关方面的利润。

学习情景四　变动成本法与全部成本法的结合应用

变动成本法和全部成本法各自都有其优缺点，两者既不互相排斥，也不可能相互取代，而应是互相结合、互相补充。因为企业会计的职能要求，既要通过各种各样的方法手段，为企业内部的经营管理提供决策、计划、控制等方面的有用信息，又要通过定期提供财务报表，为企业外部的投资人、债权人、潜在的投资人和债权人等有关各方服务。因此，为了满足这两方面的需要，既不能用一种成本计算方法取代另一种成本计算方法，也不能像西方国家的企业那样对外报告按全部成本法，对内管理采用变动成本法，搞两套平行的成本资料。只能将这两种成本计算方法有机地结合起来，同时满足企业对内管理和对外报告的要求，搞一套以一种成本计算方法为基础的统一的成本计算方法体系。

如何把这两种成本计算方法结合起来应用？一般来说，要从工作量的大小和管理的重要性来确定。企业的成本计算主要是为内部管理提供需要的成本资料，这是一项经常性的大量工作，编制对外的财务报表则是一项定期性工作，所以，平时采用变动成本法组织日常核算，期末，在变动成本法计算成本的基础上，把固定制造费用经过调整计入期末存货成本和销售成本内，使变动成本转化为全部成本，据以编制对外的财务报表。

为建立以变动成本法为基础的统一的成本计算方法体系，应作如下处理。

（1）日常成本核算应以变动成本为基础，在产品、产成品、已销产品成本均按变动成本法计算，即只包括直接材料、直接人工和变动制造费用。

（2）在生产费用核算中，应设置"生产成本""变动制造费用""固定制造费用"科目，分别归集产品耗费的直接费用（即直接材料和直接人工）、变动制造费用和固定制造费用。期末，将"变动制造费用"科目转入"生产成本"科目。

（3）在期间费用核算中，应设置"变动管理费用""变动销售费用""固定管理费用""固定销售费用"科目，分别归集企业日常管理和产品销售过程中发生的各种变动费用和固定费用。

（4）每月的企业内部利润表可按变动成本法编制。

（5）为编制对外报表，期末，按当期产成品销售量的比例，将"固定制造费用"科目中属于本期已销产成品负担的部分转入"主营业务成本"科目，并列入利润表作为本期销售收入的减除项目；不属于本期已销产成品负担的部分，仍保留在"固定制造费用"本期科目内，并将其按当期生产量分配给资产负债表上的在产品和产成品存货，使之按全部成本计算反映。

【案例分析 10-12】 甲公司只生产一种产品。有关资料如下：

期初无在产品存货，期初产成品的存货为 100 件，成本总额为 1 200 元，其中，变动成本为 700 元，固定制造费用为 500 元；本期投产 3 000 件，完工 2 000 件，期末在产品 1 000 件，完工程度为 50%，本期销售 1 600 件，单位售价为 20 元/件；本期单位直接材料 3 元/件，单位直接人工 1 元/件，单位变动制造费用 1 元/件，固定制造费用 10 000 元，单位变动管理费用 1 元/件，固定管理费用 3 000 元，单位变动销售费用 2 元/件，固定销售费用 2 000 元。

有关主要经济业务的会计处理如下：

(1) 本期投产 3 000 件，发生变动成本时：

借：生产成本——变动生产成本　　　　　　　　　　　　　　15 000
　　贷：原材料　　　　　　　　　　　　　　　　　　　　　　9 000
　　　　应付职工薪酬　　　　　　　　　　　　　　　　　　　3 000
　　　　变动制造费用　　　　　　　　　　　　　　　　　　　3 000

(2) 本期完工产品 2 000 件，(按约当产量法)结转其变动成本时：

单位产品变动成本 = 15 000÷(2 000+1 000×50%) = 6(元/件)

借：库存商品——变动生产成本　　　　　　　　　　　　　　12 000
　　贷：生产成本——变动生产成本　　　　　　　　　　　　　12 000

(3) 期末，本期销售产成品 1 600 件，(按先进先出法)结转其销售成本时：

借：主营业务成本——变动生产成本　　　　9 700(100×7+1 500×6)
　　贷：库存商品——变动生产成本　　　　　　　　　　　　　9 700

(4) 期末，结转期初产成品 100 件包含的固定制造费用时：

借：主营业务成本——固定制造费用　　　　　　　　　　　　　500
　　贷：库存商品——固定制造费用　　　　　　　　　　　　　　500

(5) 本期发生固定制造费用 10 000 元，约当总产量 2 500 件(2 000+1 000×50%)，单位固定制造费用为 4 元/件(10 000/2 500)，期末(按本期产销量)将属于本期已销产成品负担的固定制造费用转入"主营业务成本"时：

本期已销产品应负担的固定制造费用 = 1 500 × 4 = 6 000(元)

借：主营业务成本——固定制造费用　　　　　　　　　　　　6 000
　　贷：固定制造费用　　　　　　　　　　　　　　　　　　　6 000

(6) 期末将不属于本期已销产成品负担的固定制造费用(按实际产量)分配给资产负债表上的在产品和产成品时：

期末在产品应负担的固定制造费用 = 1 000 × 50% × 4 = 2 000(元)

期末产成品应负担的固定制造费用 = 500 × 4 = 2 000(元)

借：生产成本——固定制造费用　　　　　　　　　　　　　　　　2 000
　　库存商品——固定制造费用　　　　　　　　　　　　　　　　2 000
　　　贷：固定制造费用　　　　　　　　　　　　　　　　　　　　　　4 000

表 10-12　按变动成本法和全部成本法编制的利润表

单位：元

贡献式利润表		职能式利润表	
项目	金额	项目	金额
销售收入（1 600 件@20 元）	32 000	销售收入（1 600 件@20 元）	32 000
减：销货变动成本		减：销货成本	
期初存货成本	700	期初存货成本	1 200
本期产品成本	12 000	本期产品成本	20 000
可供销售的产品成本	12 700	可供销售的产品成本	21 200
减：期末存货成本	3 000	减：期末存货成本	5 000
本期销货变动成本合计	9 700	本期销货成本合计	16 200
贡献毛益（制造部分）	22 300		
减：变动非生产成本			
变动管理费用	1 600		
变动销售费用	3 200		
变动非生产成本合计	4 800		
贡献毛益（最终）	17 500	销货毛利	15 800
减：固定成本		减：期间成本	
固定制造费用	10 000	管理费用	4 600
固定管理费用	3 000	销售费用	5 200
固定销售费用	2 000	期间成本合计	9 800
固定成本合计	15 000		
税前利润	2 500	税前利润	6 000

（7）本期发生的变动管理费用＝1 600×1＝1 600（元），固定管理费用＝3 000（元）；本期发生的变动销售费用＝1 600×2＝3 200（元），固定销售费用＝2 000（元）。

根据以上核算资料，现分别编制两种成本计算方法下的利润表，如表 10-12 所示。

根据期初资料和上述业务的会计处理，可以得到在产品和产成品的有关资料，如表 10-13 所示。

表 10-13　在产品和产成品的有关资料表

单位：元

会计科目		期初余额	本期发生额		期末余额
总账科目	明细科目		借方	贷方	
生产成本	变动生产成本	0	(1) 15 000	(2) 12 000	3 000
	固定制造费用	0	(6) 2 000	0	2 000
库存商品	变动生产成本	700	(2) 12 000	(3) 9 700	3 000
	固定制造费用	500	(6) 2 000	(4) 500	2 000

期末按全部成本法编制资产负债表时,1 000件在产品存货的成本为5 000元(其中,变动成本3 000元,固定成本2 000元),即为上述资料中的"生产成本"科目余额;500件产成品存货的成本为5 000元(其中,变动成本3 000元,固定成本2 000元),即为上述资料中的"库存商品"科目余额。

任务四 技能训练

本部分要求学生先用手工完成各个实训的表格计算,然后再利用 Excel 制作各个实训的表格,并通过编辑公式进行单元格的计算。

【实训一】 假定甲公司只产销一种产品,其 20×× 年的有关业务量、售价与成本资料如表 10-14 所示,并假定该年投产的产品均完工。

表 10-14 甲公司 2011 年的有关业务量、售价与成本资料表

业务量及售价		成本项目	
年初产成品数量	0 件	直接材料	10 000 元
本年完工产成品数量	5 000 件	直接人工	5 000 元
本年销售产成品数量	4 000 件	变动制造费用	5 000 元
年末产成品数量	1 000 件	固定制造费用	10 000 元
销售单价	10 元/件	变动管理费用	1 000 元
		固定管理费用	1 000 元
		变动销售费用	3 000 元
		固定销售费用	1 000 元

【要求】

(1)分别采用变动成本法和全部成本法计算该公司的产品成本和期间成本。

(2)分别采用变动成本法和全部成本法计算该公司期末存货成本和本期销货成本。

(3)分别采用变动成本法和全部成本法编制该公司的利润表。

【实训二】 甲公司假设只生产一种产品,20×6 年、20×7 年和 20×8 年连续三年的产销业务量、成本及售价等资料如表 10-15 所示。假设各年成本消耗水平和售价不变,每年投产的产品均在当年全部完工,存货计价采用先进先出法。

表 10-15 甲公司的产销业务量、成本及售价资料表

业务量	20×6 年	20×7 年	20×8 年	合计
年初产成品数量(件)	0	0	1 000	0
当年生产数量(件)	4 000	4 000	4 000	12 000
当年销售数量(件)	4 000	3 000	5 000	12 000
年末产成品数量(件)	0	1 000	0	0
单位售价(元/件)	15	15	15	15
生产成本:				
单位变动成本(元/件)	5	5	5	5
固定制造费用(元)	12 000	12 000	12 000	36 000

(续表)

业　务　量	20×6年	20×7年	20×8年	合　计
管理及销售费用：				
单位变动管理费用(元/件)	1	1	1	1
固定管理费用(元)	5 000	5 000	5 000	15 000
单位变动销售费用(元/件)	2	2	2	2
固定销售费用(元)	3 000	3 000	3 000	9 000

【要求】

（1）分别采用变动成本法和全部成本法编制该公司连续三年的利润表。

（2）比较上述各年两种方法编制的利润表的税前利润，并说明它们之间产生差异的原因。

【实训三】　假设甲公司只生产一种产品，20×6年、20×7年和20×8年连续三年的产销业务量、成本及售价等资料如表10-16所示。假设各年成本消耗水平和售价不变，每年投产的产品均在当年全部完工，存货计价采用先进先出法。

表10-16　甲公司的产销业务量、成本及售价资料表

业　务　量	20×6年	20×7年	20×8年	合　计
年初产成品数量(件)	0	1 000	1 000	0
当年生产数量(件)	6 000	5 000	4 000	15 000
当年销售数量(件)	5 000	5 000	5 000	15 000
年末产成品数量(件)	1 000	1 000	0	0
单位售价(元/件)	15	15	15	15
生产成本：				
单位变动成本(元/件)	5	5	5	5
固定制造费用(元)	12 000	12 000	12 000	36 000
管理及销售费用：				
单位变动管理费用(元/件)	1	1	1	1
固定管理费用(元)	6 000	6 000	6 000	18 000
单位变动销售费用(元/件)	1	1	1	1
固定销售费用(元)	4 000	4 000	4 000	12 000

【要求】

（1）分别采用变动成本法和全部成本法编制该公司连续三年的利润表。

（2）比较上述各年两种方法编制的利润表的税前利润，并说明它们之间存在差异的原因。

【实训四】　甲公司假设只生产一种产品，过去一贯采用全部成本法编制利润表，其20×6年、20×7年、20×8年连续三年的简明职能式利润表如表10-17所示，产销业务资料如表10-18所示。

表 10-17　甲公司连续三年的简明职能式利润表

单位：元

项　　目	20×6 年	20×7 年	20×8 年
销售收入	40 000	60 000	50 000
减：销售成本	20 000	31 600	29 400
销售毛利	20 000	28 400	20 600
减：期间成本	10 000	10 000	10 000
税前利润	10 000	18 400	10 600

表 10-18　甲公司产销业务量资料表

单位：件

业　务　量	20×6 年	20×7 年	20×8 年
年初产成品数量	0	2 000	1 000
当年生产数量	6 000	5 000	4 000
当年销售数量	4 000	6 000	5 000
年末产成品数量	2 000	1 000	0

假设各年成本消耗水平（单位变动生产成本为 3 元/件，固定制造费用 12 000 元）和售价不变，每年投产的产品均在当年全部完工，存货计价采用先进先出法。

【要求】　利用变动成本法和全部成本法计算税前利润之间的转换公式，分别确定该公司 20×6 年、20×7 年、20×8 年按变动成本法计算的税前利润（不需要编制贡献式利润表）。

项目十一　标准成本法

【知识学习目标】　通过本项目的学习,要求了解标准成本及其分类,掌握标准成本系统、标准成本制定过程、标准成本差异的计算及其分析,以及账务处理。

【能力培养目标】　会标准成本差异的计算与分析,能够进行标准成本账务处理。

【教学重点】　标准成本的含义、标准成本差异的计算及分析、标准成本账务处理。

【教学难点】　标准成本差异的计算及分析、标准成本账务处理。

任务一　标准成本及其制定

学习情景一　标准成本的定义及种类

一、标准成本的定义

标准成本是为与成本相关的诸如技术指标、作业指标、计划值等各项指标而设计的,将成本的前馈控制、反馈控制及核算功能有机结合而形成的一种成本控制系统。"标准成本"一词在实际工作中有两种含义:一种是指单位产品的标准成本,它是根据单位产品的标准消耗量和标准单价计算出来的,准确地说,应称为成本标准。

$$成本标准 = 单位产品标准成本 = 单位产品标准消耗量 \times 标准单价$$

另一种是指实际产量的标准成本,是根据实际产品产量和单位产品成本标准计算出来的。

$$标准成本 = 实际产量 \times 单位产品标准成本$$

二、标准成本的种类

标准成本的分类标准主要有生产技术和经营管理水平以及适用期。

（一）按照生产技术和经营管理水平分类

1. 理想标准成本

在最优的生产条件下，利用现有的规模和设备能够达到的最低成本。它是理论上的业绩标准、生产要素的理想价格和可能实现的最高生产能力的利用水平。理想的业绩标准是指生产过程中毫无技术浪费时的生产要素消耗量，最熟练的工人全力以赴工作、不存在废品损失和停工时间等条件下可能实现的最优业绩。最高生产能力的利用水平是指理论上可能达到的设备利用程度，只扣除不可避免的机器修理、改换品种、调整设备的时间，而不考虑产品销路不畅、生产技术故障造成的损失。这种标准是"工厂的极乐世界"，很难成为现实，即使出现也不可能持久。它的主要用途是提供一个完美无缺的目标，揭示成本下降的潜力，不能作为考核的依据。

2. 正常标准成本

在良好的条件下，根据下期一般应该发生的生产要素消耗量、预计价格和预计生产经营能力利用程度制定出来的标准成本。

正常标准成本的特点表现为：（1）它是用科学方法根据客观实验和过去实践经充分研究后制定出来的，具有客观性和科学性；（2）它排除了各种偶然性和意外情况，又保留了目前条件下难以避免的损失，代表正常情况下的消耗水平，具有现实性；（3）它是应该发生的成本，可以作为评价业绩的尺度，成为督促职工去努力争取的目标，具有激励性；（4）它可以在工艺技术水平和管理有效性水平变化不大时持续使用，不需要经常修订，具有稳定性。

（二）按照适用期分类

1. 现行标准成本

根据其适用期间应该发生的价格、效率和生产经营能力利用程度等预计的标准成本。它既可以成为评价实际成本的依据，也可以用来对存货和销货成本计价。它可以用于直接评价工作效率和成本控制的有效性。

2. 基本标准成本

一经制定，只要生产的基本条件无重大变化，就不予变动的标准成本。这种标准成本确定后，除非产品的生产或制造方法发生重大变化，已确定的直接材料、直接人工和制造费用的数量标准和价格标准一般长期不变。

基本标准成本相对固定，可以使各期的成本在同一基础上进行比较，充当稳定成本变动趋势的尺度。通过考察各期发生的实际成本与基本标准成本的指数变动,进而可以了解各期实际成本发生的变化。

基本标准成本有一个最大的缺点,就是不能反映企业工作效率和经营状况的不断变化,显得呆板过时,以致很难发挥成本控制的作用。因此,在实际工作中,基本标准成本也很少被采用。

学习情景二　标准成本的制定

制定产品的标准成本,是进行标准成本计算和进行成本控制、分析的基础。在一般情况下,标准成本可以按零件、部件和生产阶段的成本项目制定,即分别按直接材料、直接人工和制造费用制定。对于其中的制造费用,还可分为变动费用和固定费用两类。

制定标准成本,通常先确定直接材料和直接人工的标准成本,其次确定制造费用的标准成本,最后确定单位产品的标准成本。

在制定时,无论是哪一个成本项目,都需要分别确定其用量标准和价格标准,两者相乘后得出成本标准。

用量标准包括单位产品材料消耗量、单位产品直接人工工时等,主要由生产技术部门主持制定,吸收执行标准的部门和职工参加。

价格标准包括原材料单价、小时工资率、小时制造费用分配率等,由会计部门和有关其他部门共同研究确定。采购部门是材料价格的责任部门,人力资源部门和生产部门对小时工资率负有责任,各生产车间对小时制造费用率承担责任,在制定有关价格标准时要与他们协商。

无论是价格标准还是用量标准,都可以是理想状态的或正常状态的,据此得出理想的标准成本或正常的标准成本。

一、直接材料标准成本

直接材料的标准消耗量,是用统计方法、工业工程法或其他技术分析方法确定的。它是现有技术条件生产单位产品所需的材料数量,其中包括必不可少的消耗以及各种难以避免的损失。

直接材料的价格标准,是预计下一年度实际需要支付的进料单位成本,包括发票价格、运费、检验和正常损耗等成本,是取得材料的全部成本。其计算公式如下:

$$直接材料标准成本 = 单位产品材料标准消耗量 \times 该种材料标准单价$$

表 11-1 是一个直接材料标准成本的实例。

表 11-1　直接材料标准成本

产品：A

标　准	材料甲	材料乙
价格标准 　发票单价 　装卸检验费 　每千克标准价格	1.00 元 0.07 元 1.07 元	4.00 元 0.28 元 4.28 元
用量标准 　图纸用量 　允许损耗量 　单产标准用量	3.0 千克 0.3 千克 3.3 千克	2.0 千克 — 2.0 千克
成本标准 　材料甲（3.3×1.07） 　材料乙（2.0×4.28）	3.53 元	8.56 元
单位产品标准成本	12.09 元	

二、直接人工标准成本

直接人工的用量标准是单位产品的标准工时。确定单位产品所需的直接生产工人工时，需要按产品的加工工序分别进行，然后加以汇总。标准工时是指在现有生产技术条件下，生产单位产品所需要的时间，包括直接加工操作必不可少的时间，以及必要的间歇和停工，如工间休息、调整设备时间、不可避免的废品耗用工时等。标准工时应以作业研究和工时研究为基础，参考有关统计资料来确定。

直接人工的价格标准是指标准工资率。它可能是预定的工资率，也可能是正常的工资率。如果采用计件工资制，标准工资率是预定的每件产品支付的工资除以标准工时，或者是预定的小时工资；如果采用月工资制，需要根据月工资总额和可用工时总量来计算标准工资率。其计算公式如下：

$$直接人工标准成本 = 单位产品标准工时 \times 标准小时工资率$$

表 11-2 是一个直接人工标准成本的实例。

表 11-2 直接人工标准成本

小时工资率	第一道工序	第二道工序
基本生产工人人数	20	50
每人每月工时(25.5 天×8 小时)	204	204
出勤率	98%	98%
每人平均可用工时(小时)	200	200
每月总工时(小时)	4 000	10 000
每月工资总额(元)	3 600	12 600
每小时工资(元)	0.90	1.26
单位产品工时		
理想作业时间(小时)	1.5	0.8
调整设备时间(小时)	0.3	—
工间休息(小时)	0.1	0.1
其 他(小时)	0.1	0.1
单位产品工时合计(小时)	2	1
直接人工标准成本(元)	1.80	1.26
合　　　计(元)	3.06	

三、制造费用标准成本

制造费用标准成本是按部门分别编制,然后将同一产品涉及的各部门单位制造费用标准加以汇总,得出整个产品制造费用标准成本。

各部门的制造费用标准成本分为变动制造费用标准成本和固定制造费用标准成本两部分。

(一)变动制造费用标准成本

变动制造费用的用量标准通常采用单位产品直接人工工时标准,它在直接人工标准成本制定时已经确定。有的企业采用机器工时或其他用量标准。作为数量标准的计量单位,应尽可能地与变动制造费用保持较好的线性关系。

变动制造费用的价格标准是每一工时变动制造费用的标准分配率,它根据变动制造费用预算和直接人工总工时计算求得。其计算公式如下:

$$变动制造费用标准成本 = 单位产品标准工时 \times 变动制造费用标准分配率$$

其中:

$$变动制造费用标准分配率 = \frac{变动制造费用预算总数}{直接人工标准总工时}$$

表 11-3 是一个单位产品标准变动制造费用的实例。

表 11-3 变动制造费用标准成本

单位：元

部门	第一车间	第二车间
变动制造费用预算		
运　　输	800	2 100
电　　力	400	2 400
消耗材料	1 400	1 800
间接人工	2 000	3 900
燃　　料	400	1 400
其　　他	200	400
合　　计	5 200	12 000
生产量标准（人工工时）	4 000	10 000
变动制造费用标准分配率	1.30	1.20
直接人工用量标准（人工工时）	2	1
变动制造费用标准成本	2.60	1.20
单位产品标准变动制造费用	3.80	

各车间变动制造费用标准成本确定之后，可汇总出单位产品的变动制造费用标准成本。

（二）固定制造费用标准成本

如果企业采用变动成本计算，固定制造费用不计入产品成本，因此，单位产品的标准成本中不包括固定制造费用的标准成本。在这种情况下，不需要制定固定制造费用的标准成本，固定制造费用的控制则通过预算管理来进行。如果采用完全成本计算，固定制造费用要计入产品成本，还需要确定其标准成本。

固定制造费用的用量标准与变动制造费用的用量标准相同，包括直接人工工时、机器工时、其他用量标准等，并且两者要保持一致，以便进行差异分析。这个标准的数量在制定直接人工用量标准时已经确定。

固定制造费用的价格标准是其每小时的标准分配率，它根据固定制造费用预算和直接人工标准总工时来计算求得。其计算公式如下：

$$固定制造费用标准成本 = 单位产品标准工时 \times 固定制造费用标准分配率$$

其中：

$$固定制造费用标准分配率 = \frac{固定制造费用预算总额}{直接人工标准总工时}$$

表 11-4 是一个单位产品标准固定制造费用的实例。

各车间固定制造费用的标准成本确定之后，可汇总出单位产品的固定制造费用标准成本。

表 11-4 固定制造费用标准成本

单位：元

部　　门	第一车间	第二车间
固定制造费用		
折旧费	200	2 350
管理人员工资	700	1 800
间接人工	500	1 200
保险费	300	400
其他	300	250
合　计	2 000	6 000
生产量标准（人工工时）	4 000	10 000
固定制造费用分配率	0.5	0.6
直接人工用量标准（人工工时）	2	1
部门固定制造费用标准成本	1	0.6
单位产品固定制造费用标准成本	1.60	

将以上确定的直接材料、直接人工和制造费用的标准成本按产品加以汇总，就可确定有关产品完整的标准成本。通常，企业编制标准成本卡（如表 11-5 所示），反映产成品标准成本的具体构成。在每种产品生产之前，它的标准成本卡要送达有关人员，包括各级生产部门负责人、会计部门、仓库等，作为领料、派工和支出其他费用的依据。

表 11-5 单位产品标准成本卡

产品：A

成 本 项 目	用量标准	价格标准	标准成本
直接材料			
甲材料	3.3 千克	1.07 元/千克	3.53 元
乙材料	2 千克	4.28 元/千克	8.56 元
合　　计			12.09 元
直接人工			
第一车间	2 小时	0.9 元/时	1.80 元
第二车间	1 小时	1.26 元/时	1.26 元
合　　计			3.06 元
制造费用			
变动费用（第一车间）	2 小时	1.30 元/时	2.60 元
变动费用（第二车间）	1 小时	1.20 元/时	1.20 元
合　　计			3.80 元
固定费用（第一车间）	2 小时	0.5 元/时	1.00 元
固定费用（第二车间）	1 小时	0.6 元/时	0.60 元
合　　计			1.60 元
单位产品标准成本总计		20.55 元	

任务二　标准成本差异的计算与分析

学习情景一　标准成本差异概述

实际成本与标准成本之间的差额,称为标准成本差异,或称成本差异。其计算公式如下:

$$成本差异 = 产品的实际成本 - 产品的标准成本$$

如果上式计算的结果为正值,表示实际成本大于标准成本的差异,称为不利差异;如果计算的结果为负值,表示实际成本小于标准成本的差异,称为有利差异。对于不利差异,应及时找出原因,提出进一步改进的措施,以便尽早消除;对于有利差异,也应及时总结经验,巩固成绩。

成本差异可以归结为价格脱离标准造成的价格差异与用量脱离标准造成的数量差异两类。

$$
\begin{aligned}
成本差异 &= 实际成本 - 标准成本 \\
&= 实际数量 \times 实际价格 - 标准数量 \times 标准价格 \\
&= 实际数量 \times (实际价格 - 标准价格) + (实际数量 - 标准数量) \times 标准价格 \\
&= 价格差异 + 数量差异 \\
&= 价差 + 量差
\end{aligned}
$$

学习情景二　各种成本差异分析的计算与分析

一、直接材料成本差异的计算与分析

直接材料成本差异是指直接材料的实际成本与直接材料的标准成本之间的差异额,其计算公式如下:

$$直接材料成本差异 = 直接材料实际成本 - 直接材料标准成本$$

直接材料成本差异受直接材料价格差异和直接材料数量差异两个因素影响。可用公式表示为:

直接材料价格差异 = 实际数量 ×（实际价格 − 标准价格）

直接材料数量差异 =（实际数量 − 标准数量）× 标准价格

【案例分析 11-1】 A 公司 2009 年 1 月生产甲产品 500 件，使用材料 2 700 公斤，材料单价为 4.50 元/公斤；直接材料的单位产品标准成本为 25.30 元，即每件产品耗用 5.50 公斤直接材料，每公斤材料的标准价格为 4.60 元。根据上述公式计算：

直接材料价格差异 = 2 700 ×（4.50 − 4.60）= − 270（元）

直接材料数量差异 =（2 700 − 500 × 5.50）× 4.60 = − 230（元）

直接材料价格与数量差异之和，应当等于直接材料成本的总差异。

直接材料成本差异 = 实际成本 − 标准成本 = 2 700 × 4.50 − 500 × 5.50 × 4.60

$$= 12\ 150 - 12\ 650 = -500（元）$$

验算：

直接材料成本差异 = 价格差异 + 数量差异 = − 270 +（− 230）= − 500（元）

（1）材料价格差异是在采购过程中形成的，不应由耗用材料的生产部门负责，而应由采购部门对其作出说明。采购部门未能按标准价格订货的原因有很多，需要进行分析和调整，才能明确最终原因和责任归属。

（2）材料数量差异是在材料耗用过程中形成的，反映生产部门的成本控制业绩。材料数量差异形成的具体原因有很多，要进行具体的调查研究才能明确责任归属。

二、直接人工成本差异的计算与分析

直接人工成本差异是指直接人工的实际成本与直接人工的标准成本之间的差异额，它也被划分为价差和量差两部分。价差又称工资率差异，是指实际工资率脱离标准工资率，其差额按实际工时计算确定的金额。量差又称人工效率差异，是指实际工时脱离标准工时，其差额按标准工资率计算确定的金额。它们的计算公式为：

直接人工工资率差异 = 实际工时 ×（实际工资率 − 标准工资率）

直接人工效率差异 =（实际工时 − 标准工时）× 标准工资率

【案例分析 11-2】 A 公司 2009 年 1 月生产甲产品 500 件，实际使用工时 3 100 小时，支付工资 15 810 元；直接人工的标准成本是 30 元/件，即每件产品的标准工时为 6 小时，标准工资率为 5 元/小时。按上述公式计算：

直接人工工资率差异 = 3 100 ×（15 810 ÷ 3 100 − 5）= 3 100 ×（5.10 − 5）= 310（元）

直接人工效率差异 =（3 100 − 500 × 6）× 5 =（3 100 − 3 000）× 5 = 500（元）

直接人工工资率差异与直接人工效率差异之和,应当等于直接人工成本总差异,并可据此验算差异,分析计算的正确性。

验算:

直接人工成本差异 = 实际直接人工成本 − 标准直接人工成本

$$= 15\ 810 - 500 \times 6 \times 5 = 810(元)$$

直接人工成本差异 = 工资率差异 + 人工效率差异 = 310 + 500 = 810(元)

工资率差异形成的原因,包括直接生产工人升级或降级使用、奖励制度所产生的实效、工资率调整、加班或使用临时工、出勤率变化等,原因复杂且难以控制。一般来说,应该归属于人事劳动部门管理,差异的具体原因会涉及生产部门或其他部门。

直接人工效率差异的形成原因,包括工作环境不良、工人经验不足、劳动情绪不佳、新工人上岗太多、机器或工具选用不当、设备故障多、作业计划安排不当、产量太少无法发挥批量节约优势等。它主要是生产部门的责任,但这不是绝对的。例如,材料质量不好也会影响生产效率。

三、制造费用标准成本差异的计算

制造费用可分为变动制造费用和固定制造费用两部分。由此,制造费用标准成本差异可分为变动制造费用差异和固定制造费用差异两部分。

(一) 变动制造费用差异的计算与分析

变动制造费用成本差异 = 变动制造费用实际成本 − 变动制造费用标准成本

它也可以分解为"价差"和"量差"两部分。价差是指变动制造费用的实际小时分配率脱离标准的小时分配率,按实际工时计算确定的金额,反映耗费水平的高低,故称为耗费差异。量差是指实际工时脱离标准工时,按标准的小时分配率计算确定的金额,反映工作效率变化引起的费用节约或超支,故称为变动制造费用效率差异。它们的计算公式为:

$$\begin{matrix} 变动制造费用\\ 耗费差异 \end{matrix} = 实际工时 \times \left(\begin{matrix} 变动制造费用\\ 实际分配率 \end{matrix} - \begin{matrix} 变动制造费用\\ 标准分配率 \end{matrix} \right)$$

$$\begin{matrix} 变动制造费用\\ 效率差异 \end{matrix} = (实际工时 - 标准工时) \times \begin{matrix} 变动制造费用\\ 标准分配率 \end{matrix}$$

【案例分析 11-3】 A 公司 2009 年 1 月甲产品的实际产量 500 件,使用工时 3 100 小时,实际发生变动制造费用 13 020 元;变动制造费用标准成本为 24 元/件,即每件产品标准工时为 6 小时,标准的变动制造费用分配率为 4 元/小时。按上述公式计算:

变动制造费用耗费差异 = 3 100 × (13 020 ÷ 3 100 − 4) = 3 100 × (4.2 − 4)
$$= 620(元)$$

变动制造费用效率差异 = (3 100 − 500 × 6) × 4 = 100 × 4 = 400(元)

验算：

变动制造费用成本差异 = 实际变动制造费用 − 标准变动制造费用
$$= 13\,020 − 500 × 6 × 4 = 1\,020(元)$$

变动制造费用成本差异 = 变动制造费用耗费差异 + 变动制造费用效率差异
$$= 620 + 400 = 1\,020(元)$$

变动制造费用的耗费差异是实际支出与按实际工时和标准费用分配率计算的预算数之间的差额。由于后者是在承认实际工时是必要的前提下计算出来的弹性预算数，因此，该项差异反映耗费水平，即每小时业务量支出的变动制造费用脱离了标准。耗费差异是部门经理的责任，他们有责任将变动制造费用控制在弹性预算限额之内。

变动制造费用效率差异，是由于实际工时脱离了标准，多用工时导致的费用增加，因此，其形成原因与人工效率差异相同。

（二）固定制造费用差异的计算与分析

固定制造费用的差异分析与各项变动成本差异分析不同，其分析方法有二因素分析法和三因素分析法两种。

1. 二因素分析法

二因素分析法是指将固定制造费用差异分为耗费差异和能量差异。

耗费差异是指固定制造费用的实际金额与固定制造费用预算金额之间的差额。固定制造费用与变动制造费用不同，不因业务量而变，故差异分析有别于变动制造费用。在考核时不考虑业务量的变动，以原来的预算数作为标准，实际数超过预算数即视为耗费过多。其计算公式为：

固定制造费用耗费差异 = 固定制造费用实际数 − 固定制造费用预算数
= 实际工时 × 固定制造费用实际分配率 − 生产能量 × 固定制造费用标准分配率

能量差异是指固定制造费用预算数与固定制造费用标准成本的差额，或者说是实际业务量的标准工时与生产能量的差额按固定制造费用标准分配率计算的金额。它所反映的是计划生产能力的利用程度。该项差异只有通过业务量才能说明，并且也只有通过业务量的控制才能得到控制。能量差异的基本特点是：当预计业务量（即以工时表现的正常生产能力）等于应耗的标准工时（即按实际产量计算的标准工时），则没有能量差异；当预计业务量（即以工时表现的正常生产能力）大于应耗的标准工时(即按实际产量计算的标准工时),则产生不利能量差异,表明计划生产能力尚未得到充分利用;当预计业务量(即以工时表现的正常生产能力)小于应耗的标准工时(即按实际产量计算的标准工时),则产生有利能量差异,表明计划生产能力得到充分利用。其计算公式为:

固定制造费用能量差异 = 固定制造费用预算数 − 固定制造费用标准成本

= 生产能量 × 固定制造费用标准分配率 − 实际产量标准工时 × 固定制造费用标准分配率

= (生产能量 − 实际产量标准工时) × 固定制造费用标准分配率

【案例分析11-4】 A公司2005年1月甲产品的实际产量为500件,发生固定制造成本9 440元,实际工时为3 100小时;企业生产能量为580件,即3 480小时;每件产品的固定制造费用标准成本为18元/件,即每件产品标准工时为6小时,标准分配率为3元/小时。

固定制造费用耗费差异 = 9 440 − 3 480 × 3 = − 1 000(元)

固定制造费用能量差异 = 3 480 × 3 − 500 × 6 × 3 = 10 440 − 9 000 = 1 440(元)

验算:

固定制造费用成本差异 = 实际固定制造费用 − 标准固定制造费用

= 9 440 − 500 × 6 × 3 = 440(元)

固定制造费用成本差异 = 耗费差异 + 能量差异 = − 1 000 + 1 440 = 440(元)

2. 三因素分析法

三因素分析法是指将固定制造费用成本差异分为耗费差异、闲置能量差异和效率差异三部分。耗费差异的计算与二因素分析法相同。不同的是要将二因素分析法中的能量差异进一步分为两部分:一部分是实际工时未达到标准能量而形成的闲置能量差异;另一部分是实际工时脱离标准工时而形成的效率差异。

固定制造费用闲置能量差异 = 固定制造费用预算数 − 实际工时 × 固定制造费用标准分配率

= (生产能量 − 实际工时) × 固定制造费用标准分配率

固定制造费用效率差异 = 实际工时 × 固定制造费用标准分配率 − 实际产量标准工时 × 固定制造费用标准分配率

= (实际工时 − 实际产量标准工时) × 固定制造费用标准分配率

依【案例分析11-4】的资料计算:

固定制造费用闲置能量差异 = (3 480 − 3 100) × 3 = 380 × 3 = 1 140(元)

固定制造费用效率差异 = (3 100 − 500 × 6) × 3 = 100 × 3 = 300(元)

三因素分析法的闲置能量差异(1 140 元)与效率差异(300 元)之和为 1 440 元,与二因素分析法中的能量差异数额相同。

值得注意的是,成本控制的方法有很多,如定额成本方法、作业成本方法等,标准成本法只是其中的一种方法而已。但是,在诸多成本控制方法中,标准成本法是较为重要的一种成本控制方法。

任务三　标准成本系统账务处理的程序

学习情景一　标准成本系统账务处理的特点

为了同时提供标准成本、成本差异和实际成本三项成本资料。标准成本系统的账务处理具有以下三个特点。

一、"原材料""生产成本"和"库存商品"账户登记标准成本

在实际成本系统中,从原材料到库存商品的流转过程,使用实际成本记账。在标准成本系统中,无论是借方或者贷方,均登记实际数量的标准成本,其余额反映这些资产的标准成本。

二、设置成本差异账户分别记录各种成本差异

在需要登记"原材料""生产成本""库存商品"账户时,应将实际成本分离为标准成本和有关的成本差异,标准成本数据记入"原材料""生产成本""库存商品"账户,而有关的差异分别记入各成本差异账户。

各差异账户借方登记超支差异,贷方登记节约差异。

三、各会计期末对成本差异进行处理

各成本差异账户的累计发生额,反映本期成本控制的业绩。在月末(或年末)对成本差异的处理方法有两种。

（一）结转本期损益法

按照这种方法,在会计期末将所有差异转入"本年利润"账户,或者先将差异转入"主营业务成本"账户,再随同已销产品的标准成本一起转至"本年利润"账户。

采用这种方法的依据是确信标准成本是真正的正常成本,成本差异是不正常的低效率和浪费造成的,应当直接体现在本期损益之中,使利润能体现本期工作成绩的好坏。此外,这种方法的账务处理比较简便。

如果差异数额较大或者标准成本制定得不符合实际的正常水平,则不仅使存货成本严重脱离实际成本,而且会歪曲本期经营成果。

在成本差异数额不大时,可以采用此种方法。

(二)调整销货成本与存货法

按照这种方法,在会计期末将成本差异按比例分配至已销产品成本和存货成本。

采用这种方法的依据是税法和会计制度均要求以实际成本反映存货成本和销货成本。本期发生的成本差异,应由存货成本和销货成本共同负担。

采用这种方法会增加一些计算分配的工作量。此外,有些费用计入存货成本不一定合理,例如,闲置能量差异是一种损失,并不能在未来换取收益,作为资产计入存货成本明显不合理,不如作为期间费用在当期参加损益汇总。

成本差异的处理方法选择要考虑许多因素,可以对各种成本差异采用不同的处理方法,值得强调的是,差异的处理方法要保持一贯性,以便使成本数据保持可比性,并防止信息使用人发生误解。

学习情景二 标准成本系统账务处理的程序

为便于理解,现举例对标准成本的账务处理程序进行说明。

【案例分析 11-5】 傲东公司 20××年 2 月只生产销售一种甲产品,有关成本资料如下:

(1)单位产品标准成本:

直接材料(6 千克×5 元/千克)	30 元
直接人工(3 小时×5 元/小时)	15 元
变动制造费用(3 小时×2 元/小时)	6 元
固定制造费用(3 小时×1 元/小时)	3 元
单位产品标准成本(全部成本法)	54 元
单位产品标准成本(变动成本法)	51 元

(2)本月费用预算:

生产能量	3 000 小时
变动制造费用	6 000 元
固定制造费用	3 000 元
变动制造费用标准分配率(6 000/3 000)	2 元/小时
固定制造费用标准分配率(3 000/3 000)	1 元/小时
变动销售费用	3 元/件
固定销售费用	14 000 元
变动管理费用	1 元/件

固定管理费用   10 000 元

(3) 本月生产及销售情况：

本月初产成品存货 100 件，其标准成本（全部成本法）为 5 400 元（100 件×54 元/件），其标准成本（变动成本法）为 5 100 元（100 件×51 元/件），没有在产品存货；本月投产 500 件，原材料一次投入，完工入库 450 件，月末在产品 50 件。本月销售 480 件，月末产成品存货 70 件。销售单价 130 元/件。

现采用标准成本系统进行账务处理如下：

(1) 原材料的购入与领用。本月购入第一批原材料 2 000 千克，实际成本每千克 4.50 元，共计 9 000 元，款项尚未支付，材料已如数入库。

直接材料标准成本 = 2 000×5 = 10 000（元）

直接材料实际成本 = 2 000×4.50 = 9 000（元）

直接材料价格差异 = 2 000×(4.50−5) = −1 000（元）

借：原材料   10 000
　　贷：直接材料价格差异   1 000
　　　　应付账款   9 000

本月购入第二批原材料 1 000 千克，实际成本每千克 5.20 元，共计 5 200 元，款项尚未支付，材料已如数入库。

直接材料标准成本 = 1 000×5 = 5 000（元）

直接材料实际成本 = 1 000×5.20 = 5 200（元）

直接材料价格差异 = 1 000×(5.20−5) = 200（元）

借：原材料   5 000
　　直接材料价格差异   200
　　贷：应付账款   5 200

本月投产 500 件，领用材料 3 200 千克，仓库如数发出。

应耗材料标准成本 = 500×6×5 = 15 000（元）

实际领料标准成本 = 3 200×5 = 16 000（元）

直接材料数量差异 = (3 200−500×6)×5 = 1 000（元）

借：生产成本   15 000
　　直接材料数量差异   1 000
　　贷：原材料   16 000

(2) 直接人工工资。本月实际使用直接人工 2 500 小时,支付工资 12 750 元,平均每小时 5.10 元。

借:应付职工薪酬　　　　　　　　　　　　　　　　　　12 750
　　贷:银行存款　　　　　　　　　　　　　　　　　　　12 750

为了确定应计入"生产成本"账户的标准成本数额,需计算本月实际完成的约当产量。在产品约当完工产品的系数为 0.5,月初无在产品,本月完工入库 450 件,月末在产品 50 件。

本月完成的约当产量 = 50×0.5+450−0×0.5 = 475(件)

直接人工标准成本 = 475×3×5 = 7 125(元)

直接人工实际成本 = 2 500×5.10 = 12 750(元)

直接人工效率差异 = (2 500−475×3)×5 = 5 375(元)

直接人工工资率差异 = 2 500×(5.10−5) = 250(元)

借:生产成本　　　　　　　　　　　　　　　　　　　　7 125
　　直接人工效率差异　　　　　　　　　　　　　　　　5 375
　　直接人工工资率差异　　　　　　　　　　　　　　　　250
　　贷:应付职工薪酬　　　　　　　　　　　　　　　　　12 750

(3) 变动制造费用。本月实际发生变动制造费用 4 500 元,实际变动制造费用分配率为 1.80 元/小时(4 500/2 500)。

借:变动制造费用　　　　　　　　　　　　　　　　　　4 500
　　贷:各相关科目　　　　　　　　　　　　　　　　　　4 500

将其计入产品成本:

变动制造费用标准成本 = 475×3×2 = 2 850(元)

变动制造费用实际成本 = 2 500×1.80 = 4 500(元)

变动制造费用效率差异 = (2 500−475×3)×2 = 2 150(元)

变动制造费用耗费差异 = 2 500×(1.80−2) = −500(元)

借:生产成本　　　　　　　　　　　　　　　　　　　　2 850
　　变动制造费用效率差异　　　　　　　　　　　　　　2 150
　　贷:变动制造费用耗费差异　　　　　　　　　　　　　　500
　　　　变动制造费用　　　　　　　　　　　　　　　　　4 500

(4) 固定制造费用。本月实际发生固定制造费用 5 250 元,实际固定制造费用分配率为 2.10 元/小时(5 250/2 500)。

| 借：固定制造费用 | 5 250 |
| 贷：各相关科目 | 5 250 |

① 若在全部成本法下,将固定制造费用计入产品成本(采用三因素分析法)：

固定制造费用标准成本＝475×3×1＝1 425(元)

固定制造费用实际成本＝2 500×2.10＝5 250(元)

固定制造费用耗费差异＝5 250－3 000＝2 250(元)

固定制造费用闲置能量差异＝(3 000－2 500)×1＝500(元)

固定制造费用效率差异＝(2 500－475×3)×1＝1 075(元)

借：生产成本	1 425
固定制造费用耗费差异	2 250
固定制造费用闲置能量差异	500
固定制造费用效率差异	1 075
贷：固定制造费用	5 250

② 若在变动成本法下,将固定制造费用直接计入当期损益：

| 借：本年利润 | 5 250 |
| 贷：固定制造费用 | 5 250 |

(5) 完工产品入库。本月完工产成品450件。

完工产品标准成本(全部成本法)＝450×54＝24 300(元)

完工产品标准成本(变动成本法)＝450×51＝22 950(元)

① 若在全部成本法下：

| 借：库存商品 | 24 300 |
| 贷：生产成本 | 24 300 |

上述分录过账后,"生产成本"账户余额为2 100元,其中,直接材料标准成本1 500元(50×30),直接人工标准成本375元(50×15×0.5),变动制造费用标准成本150元(50×6×0.5),固定制造费用标准成本75元(50×3×0.5)。

② 若在变动成本法下：

| 借：库存商品 | 22 950 |
| 贷：生产成本 | 22 950 |

上述分录过账后,"生产成本"账户余额为2 025元,其中,直接材料标准成本1 500元(50×30),直接人工标准成本375元(50×15×0.5),变动制造费用标准成本150元(50×6×0.5)。

(6) 产品销售。本月销售 480 件,单位价格 130 元,计 62 400 元,款项尚未收到。

借:应收账款　　　　　　　　　　　　　　　　　　　62 400
　　贷:主营业务收入　　　　　　　　　　　　　　　　　　62 400

同时,结转已销产品成本:

① 若在全部成本法下,结转已销产品成本 25 920 元(480×54):

借:主营业务成本　　　　　　　　　　　　　　　　　25 920
　　贷:库存商品　　　　　　　　　　　　　　　　　　　　25 920

上述分录过账后,"库存商品"账户期末余额为 3 780 元。它反映 70 件期末产成品存货的标准成本(70 件×54 元/件)。

② 若在变动成本法下,结转已销产品成本 24 480 元(480×51):

借:主营业务成本　　　　　　　　　　　　　　　　　24 480
　　贷:库存商品　　　　　　　　　　　　　　　　　　　　24 480

上述分录过账后,"库存商品"账户期末余额为 3 570 元。它反映 70 件期末产成品存货的标准成本(70 件×51 元/件)。

(7) 发生销售费用与管理费用。本月实际发生变动销售费用 1 200 元,固定销售费用 12 000 元,变动管理费用 400 元,固定管理费用 10 000 元。

借:变动销售费用　　　　　　　　　　　　　　　　　1 200
　　固定销售费用　　　　　　　　　　　　　　　　　12 000
　　变动管理费用　　　　　　　　　　　　　　　　　　　400
　　固定管理费用　　　　　　　　　　　　　　　　　10 000
　　贷:各相关科目　　　　　　　　　　　　　　　　　　23 600

(8) 结转成本差异。假设该公司采用结转本期损益法处理成本差异:

① 在全部成本法下结转成本差异:

借:主营业务成本　　　　　　　　　　　　　　　　　11 300
　　直接材料价格差异　　　　　　　　　　　　　　　　　800
　　变动制造费用耗费差异　　　　　　　　　　　　　　　500
　　贷:直接材料数量差异　　　　　　　　　　　　　　1 000
　　　　直接人工效率差异　　　　　　　　　　　　　　5 375
　　　　直接人工工资率差异　　　　　　　　　　　　　　250
　　　　变动制造费用效率差异　　　　　　　　　　　　2 150
　　　　固定制造费用耗费差异　　　　　　　　　　　　2 250
　　　　固定制造费用闲置能量差异　　　　　　　　　　　500
　　　　固定制造费用效率差异　　　　　　　　　　　　1 075

② 在变动成本法下结转成本差异:

借：主营业务成本　　　　　　　　　　　　　　　　　7 475
　　直接材料价格差异　　　　　　　　　　　　　　　　800
　　变动制造费用耗费差异　　　　　　　　　　　　　　500
　贷：直接材料数量差异　　　　　　　　　　　　　　1 000
　　　直接人工效率差异　　　　　　　　　　　　　　5 375
　　　直接人工工资率差异　　　　　　　　　　　　　　250
　　　变动制造费用效率差异　　　　　　　　　　　　2 150

（9）编制损益表。根据上述资料，分别按全部成本法和变动成本法编制该公司的损益表，如表11-6所示。

表11-6　按变动成本法和全部成本法编制的利润表

单位：元

贡献式利润表（变动成本法）		职能式利润表（全部成本法）	
项目	金额	项目	金额
销售收入（480件@130元）	62 400	销售收入（480件@130元）	62 400
减：销货变动成本		减：销货成本	
期初存货成本（100件@51元）	5 100	期初存货成本（100件@54元）	5 400
本期产品成本（450件@51元）	22 950	本期产品成本（450件@54元）	24 300
可供销售的产品成本	28 050	可供销售的产品成本	29 700
减：期末存货成本（70件@51元）	3 570	减：期末存货成本（70件@54元）	3 780
本期销售变动成本合计	24 480	本期销售成本合计	25 920
边际贡献（标准）	37 920	销货毛利（标准）	36 480
减：各项成本差异合计	7 475	减：各项成本差异合计	11 300
贡献毛益（制造部分）	30 445		
减：变动非生产成本			
变动管理费用	400		
变动销售费用	1 200		
变动非生产成本合计	1 600		
边际贡献（最终）	28 845	销货毛利（实际）	25 180
减：固定成本		减：期间成本	
固定制造费用	5 250	管理费用	10 400
固定管理费用	10 000	销售费用	13 200
固定销售费用	12 000	期间成本合计	23 600
固定成本合计	27 250		
税前利润	1 595	税前利润	1 580

由表11-6可知，按全部成本法计算的税前利润（1 580元）比按变动成本法计算的税前利润（1 595元）低15元。这是因为前者期初存货（产成品100件，在产品0件）"释放"的固定制造费用300元（100×3）；期末存货（产成品70件，在产品50件）"吸收"的固定制造费用285元（70×3+50×0.5×3）。

任务四 技能训练

【实训一】 变动制造费用差异分析

新华公司甲产品的变动制造费用标准成本为:工时消耗 3 小时,变动制造费用小时分配率 5 元。本月生成甲产品 500 件,实际使用工时 1 400 小时,实际发生变动制造费用 7 700 元。

【要求】 分析计算变动制造费用的耗费差异和效率差异,并进行相关账务处理。

【实训二】 成本差异分析及账务处理

希望公司生产甲产品,本月预计生产 200 件,实际生产 180 件,本月投产,全部完工,并于本月份销售 160 件,每件售价 250 元。甲产品的标准成本资料如下:单位产品耗用 A 材料 9 公斤,每公斤单价 3 元;耗用 B 材料 15 公斤,每公斤单价 5 元。单位产品标准工时 100 小时,标准小时工资率为 0.20 元,标准小时变动费用率为 0.15 元,标准小时固定费用率为 0.30 元。

本月发生的其他有关资料如下:

(1)本月实际耗用 A 材料 2 000 公斤,每公斤 2.80 元,B 材料 3 000 公斤,每公斤 5.30 元;

(2)本月实际生产工人工资总额为 2 880 元,生产工时为 16 000 小时;

(3)本月实际变动制造费用 2 240 元,固定制造费用 5 600 元。

【要求】 根据上述资料,计算标准成本及其差异,并进行相应的账务处理。

【实训三】 成本差异分析及账务处理

中华公司只生产一种产品,其单件产品的有关资料如表 11-7 所示。

表 11-7 标准成本资料表

成本项目	标准成本
直接材料	10 千克×0.15 元/千克
直接人工	0.5 小时/件×4 元/小时
制造费用 　固定制造费用(总额) 　单位变动制造费用	5 000 元(预算数) 1 元/件
产量	预计正常生产能量 10 000 件

本月赊购材料 90 000 千克,单价 0.16 元/千克,本月实际投产产品 8 000 件(完工率

100%,实际耗用材料 88 000 千克,本月生产产品耗用工时 3 600 小时,本月实际发生的工资费用 15 120 元,变动制造费用 9 600 元,实际发生的固定制造费用为 5 000 元。

【要求】

(1) 确定材料采购差异,并编制相应会计分录。

(2) 分析本月投产产品的材料用量差异、直接人工差异、变动制造费用差异以及固定制造费用差异(三因素分析法),并编制相应的会计分录。

项目十二　成本报表编制与分析

【知识学习目标】　了解成本报表的概念、特点和设置要求；了解成本报表的意义、作用、种类；掌握成本报表编制和成本分析的一般程序和方法。
【能力培养目标】　掌握产品生产成本表、主要产品单位成本表、制造费用明细表、销售费用明细表、管理费用明细表和财务费用明细表的编制和分析。
【教学重点】　产品生产成本表、主要产品单位成本表的编制和分析。
【教学难点】　成本的分析方法。

任务一　成本报表的编制

学习情景一　成本报表概述

一、成本报表的概念

成本报表是根据日常成本核算资料及其他有关资料编制的，反映企业一定时期内产品成本水平和费用支出情况，据以分析企业成本计划执行情况和结果的报告文件，以考核各项费用与生产成本计划执行结果的会计报表，是会计报表体系的重要组成部分。成本报表不作为企业对外报送的会计报表，它是一种向企业内部经营管理者提供有关成本信息，进行成本分析，促进和挖掘成本潜力的内部报表。

二、成本报表的特点

成本报表是服务于企业内部经营管理的会计报表，不需要对外报送或公布，与财务会计报告中的资产负债表、利润表和现金流量表等对外报送的报表相比，成本报表具有如下三个特点。

（一）非公开性

成本报表反映的成本信息被视为企业的商业秘密，不对外公开发布，主要满足企业管理部门对成本计划完成情况的分析以及对费用预算执行情况的控制、确保成本费用目标实现的需要，同时为企业进行成本预测、决策和修订成本计划提供重要依据。

（二）灵活性

成本报表属于内部报表，不受企业外部的制约和影响，报表采取什么具体形式、填列哪些内容、什么时间报送等，完全依据企业自身的生产特点和成本管理要求来决定，不拘泥于格式的统一和内容的完整。

（三）及时性

成本报表作为对内报表，可以及时满足企业管理中的成本信息资料需要，既可定期编报，提供完整的日常成本信息；也可不定期编报，及时提供临时性、偶然性成本费用管理的信息资料。

三、成本报表的作用

（1）综合反映企业报告期内的产品生产耗费和成本水平。

（2）客观反映各成本中心的成本管理业绩，评价和考核企业成本计划的完成情况。

（3）为制定和及时修订成本计划、确定产品价格提供重要依据，为企业进行成本、利润的预测、决策提供信息。

（4）作为成本分析的重要依据，有利于日常成本控制工作的有效进行，同时为例外管理提供必要的信息。

四、成本报表的种类

由于成本报表主要是服务于企业内部经营管理目的的报表，因此，成本报表的种类、格式和内容均可由企业根据其生产特点和管理要求自行规定。常见的成本报表主要有全部产品生产成本表、主要产品单位成本表、制造费用明细表、管理费用明细表、财务费用明细表、销售费用明细表以及其他成本报表等。

成本报表按其所反映的内容可分为以下两种。

（一）反映产品成本情况的报表

这一类报表主要反映企业为生产一定种类和一定数量产品所支出的生产费用的水

平及其构成情况,并与计划、上年实际、历史最好水平或同行业同类产品先进水平相比较,反映产品成本的变动情况和变动趋势。属于此类成本报表的有全部产品生产成本表、主要产品单位成本表等。

(二)反映各种费用支出的报表

这类报表主要反映企业在一定时期内各种费用总额及其构成情况的报表,并与计划(预算)、上年实际对比,反映各项费用支出的变动情况和变动趋势。属于此类成本报表的有制造费用明细表、销售费用明细表、管理费用明细表和财务费用明细表等。

学习情景二 成本报表编制的基本要求

为了提高成本信息的质量,充分发挥成本报表的作用,成本报表的编制应符合下列五个基本要求。

一、真实性

成本报表的指标数字必须真实可靠,能如实地集中反映企业实际发生的成本费用。

二、重要性

对于重要的项目(如重要的成本、费用项目),在成本报表中应单独列示,以显示其重要性;对于次要的项目,可以合并反映。

三、数字准确

报表中的各项数据必须真实可靠,不能任意估计,更不允许弄虚作假、篡改数字。因此,企业在编制报表前,应将所有的经济业务登记入账,并核对各种账簿之间的记录,做到账账相符;清查财产、物资,做到账实相符。然后,再依据有关账簿的记录编制报表。报表编制完毕后,还应检查各个报表中相关指标的数字是否一致。

四、内容完整

主要报表种类应齐全,应填列的报表指标和文字说明必须全面,表内项目和表外补充资料,不论根据账簿资料直接填列,还是分析计算填列,都应当完整无缺,不得任意取舍。注意保持各成本报表计算口径一致,计算方法如有变动,应在附注中说明。对定期报送的主要成本报表,还应有分析、说明生产成本和费用升降情况、原因、措施的文字材料。

五、编报及时

成本报表有些定期编制,有些不定期编制,无论是定期编制还是不定期编制,都要求及时编制,及时反馈。应根据企业管理部门的需要迅速提供各种成本报表。只有这样,才能及时地对企业成本完成情况进行检查和分析,从中发现问题,及时采取措施加以解决,以充分发挥成本报表的应有作用。

学习情景三　成本报表的编制

一、全部产品生产成本表的编制

全部产品生产成本表是反映企业在报告期内生产的全部产品的总成本的报表。该表一般分为两种,一种按成本项目反映,另一种按产品种类反映。

(一)按成本项目反映的产品生产成本表的编制

按成本项目反映的全部产品生产成本表是按成本项目汇总反映企业在报告期内发生的全部生产费用以及全部产品总成本的报表。

在按成本项目反映的全部产品生产成本表中,上年实际数应根据上年12月份本表的本年累计实际数填列;本年计划数应根据成本计划有关资料填列;本年累计实际数应根据本月实际数加上上月份本表的本年累计实际数计算填列。

【案例分析12-1】　某公司按成本项目编制的产品生产成本表如表12-1所示。

表12-1　全部产品生产成本表(按成本项目反映)

××公司　　　　　　　　　　20××年12月　　　　　　　　　　单位:元

项目	上年实际	本年计划	本月实际	本年累计实际
生产成本				
直接材料	211 880	205 655	20 720	210 635
直接人工	161 544	144 035	13 490	147 304
制造费用	87 275	96 920	8 035	91 205
生产成本合计	460 699	446 610	42 245	449 144
加:在产品、自制半成品期初余额	23 180	23 960	2 255	19 249
减:在产品、自制半成品期末余额	19 249	19 930	3 165	25 115
产品生产成本合计	464 630	450 640	41 335	443 278

（二）按产品种类反映的产品生产成本表的编制

按产品种类反映的产品生产成本表是按产品种类汇总反映企业在报告期内生产的全部产品的单位成本和总成本的报表。

【案例分析 12-2】 某公司按产品种类编制的产品生产成本表如表 12-2 所示。

表 12-2 产品生产成本表（按产品种类反映）

××公司　　　　　　　　　　　20××年 12 月　　　　　　　　　　　单位：元

产品名称	产量单位	实际产量		单位成本				本月总成本			本年累计总成本		
		本月实际	本年累计	上年实际平均	本年计划	本月实际	本年累计实际平均	按上年实际平均单位成本计算	按本年计划单位成本计算	本月实际	按上年实际平均单位成本计算	按本年计划单位成本计算	本年实际
A	个	50	505	81.55	81.15	80.75	81.25	4 077.5	4 057.5	4 037.5	44 825.5	44 632.5	44 687.5
B	台	100	1 225	67.1	67.5	68.4	67.95	6 710	6 750	6 840	82 197.5	82 687.5	83 238.75
合计	×	×	×	×	×	×	×	10 787.5	10 807.5	10 877.5	127 050	127 320	127 926.25

在按产品种类反映的产品生产成本表中，各种产品的本月实际产量，应根据相应的产品成本明细账填列。本年累计实际产量，应根据本月实际产量加上上月本表的本年累计实际产量计算填列。上年实际平均单位成本，应根据上年度本表所列全部累计实际平均单位成本填列；本年计划单位成本，应根据本年度成本计划填列；本月实际单位成本，应根据表中本月实际总成本除以本月实际产量计算填列。如果在产品成本明细账或产成品成本汇总表中有现成的本月产品实际产量、总成本和单位成本，表中这些项目都可以根据产品成本明细账或产成品成本汇总表填列。产品生产成本表中本年累计实际平均单位成本，应根据表中本年累计实际总成本除以本年累计实际产量计算填列。按上年实际平均单位成本计算的本月总成本和本年累计总成本，应根据本月实际产量和本年累计实际产量乘以上年实际平均单位成本计算填列。按本年计划单位成本计算的本月总成本和本年累计总成本，应根据本月实际产量和本年累计实际产量乘以本年计划单位成本计算填列。本月实际总成本，应根据产品成本明细账或产成品成本汇总表填列。本年累计实际总成本，应根据产品成本明细账或产成品成本汇总表本年各月产成品成本计算填列。如果有不合格品，应单列一行，并注明"不合格品"字样，不应与合格产品合并填列。

二、主要产品单位成本表的编制

主要产品单位成本表的编制是反映企业在报告期内生产的各种主要产品单位成本的构成情况和各项主要技术经济指标执行情况的报表。它是对产品生产成本表的有关单位成本所作的进一步补充说明。根据该表可以考核各种主要产品单位成本计划的执行结果,分析各成本项目和消耗定额的变化及其原因,分析成本构成的变化趋势等。总之,该表有助于分析成本变动的内在原因,挖掘降低成本的潜力。

主要产品单位成本表的具体格式见表 12-3。

表 12-3 主要产品单位成本表

产品名称:甲　　　　　　　　本月实际产量:300　　　　　　本年累计实际产量:3 150
计量单位:件　　　　　　　　　　　　　　　　　　　　　　　　　　　　　单位:元

成本项目	历史先进水平	上年实际平均	本年计划	本月实际	本年累计实际平均
直接材料	313	365	343	318	325
直接人工	45	58	55	45	46
制造费用	60	110	96	71	72
产品生产水平	418	533	494	434	443

主要产品单位成本表的编制方法如下:

(1)"历史先进水平"栏各项目:反映本企业历史上该种产品成本最低年度的实际平均单位成本和实际单位用量,根据有关年份成本资料填列;

(2)"上年实际平均"栏各项目:反映上年实际平均单位成本和单位用量,根据上年度本表的"本年累计实际平均"单位成本和单位用量的资料填列;

(3)"本年计划"栏各项目:反映本年计划单位成本和单位用量,根据年度成本计划资料填列;

(4)"本月实际"栏各项目:反映本月实际单位成本和单位用量,根据本月产品成本明细账等有关资料填列;

(5)"本年累计实际平均"栏各项目:反映本年年初至本月月末该种产品的平均实际单位成本和单位用量,根据本年年初至本月月末的已完工产品成本明细账等有关资料,采用加权平均计算后填列。

三、制造费用明细表的编制

制造费用明细表是反映企业在报告期内发生的各项制造费用情况的报表。通过该报表可以了解报告期内制造费用的实际支出水平;可以考核制造费用计划的执行情况;可以判断制造费用的变化趋势,以便加强对制造费用的控制和管理等。其具体格式如表 12-4 所示。

表 12-4　制造费用明细表

××年 12 月份　　　　　　　　　　　　　　　　　　　　单位：元

项　　目	行　次	本年计划	上年实际	本年实际
应付职工薪酬				
折旧费				
修理费				
办公费				
水电费				
机物料消耗				
劳动保护费				
差旅费				
保险费				
其他				
制造费用合计				

制造费用明细表的编制方法如下：

（1）"本年计划数"栏项目：根据本年制造费用预算填列；

（2）"上年实际数"栏项目：根据上年度本表的"本年实际数"栏相应数字填列。如果表内所列费用项目与上年度的费用项目在名称和内容上不一致，应该对上年度的各项数字按本年度表内项目的规定进行调整；

（3）"本年实际数"栏项目：根据本年"制造费用明细账"中各费用项目累计数填列。

四、期间费用明细表的编制

管理费用明细表、财务费用明细表和销售费用明细表是分别反映企业在报告期内发生的全部管理费用、财务费用和销售费用及构成情况的报表。期间费用明细表的格式及编制方法与制造费用明细表类似。

任务二　成本报表的分析

学习情景一　成本报表分析的内容

一、成本分析的意义

成本分析又可分长期分析和短期分析。长期分析是企业从战略发展角度出发,立足于企业未来发展前景,全面分析研究导致企业成本支出的一切活动和成本驱动因素,寻求降低成本的途径,使企业保持长期持久的成本优势。短期分析是对日常经济活动的分析,可在经济活动的事前、事中或事后进行。事前通过成本预测分析,可以选择达到最佳经济效益的成本水平,确定目标成本,为编制成本计划提供可靠依据。事中通过对实际支出脱离目标成本差异的分析,可以随时掌握成本的节约或超支情况,及时采取措施,控制成本的超支,并保证目标成本的实现。事后通过对实际成本的分析,评价成本计划的执行结果,揭露矛盾,考核业绩,总结经验,指导未来。

二、成本分析的原则

进行成本分析,应遵循四个原则。

(一) 全面分析与重点分析相结合

成本是企业经济活动情况的综合反映,是多种因素的综合结果,只有从经济活动的各个方面相互联系地进行全面研究,才能真正揭示成本升降的原因。全面分析就是要求成本分析的内容具有全局性、广泛性,要以产品成本形成的全过程为对象,结合生产经营各阶段的不同性质和特点,做到事前进行预测分析,事中进行控制分析,事后进行查核分析。成本分析的全面性并不是要求成本分析一定要事无巨细,面面俱到,应该重点突出,抓住问题的主要矛盾,找出关键性问题,进行透彻分析,只有将主要问题分析清楚了,才能提出恰当的改进措施,促使成本进一步降低。

(二) 定量分析与定性分析相结合

定量分析是通过对成本变动数量的分析,来揭示成本指标的变动幅度及各因素的影响程度。定性分析是通过对成本性质的分析,揭示影响成本费用各因素的性质、内部联系及其变动的趋势。定量分析是定性分析的基础,定性分析是对定量分析的进一步补充和说明。进行成本分析必须在定量分析的基础上进行科学的定性分析,才能使成本分析更深入、更透彻。

(三)纵向分析与横向分析相结合

进行成本分析时,不仅要从企业内部范围进行本期与上期的对比分析、本期与计划的对比分析、本期与历史先进水平的对比分析,而且还要加强与国内外同行业先进水平相对比,找出差距,取长补短,激发企业的赶超精神,充分发挥潜力,达到或超过先进水平。

(四)成本分析与成本考核相结合

为了达到成本分析的目的,还应将成本分析结果同企业内部各部门业绩考核相结合,将降低成本的任务落实到各责任部门,使得各职能部门的责任目标更具体、更明确,并且应及时地将执行任务的结果进行反馈,使成本分析更实际、更深入。

学习情景二　成本报表分析的方法

成本分析所使用的技术方法是多种多样的,它可以采用会计方法、统计方法和数学方法等。这些方法往往不是孤立的,在成本分析中,可以将它们结合使用。常见的成本分析方法包括对比分析法、比率分析法、结构分析法、趋势分析法和因素分析法等。

一、对比分析法

对比分析法是最基本的成本分析方法。它是通过实际数与基数的对比来揭示实际数与基数之间的差异,以便了解差距与不足的一种成本分析方法。对比的基数由于分析目的的不同而不同,一般有计划数、定额数、标准数、前期实际数、以往年度同期实际数以及本企业的历史先进水平和国内外同行业的先进水平等。

二、比率分析法

比率是用倍数或比例表示的分数式。成本分析中的比率分析法是通过计算成本与其相关指标之间的相对比值,来揭示和对比不同规模、不同性质企业的成本水平和经济效益的好坏。成本分析中常见的比率有成本利润率、销售收入成本率、产值成本率等。

三、结构分析法

结构分析法是反映某项指标的各个组成部分占总体比重的一种分析方法,也称比重分析法。成本分析中常见的比重分析有产品成本的构成比重、制造费用的构成比重、管理费用和销售费用的构成比重等。通过这种分析,可以反映产品成本或其他各综合费用的构成是否合理。

四、趋势分析法

趋势分析法是使用历史资料对比各连续期间某一成本指标,通过观察、分析该指标的变化趋势(如上升、下降或稳定不变)来发现问题,并对企业未来该指标作出预测。趋势分析法有定比分析和环比分析两种。定比分析是以某一时期为基数,其他各期均与该期进行对比;环比分析是分别以上一期为基期,下一期与上一期的基数进行对比。

五、因素分析法

一个经济指标完成的好坏,往往由多种因素造成,只有把这种综合性的结果分解为它的构成因素,才能了解指标完成好坏的真正原因。这种把综合性指标分解为各个因素的方法,称为因素分析法。进行因素分析通常采用连环替换的方式,因此,因素分析法也称连环替代分析法。它是确定引起某个经济指标变动的各个因素影响程度的一种计算方法。

(一) 连环替代分析法

假设某一经济指标 N 由相互联系的 A、B、C 三个因素组成,计划指标、实际指标和实际脱离计划的差异数的公式如下:

$$计划指标\ N_0 = A_0 \times B_0 \times C_0$$

$$实际指标\ N_1 = A_1 \times B_1 \times C_1$$

$$差异数\ D = N_1 - N_0$$

根据连环替代分析法,测定各个因素的变动对指标 N 的影响程度时的计算顺序如下:

$$计划指标\ N_0 = A_0 \times B_0 \times C_0 \tag{1}$$

$$第一次替代\ N_2 = A_1 \times B_0 \times C_0 \tag{2}$$

$$第二次替代\ N_3 = A_1 \times B_1 \times C_0 \tag{3}$$

$$第三次替代\ N_1 = A_1 \times B_1 \times C_1 \tag{4}$$

据此测定的结果:

$$A\ 因素变动的影响 = (2) - (1) = N_2 - N_0$$

$$B\ 因素变动的影响 = (3) - (2) = N_3 - N_2$$

$$C\ 因素变动的影响 = (4) - (3) = N_1 - N_3$$

综合各因素变动的影响程度：

$$(N_2 - N_0) + (N_3 - N_2) + (N_1 - N_3) = N_1 - N_0 = D$$

【案例分析 12-3】 新兴企业原材料费用的相关资料如表 12-5 所示，材料费用的实际数和计划数存在差异。运用连环替代法，分析各因素变化对其差异的影响程度。

表 12-5　材料费用分析资料表

项　目	计 划 数	实 际 数
产品产量(件)	115	135
单位产品材料消耗量(千克)	5	3
材料单价(元)	4	6
材料费用总额(元)	2 300	2 430

根据表 12-5 中的资料，材料费用的实际数超过计划数 130 元，形成差异的因素有产品产量、单位产品材料消耗量、材料单价，各因素变化对差异的影响程度计算如下：

计划指标 = 115 × 5 × 4 = 2 300(元)　　　　　　　　　　　　　　　　(1)

第一次替代 = 135 × 5 × 4 = 2 700(元)　　　　　　　　　　　　　　　(2)

第二次替代 = 135 × 3 × 4 = 1 620(元)　　　　　　　　　　　　　　　(3)

第三次替代 = 135 × 3 × 6 = 2 430(元)　　　　　　　　　　　　　　　(4)

据此测定的结果如下：

产量增加产生的影响 = (2) - (1) = 2 700 - 2 300 = 400(元)

材料单耗降低产生的影响 = (3) - (2) = 1 620 - 2 700 = - 1 080(元)

材料价格上升产生的影响 = (4) - (3) = 2 430 - 1 620 = 810(元)

400 + (- 1 080) + 810 = 130(元)

（二）差额计算法

差额计算法是因素分析法的一种简化形式，它利用各个因素的目标值与实际值的差额来计算其对成本的影响程度。

上述连环替代法的计算，可用公式表示为：

$$A \text{ 因素的影响程度} = (A_1 - A_0) \times B_0 \times C_0$$

$$B \text{ 因素的影响程度} = A_1 \times (B_1 - B_0) \times C_0$$

$$C \text{ 因素的影响程度} = A_1 \times B_1 \times (C_1 - C_0)$$

【案例分析 12-4】 根据表 12-5 的资料,运用差额计算法,分析各因素变化对其差异的影响程度。

各因素变化对差异的影响程度计算如下:

产量增加产生的影响 =(135 − 115)× 5 × 4 = 400(元)

材料单耗降低产生的影响 = 135 ×(3 − 5)× 4 = − 1 080(元)

材料价格上升产生的影响 = 135 × 3 ×(6 − 4)= 810(元)

400 +(− 1 080)+ 810 = 130(元)

学习情景三　产品成本计划完成情况的分析

对全部产品的成本分析,主要是分析成本计划的完成情况,确定本期全部产品的实际成本与计划成本相比较的差异额和差异率,并分析原因,以了解企业完成成本计划的一般情况,为进一步分析指明方向。对全部产品成本计划情况分析,可按产品品种、成本项目和成本性态三个方面进行。【案例分析 12-5】是以按成本项目进行成本计划完成情况分析的实例。

【案例分析 12-5】 新兴企业按成本项目反映的产品成本表,以及有关成本核算资料按成本项目进行全部产品成本分析计算如表 12-6 所示。

以上分析表明:新兴企业全部产品的实际制造成本超支 1.18%,主要是由于直接材料超支 10 000 元,比计划增加 6.90% 造成的,而直接人工和制造费用则比计划成本有所降低,形成成本的有利差异。对直接材料的超支,企业应作进一步的分析,了解变动因素是由主观因素还是客观因素所致,并采取相应的措施。

表 12-6　产品成本分析表(按成本项目)

编制单位:新兴企业　　　　　　　　　　20××年×日　　　　　　　　　　单位:元

成本项目	本年实际产量总成本		实际与计划的差异		各项差异对总成本影响的百分比(%)
	计划总成本	实际总成本	升降额	升降率(%)	
	(1)	(2)	(3)=(2)−(1)	(4)=(3)/(1)	(5)=(3)/Σ(1)
直接材料	145 000	155 000	10 000	6.9	2.94
直接人工	110 000	105 000	−5 000	−4.54	−1.47
制造费用	85 000	84 000	−1 000	−1.18	−0.28
产品总成本	340 000	344 000	4 000	1.18	1.18

学习情景四　全部产品生产成本分析

一、按成本项目反映的产品生产成本表的分析

按成本项目反映的产品生产成本表，一般可以采用对比分析法、构成比率分析法和相关指标比率分析法进行分析。

（一）对比分析法

对比的基数由于分析的目的不同而有所不同，一般有计划数、定额数、前期实际数、以往年度同期实际数以及本企业历史先进水平和国内外同行业的先进水平等。

对比分析法只适用于同质指标的数量对比。在采用这种分析法时，应当注意相比指标的可比性。进行对比的各项指标，在经济内容、计算方法、计算期和影响指标形成的客观条件等方面，应有可比的共同基础。如果相比的指标之间有不可比因素，应先按可比的口径进行调整，然后再进行对比。

（二）构成比率分析法

产品成本构成比率的计算公式列示如下：

$$直接材料成本比率 = \frac{直接材料}{产品成本} \times 100\%$$

$$直接人工成本比率 = \frac{直接人工}{产品成本} \times 100\%$$

$$制造费用比率 = \frac{制造费用}{产品成本} \times 100\%$$

（三）相关指标比率分析法

相关指标比率分析法是计算两个性质不同而又相关的指标的比率进行数量分析的方法。在实际工作中，由于企业规模不同等原因，单纯地对比产值、销售收入或利润等绝对数多少，不能说明各个企业经济效益的好坏，如果计算成本与产值、销售收入或利润相比的相对数，即产值成本率、销售收入成本率或成本利润率，就可以反映各企业经济效益的好坏。

产值成本率、销售收入成本率和成本利润率的计算公式如下：

$$产值成本率 = \frac{成本}{产值} \times 100\%$$

$$销售收入成本率 = \frac{成本}{销售收入} \times 100\%$$

$$成本利润率 = \frac{利润}{成本} \times 100\%$$

从上述计算公式可以看出,产值成本率和销售收入成本率高的企业经济效益差,这两种比率低的企业经济效益好。成本利润率则与之相反,成本利润率高的企业经济效益好,成本利润率低的企业经济效益差。

前述产品生产成本表(表12-1)是12月份编制的,因而其本年累计实际数、本年计划数和上年实际数,都是整个年度的生产成本和产品成本,可以就产品生产成本合计数、生产成本合计数及其各项生产成本进行对比,揭示差异,以便进一步分析、查明发生差异的原因。

【案例分析12-6】 承【案例分析12-1】,表12-1中的产品生产成本合计数,其本年累计实际数443 278元不仅低于上年实际数464 630元,而且也低于本年计划数450 640元。可见,该年产品的总成本是降低的。但其原因是多方面的,既可能是由于节约了生产耗费,降低了产品的单位成本;也可能是由于产品产量和各种产品品种比重的变动(各种产品单位成本降、升的程度不同)引起的。应当进一步分析具体原因,才能对产品成本总额的降低是否合理、有利作出评价。

就表12-1中的生产成本合计数来看,其本年累计数(449 144元)虽然低于上年实际数(460 699元),但高于本年计划数(446 610元)。这说明,表12-1中产品生产成本本年累计实际数低于本年计划数,还有期初、期末在产品和自制半成品余额变动的因素:计划的期初、期末在产品、自制半成品余额的差额(23 960-19 930=4 030元,正数)大于上年实际的期初、期末在产品、自制半成品余额的差额(23 180-19 249=3 931,正数)。

就表12-1中的各项生产成本来看,直接材料成本、直接人工成本和制造费用的本年累计实际数与上年实际数和本年计划数相比,升降的情况和程度各不相同,也应进一步查明原因。

对于各种生产成本,还可计算构成比率,并在本年实际、本月实际、本年计划和上年实际之间进行对比。

本年累计实际构成比率:

直接材料成本比率 = 210 635/449 144 × 100% = 46.90%

直接人工成本比率 = 147 304/449 144 × 100% = 32.80%

制造费用比率 = 91 205/449 144 × 100% = 20.31%

本月实际构成比率:

直接材料成本比率 = 20 720/42 245 × 100% = 49.05%

直接人工成本比率 = 13 490/42 245 × 100% = 31.93%

制造费用比率 = 8 035/42 245 × 100% = 19.02%

本年计划构成比率：

直接材料成本比率 = 205 655/446 610 × 100% = 46.05%

直接人工成本比率 = 144 035/446 610 × 100% = 32.25%

制造费用比率 = 96 920/446 610 × 100% = 21.70%

上年实际构成比率：

直接材料成本比率 = 211 880/460 699 × 100% = 45.99%

直接人工成本比率 = 161 544/460 699 × 100% = 35.06%

制造费用比率 = 87 275/460 699 × 100% = 18.94%

根据上列各项构成比率可以看出，本年累计实际构成与本年计划构成相比，本年直接材料成本和直接人工成本的比重有所提高，制造费用的比重有所降低；与上年实际构成相比，本年直接材料成本和制造费用的比重有所提高，直接人工成本的比重则有所降低。本月实际构成也有较大的变动，应当进一步查明这些变动的原因以及变动是否合理。

二、按产品种类反映的产品生产成本表的分析

按产品种类反映的生产成本表的分析，一般可以从以下两个方面进行：一是本期实际成本与计划成本的对比分析；二是本期实际成本与上年实际成本的对比分析。

（一）本期实际成本与计划成本的对比分析

根据表12-2中所列全部产品和各种主要产品的本月实际总成本和本年累计实际总成本，分别与其本月计划总成本和本年累计计划总成本进行比较，确定全部产品和各种主要产品实际成本与计划成本的差异，了解成本计划的执行结果。

【案例分析12-7】　承【案例分析12-2】，表12-2是该公司12月份按产品种类反映的产品生产成本表，全部产品本年累计实际总成本127 926.25元，高于计划成本127 320元。总体来看，成本计划执行结果是不好的。但按产品品种来看，各种产品成本计划的执行结果并不相同。A产品的本月实际总成本（4 037.5元）低于本月计划总成本（4 057.5元）；A产品的本年累计实际总成本、B产品的本月实际总成本和本年累计总成本，则均高于计划。由此可见，B产品的成本计划完成得不好；A产品的成本计划从全年来看完成得也不够好。应当进一步分析B产品和A产品成本计划完成得不好和不够好

的原因,以便巩固业绩,克服缺点,更好地完成成本计划。

(二) 可比产品成本降低任务完成情况的分析

对于可比产品,还可以进行这一方面的成本对比,分析可比产品成本本期比上年的升降情况。如果企业规定有可比产品成本降低计划,即成本的计划降低率或降低额,还应进行可比产品成本降低计划执行结果的分析。但是,应注意可比产品与不可比产品的划分是否正确。

1. 可比产品成本降低任务完成情况分析

对可比产品成本降低任务完成情况的分析,就是将可比产品的实际成本与按实际产量和上年实际单位成本计算的上年实际总成本相比较,确定可比产品实际成本的降低额和降低率,并同计划规定的计划成本降低额和降低率相比,评定企业可比产品成本降低任务完成的情况。可比产品成本降低任务完成情况分析所需的各项指标如下:

$$计划成本降低额 = \sum [计划产量 \times (上年实际单位成本 - 本年计划单位成本)]$$

$$计划成本降低率 = \frac{计划成本降低额}{\sum 计划产量 \times 上年实际单位成本} \times 100\%$$

$$实际成本降低额 = \sum [实际产量 \times (上年实际单位成本 - 本年实际单位成本)]$$

$$实际降低率 = \frac{实际成本降低额}{\sum 实际产量 \times 上年实际单位成本} \times 100\%$$

$$降低额 = 可比产品成本实际降低额 - 可比产品成本计划降低额$$

$$降低率 = 可比产品成本实际降低率 - 可比产品成本计划降低率$$

【案例分析 12-8】 假设某企业 20××年 12 份有关可比产品的成本资料如下表(表 12-7)。

表 12-7 可比产品资料

单位:元

可比产品	计划产量	实际产量	单位成本			计划成本降低任务		实际成本降低情况	
			上年	计划	本年	降低额	降低率	降低额	降低率
A	120	168	10	9	8	120	10%	336	20%
B	216	240	7	6	5	216	14.3%	480	28.6%
合计						336	12.4%	816	24.3%

计划成本降低额 = 120×(10-9)+216×(7-6)= 336(元)

计划成本降低率 = 336/(120×10+216×7)×100% = 12.4%

实际成本降低额 = 168×(10-8)+240×(7-5) = 816(元)

实际成本降低率 = 816/(168×10+240×7)×100% = 24.3%

从绝对数看,该企业可比产品成本实际比计划降低额多降低 480 元(816-336);从相对数看,实际成本降低率比计划成本降低率多降低 11.9%(24.3%-12.4%)。通过分析说明该企业超额完成了可比产品成本降低任务。

2. 各因素变动对可比产品成本降低任务完成情况的影响

影响可比产品成本降低任务完成情况的因素主要有产品产量、单位成本、产品品种结构。

(1) 产品产量。

由于可比产品成本计划降低额是根据可比产品的计划产量,分别乘上该产品上年实际单位成本和计划单位成本的差额计算的;而实际成本降低额是根据可比产品实际产量分别乘上该产品上年实际单位成本与本年实际单位成本的差额计算的。因此,在产品品种结构和单位成本不变时,产量变动不会影响成本降低率,因为当品种结构不变时,说明各种产品的产量计划完成率相同,在计算成本降低率时,因分子、分母都具有相同的产量增减比率而不变。产量变动对成本降低额影响的计算公式为:

$$\text{产量变动对成本降低额的影响} = \left[\sum\left(\text{实际产量} \times \text{上年实际单位成本}\right) - \sum\left(\text{计划产量} \times \text{上年实际单位成本}\right)\right] \times \text{计划成本降低率}$$

根据表 12-7 的资料,得:

产量变动对成本降低额的影响 = [(168×10+240×7)-(120×10+216×7)]×12.4%
= 80.35(元)

(2) 产品单位成本。

上面已经讲过,计划降低额是根据计划产量乘以上年实际单位成本与本年成本的差额计算的,而实际成本降低额则是根据实际产量乘以上年实际单位成本与本年实际单位成本的差额计算的。这样,当本年实际单位成本发生变动时,必然会引起可比产品成本降低额和降低率的变动。各种产品单位成本实际比计划降低或升高,必然会引起成本降低额和降低率实际比计划相应降低或升高。产品单位成本的变动与成本降低额和降低率呈反方向变动。其计算公式为:

$$\text{产品单位成本变动对成本降低额的影响} = \sum\left[\text{实际产量} \times (\text{计划单位成本} - \text{本年实际单位成本})\right]$$

$$\text{产品单位成本变动对成本降低率的影响} = \frac{\text{产品单位成本变动对成本降低额的影响}}{\sum(\text{实际产量} \times \text{上年实际单位成本})}$$

根据表12-7资料的计算如下：

产品单位成本变动对成本降低额的影响 = 168 × (9 − 8) + 240 × (6 − 5) = 408(元)

产品单位成本变动对成本降低率的影响 = 408/(168 × 10 + 240 × 7) = 12.14%

(3) 产品品种结构。

由于各种可比产品成本降低率不同，如果成本降低率大的产品在全部可比产品中所占的比重比计划提高，那么，全部可比产品成本降低率就会多降低，降低额也会相应地多降低；反之，降低额和降低率则会少降低。所以，产品品种构成的变动同时影响成本降低额和降低率。其计算公式为：

$$\text{产品品种结构变动对成本降低额的影响} = \sum(\text{实际产量} \times \text{上年实际单位成本}) - \sum(\text{实际产量} \times \text{计划单位成本}) - \sum(\text{实际产量} \times \text{上年实际单位成本}) \times \text{计划成本降低率}$$

$$\text{产品品种结构变动对成本降低率的影响} = \frac{\text{产品品种结构变动对成本降低额的影响}}{\sum(\text{实际产量} \times \text{上年实际单位成本})}$$

根据表12-7的资料计算如下：

产品品种结构变动对成本降低额的影响 = (168 × 10 + 240 × 7) − (168 × 9 + 240 × 6)

− (168 × 10 + 240 × 7) × 12.4% = −8.64(元)

产品品种结构变动对成本降低率的影响 = −8.64/3 360 = −0.26%

验证：降低额差异 = 816 − 336 = 480 ≈ 80.35 + 408 + (−8.64)

降低率差异 = 24.3% − 12.4% = 11.9% ≈ 12.14% + (−0.26%)

三、产品单位成本分析

主要产品单位成本表是反映企业在报告期内生产的各种主要产品单位成本构成情况的报表。该表应当按照主要产品分别编制，是按产品种类反映的产品生产成本表中某些主要产品成本的进一步反映。

主要产品单位成本表的分析应当选择成本超支或节约较多的产品有重点地进行，以便更有效地降低产品的单位成本。进行分析时，企业可以根据表中本期实际的生产成本(即本期实际的单位成本合计数)与其他各种生产成本进行对比，对产品单位成本进行一般的分析；然后按其成本项目(包括直接材料成本、直接人工成本、制造费用等)进行具体的分析。分析的方法主要采用对比分析法和趋势分析法等。

(一) 一般分析

【案例分析 12-9】 现以表 12-8 中所列 N 产品的单位成本表为例，说明一般分析的方法。该产品的本年累计实际平均成本和本月实际成本不仅均高于本年计划成本，而且还高于上年实际平均成本和历史先进水平，可见，成本超支的情况是比较严重的。

表 12-8　主要产品单位成本表

编制单位：××公司　　　　　　　20×8 年 12 月　　　　　　　　　　　　单位：元

成本项目	历史先进水平	年实际平均	本年计划	本月实际	本年累计实际平均
直接材料成本	3 355	3 365	3 350	3 400	3 350
直接人工成本	1 450	1 450	1 500	1 480	1 505
制造费用	1 895	1 895	1 900	1 960	1 940
生产成本合计	6 700	6 710	6 750	6 840	6 795
主要经济指标	用量	用量	用量	用量	用量
主要材料（千克）	210	205	200	170	170
	…	…	…	…	…

从上年实际平均成本高于历史先进水平可以看出，该产品的实际成本不是逐年降低，而可能是逐年提高的。从本年计划成本高于上年实际平均成本可以看出，在制定本年度的成本计划时就已预见到成本不断提高的趋势。此外，从本月（12 月份）实际成本高于本年累计实际平均成本还可以看出，即使是在本年度内，其成本也可能是逐月提高的。因此，确定该产品作为重点进行单位成本分析是完全正确的。

【**案例分析 12-10**】　下面通过最近 5 年的单位成本资料，对 N 产品的成本进行趋势分析。其 5 年来的实际平均单位成本分别为：20×4 年（假定为历史先进年）6 700 元，20×5 年 6 730 元，20×6 年 6 760 元，20×7 年 6 710 元，20×8 年（即本年）6 795 元。现以 2012 年为基期，6 700 元为基数，规定为 100%，计算其他各年与之相比的比率如下（保留小数点后两位小数）：

20×5 年：6 730/6 700 × 100% = 100.45%

20×6 年：6 760/6 700 × 100% = 100.90%

20×7 年：6 710/6 700 × 100% = 100.15%

20×8 年：6 730/6 700 × 100% = 100.45%

再以上年为基数，计算各年环比的比率如下：

20×5 年比 20×4 年：6 730/6 700 × 100% = 100.45%

20×6 年比 20×5 年：6 760/6 730 × 100% = 100.45%

20×7 年比 20×6 年：6 710/6 760 × 100% = 99.26%

20×8 年比 20×7 年：6 795/6 710 × 100% = 101.27%

通过以上分析计算可以看出，N 产品的单位成本，如果以 20×4 年为基期，以后 4 年均高于 20×4 年,只是提高的程度各不相同;20×8 年提高得最多,20×7 年提高得最少;如果以上一年为基期逐年进行环比,20×8 年比 20×7 年提高得最多,而 20×7 年比 20×6 年则是降低的。由此可见,这种产品成本的变动趋势还不是逐年递增,而是在总体提高的情况下,存在一个"马鞍形"。应当进一步查明这些变动的具体原因,是由于物价上涨而引起材料成本增加等客观原因,还是由于成本管理工作弱化或强化等主观原因。为了查明单位成本变动的具体原因,企业还应当按照成本项目进行成本分析。

(二) 各主要项目分析

1. 直接材料成本的分析

直接材料实际成本与计划成本之间的差额构成直接材料成本差异。形成该差异的基本原因有两个:一是用量偏离标准;二是价格偏离标准。前者按计划价格计算,称为数量差异;后者按实际用量计算,称为价格差异。

$$材料消耗量变动的影响 = (实际数量 - 计划数量) \times 计划价格$$

$$材料价格变动的影响 = 实际数量 \times (实际价格 - 计划价格)$$

从表 12-8 中 N 产品的各项成本来看,直接材料成本占产品单位成本的一半左右,比重较大,而且本月实际材料成本不仅超过本年计划、上年实际平均、历史先进水平,还超过本年累计实际平均数,应当作为重点成本项目进行分析。

【**案例分析 12-11**】 假定 N 产品 20×8 年成本计划规定和 12 月份实际发生的材料消耗量和材料单价如表 12-9 所示。

表 12-9 直接材料计划与实际成本对比表

20×8 年 12 月

项 目	材料消耗数量(千克)	材料价格(元/千克)	直接材料成本(元)
本年计划	200	16.75	3 350
本月实际	170	20.00	3 400
直接材料成本差异			+50

从前述 N 产品单位成本表(表 12-8)和直接材料计划和实际成本对比表(12-9)可以看出,该产品成本中的直接材料成本本月实际比本年计划超支 50 元。单位产品材料是材料消耗数量与材料价格的乘积,其影响因素主要在于材料消耗数量差异(量差)和材料成本差异(价差)两个方面。采用差额计算分析法计算这两个方面因素变动对直接材料成本超支的影响如下:

$$材料消耗数量变动的影响 = (170 - 200) \times 16.75 = -502.5(元)$$

材料价格变动的影响 = 170 × (20 − 16.75) = + 552.5(元)

两因素影响程度合计 = − 502.5 + 552.5 = + 50(元)

通过以上计算可以看出，N 产品的直接材料成本虽然只超支 50 元，差异不大，但分析结果表明，由于材料消耗量节约(由 200 千克降为 170 千克)使材料成本降低 502.5 元；由于材料价格的提高(由 16.75 元提为 20 元)则使材料成本超支 552.5 元。两者相抵，净超支 50 元。由此可见，N 产品材料消耗的节约掩盖了绝大部分材料价格提高所引起的材料成本超支。材料消耗节约只要不是偷工减料的结果，一般都是生产车间改革生产工艺、加强成本管理的成绩。材料价格的提高，则要看是由于市场价格上涨等客观原因引起的，还是由于材料采购人员不得力，致使材料买价偏高或材料运杂费增加的结果。

与此相联系，N 产品的本年累计实际平均材料成本与本年计划持平(均为 3 350 元)，低于本月实际、上年实际平均和历史先进水平，这不一定是成本管理工作的成绩，也应比照上述方法进行量差和价差的分析。

2. 直接人工成本的分析

直接人工实际成本与计划成本之间的差额构成直接人工成本差异。形成该差异的基本原因有两个：一是量差，指实际工时偏离计划工时，其差额按计划每小时工资成本计算确定的金额，称为单位产品所耗工时变动的影响；二是价差，指实际每小时工资成本偏离计划每小时工资成本，其差额按实际工时计算确定的金额，称为每小时工资成本变动的影响。

单位产品所耗工时变动的影响 = (实际工时 − 计划工时) × 计划每小时工资成本

每小时工资成本变动的影响 = 实际工时 × (实际每小时工资成本 − 计划每小时工资成本)

上例中，N 产品单位成本的直接人工成本中，本年累计实际平均数高于本年计划数，但本月实际数不仅低于本年累计实际平均数，而且还低于本年计划数(虽然仍高于上年实际平均数和历史先进水平)，说明情况已明显好转。该公司实行的工资制度如果是计件工资制度，这些变动主要是由于计件单价变动引起的，应该查明 N 产品计件单价变动的原因。如果是计时工资制度，单位成本中的直接人工成本是根据单位产品所耗工时数和每小时的工资成本分配计入的，可以比照直接材料成本采用差额计算分析法进行分析(单位产品所耗工时数相当于单位产品的材料消耗数量，每小时的工资成本相当于材料单价)，计算产品所耗工时数变动(量差)和每小时工资成本变动(价差)对直接人工成本变动的影响。

【案例分析 12-12】 承【案例分析 12-9】，假定该公司实行计时工资制度。N 产品每台所耗工时数和每小时工资成本的计划数和实际数如表 12-10 所示。

表 12-10 直接人工成本计划与实际对比表

单位：元

项目	单位产品所耗工时	每小时工资成本	直接人工成本
本年计划	15	100	1 500
本月实际	11.84	125	1 480
直接人工成本差异			−20

从 N 产品单位成本表（表 12-8）和直接人工成本计划与实际对比表（表 12-10）可以看出，N 产品单位成本中的直接人工成本本月实际比本年计划降低 20 元。采用差额计算分析法计算各因素的影响程度如下：

单位产品所耗工时变动的影响 =（11.84 − 15）× 100 = − 3.16 × 100 = − 316（元）

每小时工资成本变动的影响 = 11.84 ×（125 − 100）= 11.84 × 25 = 296（元）

两因素影响程度合计 = − 316 + 296 = − 20（元）

以上分析计算表明：N 产品直接人工成本节约 20 元，完全是由于工时消耗大幅度节约的结果，每小时的工资成本则是超支的，它抵消了绝大部分由于工时消耗节约所生产的直接人工成本的降低额。企业应当进一步查明单位产品工时消耗节约和每小时工资成本超支的原因。

单位产品所耗工时的节约，一般是生产工人提高了劳动的熟练程度，从而提高了劳动生产率的结果，但也不排斥是由于偷工减料造成的。应查明节约工时以后是否影响产品质量。通过降低产品质量来节约工时是不被允许的。

每小时工资成本是以生产工资总额除以生产工时总额计算求出的。工资总额控制得好，生产工资总额减少，会使每小时工资成本节约；否则，会使每小时工资成本超支。对生产工资总额变动的分析，可以与前述按成本项目反映的产品生产成本表（表 12-6）中直接人工成本的分析结合起来进行。

在工时总额固定的情况下，非生产工时控制得好，减少非生产工时，增加生产工时总额会使每小时工资成本节约；否则，会使每小时工资成本超支。因此，要查明每小时工资成本变动的具体原因，还应对生产工时的利用情况进行调查研究。

3. 制造费用的分析

制造费用属于间接生产成本，产品成本中的制造费用一般是根据生产工时等分配标准计入的。因此，产品单位成本中制造费用的分析，通常与计时工资制度下直接人工成本的分析相类似，先要分析单位产品所耗工时变动和每小时制造费用变动两个因素对制造费用变动的影响，然后查明单位产品所耗工时变动和生产工时利用好坏的具体原因，只需要联系前述按成本项目反映的产品成本表（表 12-7）中制造费用总额变动的分析,并结合制造费用明细表中各成本项目具体变动的分析,就可以了解产品单位成本中制造费用变动的种种原因。制造费用明细表的格式如表12-11所示。

表 12-11 制造费用明细表

××公司　　　　　　　　　　20××年12月　　　　　　　　　　单位:元

成本项目	本年计划数	上年同期实际数	本月实际数	本年累计实际数
机物料消耗				
职工薪酬				
折旧费				
办公费				
水电费				
停工损失				
其他				
合计				

表12-11的本年计划数应根据本年制造费用计划填列;上年同期实际数应根据上年同期本表的本月实际数填列;本月实际数应根据"制造费用"总账科目所属各个基本生产车间制造费用明细账的本月合计数汇总计算填列;本年累计实际数应根据这些制造费用明细账本月末的累计数汇总计算填列。如果需要,也可以根据制造费用的分月计划在表中加列本月计划数。

对制造费用的分析,主要可以采用对比分析法和构成比率分析法等。

在采用对比分析法进行分析时,通常先将本月实际数与上年同期实际数进行对比,揭示本月实际与上年同期实际之间的增减变化。在表12-11中列有本月计划数的情况下,则先应进行这两者的对比,以便分析和考核制造费用月份计划的执行结果。在将本年累计实际数与本年计划数进行对比时,如果该表不是12月份的报表,这两者的差异只是反映年度内计划执行的情况,可以据以发出信号,提醒人们应该注意的问题。例如,如果该表是7月份的报表,而其本年累计实际数已经接近、达到甚至超过本年计划的半数时,就应注意节约以后各月的成本,以免全年的实际数超过计划数。如果该表是12月份报表,则本年累计实际数与本年计划数的差异,就是全年制造费用计划执行的结果。为了具体分析制造费用增减变动和计划执行好坏的情况和原因,上述对比分析应该按照成本项目进行。由于制造费用的项目很多,分析时应选择超支或节约数额较大或者成本比重较大的项目有重点地进行。

需要说明的是,各项制造费用的性质和用途不同,评价各项目成本超支或节约时应联系成本的性质和用途具体分析,不能简单地将一切超支都看成是不合理的、不利的,也不能简单地将一切节约都看成是合理的、有利的。例如,职工薪酬的节约,可能缺少必要的劳动保护措施,影响安全生产。又如,机物料消耗的超支也可能是由于追加了生产计划,增加了开工班次,相应增加了机物料消耗的结果。这样的超支也是合理的,不是成本管理的责任。此外,在分项目进行制造费用分析时,还应特别注意"停工损失"项目的分析,其发生额是生产管理不良的结果。

在采用构成比率法进行制造费用分析时,既可以计算某项成本占制造费用合计数的构成比率,也可以将制造费用分为与机器设备使用有关的成本(如机器设备的折旧费、机物料消耗等,如果动力成本不专设成本项目,还应包括动力成本)、与机器设备使用无关的成本(如车间管理人员薪酬、办公费等),以及非生产性损失等几类,分别计算其占制造费用合计数的构成比率。既可以将这些构成比率与企业或车间的生产、技术的特点联系起来,分析其构成是否合理;也可以将本月实际和本年累计实际的构成比率与本年计划的构成比率和上年同期实际的构成比率进行对比,揭示其差异和与上年同期的增减变化,分析其差异和增减变化是否合理。

任务三 技能训练

【实训一】 连环替代法

某工厂丙产品单位成本的有关资料如表12-12所示。根据资料,对丙产品进行单位成本项目分析。该工厂产品成本资料如表12-13所示。

表12-12 丙产品单位成本

编制单位:××工厂　　　　　　　　20××年12月　　　　　　　　　　　单位:元

成本项目	计划金额			实际金额		
直接材料	68			70		
直接人工	48			35		
制造费用	30			36		
合　　计	146			141		
主要技术	计　划			实　际		
经济指标	数量/千克	单价	金额	数量/千克	单价	金额
A材料	3	16	48	3	15	45
B材料	4	5	20	5	5	25
人工费用	8	6	48	7	5	35
制造费用	10	3	30	12	3	36

表12-13 ××工厂产品成本资料

指　标	计划数	实际数	差　异
产品产量(件)	800	810	+10
单位产品材料消耗量(千克)	6	5	−1
材料单价(元)	10	15	+5
直接材料费用总额(元)	48 000	60 750	+12 750

【要求】 运用连环替代法分析影响直接材料费用总额的变动因数和各因数变动的影响程度。

【实训二】 因素分析法

某工厂20××年5月甲产品单位产品人工成本各因素计划数与实际数及其差异如表12-14所示。

表 12-14 甲产品单位产品人工费用资料

编制单位：××工厂　　　　　　　　　　20××年5月

项目	计划数	实际数	差异
单位产品工时（小时）	10	9	-1
小时薪酬率（元/小时）	6	6.5	+0.5
单位产品人工成本（元）	60	58.5	-1.5

【要求】 根据上述材料，测定该厂20××年5月甲产品各因素实际数与计划数的差异对单位产品人工成本的影响。

【实训三】 主要产品成本降低任务完成情况分析

某工厂多年来生产的甲、乙两种产品为主业产品，其成本降低和实际情况见表12-15和表12-16。

表 12-15 成本计划降低任务

单位：元

产品	产量（件）	单位成本		总成本		降低任务	
		上年	计划	上年	计划	降低额	降低率
甲	100	60	50	6 000	5 000	1 000	16.7%
乙	80	30	28	2 400	2 240	160	6.75
合计				8 400	7 240	1 160	13.8%

表 12-16 实际完成任务

金额单位：元

产品	产量（件）	实际单位成本	总成本			实际完成	
			上年	计划	实际	降低额	降低率
甲	90	55	5 400	4 500	4 950	450	8.3%
乙	90	25	2 700	2 520	2 250	450	16.7%
合计			8 100	7 020	7 200	900	11.11%

【要求】 指出影响产品成本降低情况的因素，确定各因素对上述产品成本降低任务完成情况的影响，并进行分析评价。

【实训四】 产品单位成本计划完成情况分析

某工厂20××年的主要产品是甲产品，其单位成本见表12-17。

表 12-17 甲产品单位成本表

编制单位：××工厂　　　　　　　　　20××年　　　　　　　　　　　单位：元

成本项目	计　划		实　际	
直接材料	242		239	
直接人工	46		42	
制造费用	34.5		45	
合　计	322.5		326	
主要技术经济指标	计　划		实　际	
	数　量	单　价	数　量	单　价
A 材料消耗（千克）	17	10	18	9
B 材料消耗（千克）	12	6	11	7
工时消耗（工时）	11.5		10	
小时工资率	4		4.2	
小时费用率	3		4.5	

【要求】

（1）分析甲产品单位成本变动情况。

（2）分析直接材料、直接人工和制造费用对产品单位成本的影响。

项目十三　责任会计

> 【知识学习目标】　了解责任会计的含义,掌握各责任中心的业绩评价。
> 【能力培养目标】　会对各责任中心进行业绩评价。
> 【教学重点】　成本中心、利润中心和投资中心的业绩评价。
> 【教学难点】　各责任中心的业绩评价。

任务一　认识责任会计

学习情景一　责任会计与分权管理模式

一、责任会计的含义

责任会计是指以企业内部建立的各级责任中心为主体,以责、权、利的协调统一为目标,利用责任预算为控制依据,通过编制责任报告进行业绩考核评价的一种内部会计制度。责任会计的对象是责任中心而不是产品,强调对责任中心进行事前、事中、事后的全过程管理。

二、分权管理模式与责任会计

责任会计是20世纪中叶产生并逐步发展起来的,它的产生与分权管理模式的形成有着密切的联系。

第二次世界大战后,随着国际经济的迅速发展,市场竞争日趋激烈,企业规模逐步扩大,出现了大型跨国公司等各种集团企业。这些企业规模庞大,管理层次繁多,组织机构复杂,其分支机构遍布世界各地,而以往的集中管理模式已无法满足迅速变化的市场需求。在此种情况下,现代分权模式应运而生。

所谓分权管理,就是将生产经营决策权在不同层次的管理人员之间进行适当划分,同时将决策权随同相应的经济责任下放给不同层次的管理人员,使其都能对日常的经营活动作出及时有效的决策,以迅速适应市场的变化。

实行分权管理,可以有效调动各级管理人员的积极性和创造性,不断提高工作效率和质量。但是,实行分权管理会使各分权单位具有相对的独立性和决策自主权,这样,有些分权单位就会为了自己的利益而牺牲其他分权部门甚至企业的整体利益,从而使企业蒙受一定的损失。为了解决这方面的问题,就必须加强企业内部控制,责任会计就是为了适应这种要求而不断发展和完善起来的一种行之有效的控制制度。

学习情景二　责任会计的主要内容

一、划分责任中心,确定权责范围

根据企业内部管理的需要,将企业所属的各部门、各单位划分为若干责任中心,明确规定其职责权限。

二、编制责任预算,确定考核标准

通过编制责任预算,将企业的总体目标层层分解,落实到每一个责任中心,作为评价其工作效果的依据。

三、提交责任报告,考核预算执行情况

对预算执行情况建立一套跟踪考核系统,定期提交责任报告,将实际数和预算数进行比较、分析,并通过信息反馈控制和调节经营活动。

四、评价经营业绩,实施奖惩制度

通过分析责任报告,评价各责任中心的经营业绩,并对责任人实施相应的奖惩。

任务二　责任中心及其考核

责任中心是指具有一定的管理权限,并承担相应的经济责任的企业内部责任单位。划分责任中心的标准是:凡是可以划分管理范围,明确经济责任,能够单独进行业绩考核的内部单位,无论其规模大小,都可以称为责任中心。

责任中心按其责任权限范围及业务活动的特点不同,可分为成本中心、利润中心和投资中心三大类。

学习情景一　成本中心及其考核

一、什么是成本中心

一个责任中心,如果不形成或者不考核其收入,而着重考核其所发生的成本和费用,这类责任中心称为成本中心。

成本中心往往是没有收入的。例如,某个生产车间的产成品或半成品并不由自己出售,没有销售职能,没有货币收入。有的成本中心可能有少量收入,但不能成为主要的考核内容。例如,生产车间可能会取得少量外协加工收入,但这不是它的主要职能,不是考核车间的主要内容。一个成本中心可以由若干个更小的成本中心组成。又如,一个分厂是成本中心,它由几个车间组成,而每个车间还可以划分为若干个工段,这些工段是更小的成本中心。任何发生成本的责任领域,都可以确定为成本中心,大的成本中心可能是一个分公司,小的成本中心可能是一台卡车和两个司机组成的单位。成本中心的职责,是用一定的成本去完成规定的具体任务。

成本中心可以分为标准成本中心和费用中心两种类型。

标准成本中心必须是所生产的产品稳定而明确,并且已经知道单位产品所需要的投入量的责任中心。通常,标准成本中心的典型代表是制造业工厂、车间、工段、班组等。在生产制造活动中,每个产品都可以有明确的原材料、人工和间接制造费用的数量标准和价格标准。实际上,任何一种重复性的活动都可以建立标准成本中心,只要这种活动能够计量产出的实际数量,并且能够说明投入与产出之间可望达到的函数关系。因此,各种行业都可能建立标准成本中心。银行业根据经手支票的多少,医院根据接受检查或放射治疗的人数,快餐业根据售出的盒饭多少,都可建立标准成本中心。

费用中心适用于那些产出物不能用财务指标来衡量，或者投入和产出之间没有密切关系的单位。这些单位包括一般行政管理部门（如会计、人事、劳资、计划等）、研究开发部门（如设备改造、新产品研制等）和某些销售部门（如广告、宣传、仓储等）。一般行政管理部门的产出难以度量，研究开发和销售活动的投入量与产出量之间没有密切的联系。对于费用中心，唯一可以准确计量的是实际费用，无法通过投入和产出的比较来评价其效果和效率，从而限制无效费用的支出，因此，有人称之为无限制的费用中心。

二、成本中心的考核指标

一般来说，标准成本中心的考核指标，是既定产品质量和数量条件下的标准成本。标准成本中心不需要作出价格决策、产量决策或产品结构决策，这些决策由上级管理部门作出，或授权给销货单位作出。标准成本中心的设备和技术决策，通常由职能管理部门作出，而不是由成本中心的管理人员自己决定。因此，标准成本中心不对生产能力的利用程度负责，而只对既定产量的投入量承担责任。如果采用全部成本法，成本中心不对闲置能量的差异负责，它们对固定成本的其他差异要承担责任。

值得强调的是，如果标准成本中心的产品没有达到规定的质量，或没有按计划生产，则会对其他单位产生不利的影响。因此，标准成本中心必须按规定的质量、时间标准和计划产量来进行生产。这个要求是"硬性"的，很少有伸缩余地。完不成上述要求，成本中心要受到批评甚至惩罚。过高的产量、提前产出造成积压以及超产以后销售不出去等，同样会给公司带来损失，也应视为未按计划进行生产。

确定费用中心的考核指标是一件困难的工作。由于缺少度量其产出的标准，并且投入和产出之间的关系不密切，运用传统的财务技术来评估这些中心的业绩非常困难。费用中心的业绩涉及预算、工作质量和服务水平。工作质量和服务水平的量化很困难，并且与费用支出关系密切。这正是费用中心与标准成本中心的主要差别。标准成本中心的产品质量和数量有良好的量化方法，如果能以低于预算水平的实际成本生产出相同的产品，则说明该中心业绩良好。费用中心则不然，一个费用中心的支出没有超过预算，可能该中心的工作质量和服务水平低于计划的要求。

通常，使用费用预算来评价费用中心的成本控制业绩。由于很难依据一个费用中心的工作质量和服务水平来确定预算数额，一个解决办法是考察同行业类似职能的支出水平。例如，有的公司根据销售收入的一定百分比来制定研究开发费用预算。尽管很难解释为什么研究开发费用与销售额具有某种因果关系，但是百分比法还是使人们能够在同行业之间进行比较。另外一个解决办法是零基预算法，即详尽分析支出的必要性及其取得的效果，确定预算标准。还有许多公司依据历史经验来编制费用预算。这种方法虽然简单，但缺点也十分明显。管理人员为在将来获得较多的预算，倾向于把能花的钱全部花掉。越是勤俭度日的管理人员，越容易面临严峻的预算压力。预算的有利差异只能说明比过去少花了钱,既不表明达到了应有的节约程度,也不说明成本控制取得了应有的效果。因此,依据历史实际费用数额来编制预算并不是个好办法。从根本上说,决定费用中心预算水平有赖于了解情况的专业人员的判断。上级主管人员应信任费用中心的经理,并与他们密切配合,通过协商确定适当的预算水平。在考核预算完成情况时,要利用有经验的专业人员对该费用中心的工作质量和服务水平作出有根据的判断,才能对费用中心的控制业绩作出客观评价。

三、责任成本

责任成本是以具体的责任单位(部门、单位或个人)为对象,以其承担的责任为范围所归集的成本,也就是特定责任中心的全部可控成本。

可控成本是指在特定时期内、特定责任中心能够直接控制其发生的成本。与其对称概念是不可控成本。

可控成本总是针对特定责任中心来说的。一项成本对某个责任中心来说是可控的,对另外的责任中心来说则是不可控的。例如,耗用材料的进货成本,采购部门可以控制,使用材料的生产单位则不能控制。有些成本对于下级单位来说是不可控的,对于上级单位来说则是可控的。例如,车间主任不能控制自己的工资(尽管它通常要计入车间成本),他的上级则可以控制。

区分可控成本和不可控成本,还要考虑成本发生的时间范围。一般来说,在消耗或支付的当期成本是可控的,一旦消耗或支付就不再可控。有些成本是以前决策的结果,如折旧费、租赁费等,在添置设备和签订租约时曾经是可控的,而使用设备或执行契约时已无法控制。

从整个公司的空间范围和很长的时间范围来观察,所有成本都是人的某种决策或行为的结果,都是可控的。但是,对于特定的人或时间来说,则有些是可控的,有些是不可控的。

可控成本与直接成本、变动成本是不同的概念。

直接成本和间接成本的划分依据是成本的可追溯性。可追溯到个别产品或部门的成本是直接成本;由几个产品或部门共同引起的成本是间接成本。对生产的基层单位来说,大多数直接材料和直接人工是可控制的,但也有部分是不可控的。例如,工长的工资可能是直接成本,但工长无法改变自己的工资,对他来说该成本是不可控的。最基层的单位无法控制大多数的间接成本,但有一部分是可控的。例如,机物料的消耗可能是间接计入产品的,但机器操作工却可以控制它。

变动成本和固定成本的划分依据是成本依产量的变动性。随产量正比例变动的成本,称为变动成本。在一定幅度内不随产量变动而基本上保持不变的成本,称为固定成本。对生产单位来说,大多数变动成本是可控的,但也有部分不可控。例如,按产量和实际成本分摊的工艺装备费是变动成本,但使用工艺装备的生产车间未必能控制其成本的多少,因为产量是上级的指令,其实际成本是制造工艺装备的辅助车间控制的。固定成本和不可控成本也不能等同,与产量无关的广告费、科研开发费、教育培训费等酌量性固定成本都是可控的。

责任成本计算、变动(边际)成本计算和制造成本计算是三种不同的成本计算方法。它们的主要区别是:第一,核算的目的不同:计算产品的完全成本是为了按会计准则确定存货成本和期间损益;计算产品的变动成本是为了经营决策;计算责任成本是为了评价成本控制业绩。第二,成本计算对象不同:变动成本计算和制造成本计算以产品为成本计算的对象;责任成本以责任中心为成本计算的对象。第三,成本的范围不同:制造成本计算的范围是全部制造成本,包括直接材料、直接人工和全部制造费用;变动成本计算的范围是变动成本,包括直接材料、直接人工和变动制造费用,有时还包括变动的管理费用;责任成本计算的范围是各责任中心的可控成本。第四,共同费用在成本对象间分摊的原则不同:制造成本计算按受益原则归集和分摊费用,谁受益谁承担,要分摊全部的间接制造费用;变动成本计算只分摊变动成本,不分摊固定成本;责任成本法按可控原则把成本归属于不同责任中心,谁能控制谁负责,不仅可控的变动间接费用要分配给责任中心,可控的固定间接费用也要分配给责任中心。责任成本法是介于制造成本法和变动成本法之间的一种成本方法,有人称之为局部吸收成本法或变动成本和吸收成本法结合的成本方法。

责任成本与标准成本、目标成本既有区别又有密切关系。标准成本和目标成本主要强调事先的成本计算,而责任成本的重点是事后的计算、评价和考核,是责任会计的重要内容之一。标准成本在制定时是分产品进行的,事后对差异进行分析时才判别责任归属。目标成本管理要求在事先规定目标时就考虑责任归属,并按责任归属收集和处理实际数据。不管使用目标成本还是标准成本作为控制依据,事后的评价与考核都要求核算责任成本。

计算责任成本的关键是判别每一项成本费用支出的责任归属。

(一)判别成本费用支出责任归属的原则

通常,可以按以下原则确定责任中心的可控成本:

(1)假如某责任中心通过自己的行动能有效地影响一项成本的数额,该中心就要对这项成本负责。

(2)假如某责任中心有权决定是否使用某种资产或劳务,它就应该对这些资产或劳务的成本负责。

(3)某管理人员虽然不直接决定某项成本,但是上级要求他参与有关事项,从而对该项成本的支出施加了重要影响,则他对该成本也要承担责任。

（二）制造费用的归属和分摊方法

将发生的直接材料和人工费用归属于不同的责任中心通常比较容易，制造费用的归属则比较困难。为此，需要仔细研究各项消耗和责任中心的因果关系，采用不同的分配方法。一般是依次按下述五个步骤来处理：

（1）直接计入责任中心。将可以直接判别责任归属的费用项目直接列入应负责的成本中心，如机物料消耗、低值易耗品的领用等，在发生时可判别耗用的成本中心，不需要采用其他标准进行分配。

（2）按责任基础分配。对不能直接归属于个别责任中心的费用，优先采用责任基础分配。有些费用虽然不能直接归属于特定成本中心，但它们的数额受成本中心的控制，能找到合理依据来分配，如动力费、维修费等。如果成本中心能自己控制使用量，可以根据其用量来分配。分配时要使用固定的内部结算价格，防止供应部门的责任向使用部门转嫁。

（3）按受益基础分配。有些费用不是专门属于某个责任中心的，也不宜采用责任基础分配，但与各中心的受益多少有关，可按受益基础分配，如按装机功率分配电费等。

（4）归入某一个特定的责任中心。有些费用既不能采用责任基础分配，也不能采用受益基础分配，则考虑有无可能将其归属于一个特定的责任中心。例如，车间的运输费用和试验检验费用，难以分配到生产班组，不如建立专门的成本中心，由其控制此项成本，不向各班组分配。

（5）不能属于任何责任中心的固定成本，不进行分摊。例如，车间厂房的折旧是以前决策的结果，短期内无法改变，可暂时不加控制，作为不可控费用。

学习情景二　利润中心及其考核

一、利润中心的概念

成本中心的决策权力是有限的。标准成本中心的管理人员可以决定投入，但产品的品种和数量往往要由其他人员来决定。费用中心为本公司提供服务或进行某一方面的管理。收入中心负责分配和销售产品，但不控制产品的生产。当某个责任中心被同时赋予生产和销售职能时，该中心的自主权就会显著地增加，管理人员能够决定生产什么、如何生产、产品质量水平、价格高低、销售办法以及生产资源如何在不同产品之间进行分配等。这种责任中心出现在大型分散式经营的组织中，小公司很难或不必采用分散式组织结构，如果大公司采用集权式管理组织结构也不会使下级具有如此广泛的决策权。这种具有几乎全部经营决策权的责任中心，可以被确定为利润中心或投资中心。

一个责任中心如果能同时控制生产和销售,既要对成本负责,又要对收入负责,但没有责任或没有权力决定该中心资产投资的水平,因而可以根据其利润的多少来评价该中心的业绩,那么,该中心称为利润中心。

利润中心有两种类型:一种是自然的利润中心,它直接向公司外部出售产品,在市场上进行购销业务。例如,某些公司采用事业部制,每个事业部均有销售、生产、采购的职能,有很大的独立性,这些事业部就是自然的利润中心。另一种是人为的利润中心,它主要在公司内部按照内部转移价格出售产品。例如,大型钢铁公司分成采矿、炼铁、炼钢、轧钢等几个部门,这些生产部门的产品主要在公司内部转移,它们只有少量对外销售,或者全部对外销售由专门的销售机构完成,这些生产部门可视为利润中心,并称为人为的利润中心。再如,公司内部的辅助部门,包括修理、供电、供水、供气等部门,可以按固定的价格向生产部门收费,它们也可以确定为人为的利润中心。

通常,利润中心被看成是一个可以用利润衡量其一定时期业绩的组织单位。但是,并不是可以计量利润的组织单位都是真正意义上的利润中心。利润中心组织的真正目的是激励下级制定有利于整个公司的决策并努力工作。仅仅规定一个组织单位的产品价格并把投入的成本归集到该单位,并不能使该组织单位具有自主权或独立性。从根本目的上看,利润中心是指管理人员有权对其供货的来源和市场的选择进行决策的单位。一般来说,利润中心要向顾客销售其大部分产品,并且可以自由地选择大多数材料、商品和服务等项目的来源。根据这一定义,尽管某些公司也采用利润指标来计算各生产部门的经营成果,但这些部门不一定就是利润中心。把不具有广泛权力的生产或销售部门定为利润中心,并用利润指标去评价它们的业绩,往往会引起内部冲突或次优化,对加强管理反而是有害的。

二、利润中心的考核指标

对利润中心进行考核的指标主要是利润。但是,也应当看到,任何一个单独的业绩衡量指标都不能够反映出某个组织单位的所有经济效果,利润指标也是如此。因此,尽管利润指标具有综合性,利润计算具有强制性和较好的规范化程度,但仍然需要一些非货币的衡量方法作为补充,包括生产率、市场地位、产品质量、职工态度、社会责任、短期目标和长期目标的平衡等。

在计量一个利润中心的利润时,需要解决两个问题:第一,选择一个利润指标,包括如何分配成本到该中心;第二,为在利润中心之间转移的产品或劳务规定价格。这里先讨论第一个问题,后一个问题将单独讨论。

利润并不是一个十分具体的概念,在这个名词前面加上不同的定语,可以得出不同的概念。在评价利润中心业绩时,至少有四种选择:边际贡献、可控边际贡献、部门边际贡献和税前部门利润。

【案例分析13-1】 某公司的某一部门的有关数据如表13-1所示。

表13-1 业绩计算表

单位：元

项　　目	成本费用	收　　益
销售收入		15 000
销售成本	8 000	
变动费用	2 000	
边际贡献		5 000
可控固定成本	800	
部门可控边际贡献		4 200
不可控固定成本	1 200	
部门营业利润		3 000

以边际贡献5 000元作为业绩评价依据不够全面。部门经理至少可以控制某些固定成本，并且在固定成本和变动成本的划分上有一定的选择余地。以边际贡献为评价依据，可能导致部门经理尽可能多地支出固定成本以减少变动成本支出，尽管这样做并不能降低总成本。因此，业绩评价时至少应包括可控制的固定成本。

以可控边际贡献4 200元作为业绩评价依据可能是最好的，它反映了部门经理在其权限和控制范围内有效使用资源的能力。部门经理可控制收入以及变动成本和部分固定成本，因而可以对可控边际贡献承担责任。这一衡量标准的主要问题是可控固定成本和不可控固定成本的区分比较困难。如折旧、保险等，如果部门经理有权处理这些有关的资产，那么，它们就是可控的；反之，则是不可控的。又如，雇员的工资水平通常是由公司集中决定的，如果部门经理有权决定本部门雇用多少职工，那么，工资成本是他的可控成本；如果部门经理既不能决定工资水平，又不能决定雇员人数，则工资成本是不可控成本。

以部门营业利润3 000元作为业绩评价依据，可能更适合评价该部门对公司利润和管理费用的贡献，而不适合于部门经理的评价。如果要决定该部门的取舍，部门营业利润是有重要意义的信息。如果要评价部门经理的业绩，由于有一部分固定成本是过去最高管理层投资决策的结果，现在的部门经理已很难改变，部门营业利润则超出经理人员的控制范围。

有的公司将总部的管理费用分配给各部门。公司总部的管理费用是部门经理无法控制的成本，由于分配公司管理费用而引起部门利润的不利变化，不能由部门经理负责。不仅如此,分配给各部门的管理费用的计算方法常常是任意的,部门本身的活动和分配到的管理费用高低并无因果关系。普遍采用的销售百分比、资产百分比等,会使其他部门分配基数的变化影响本部门分配管理费用的数额。许多公司把所有的总部管理费用分配给下属部门,意在提醒部门经理注意各部门提供的营业利润必须抵补总部的管理费用,否则,公司作为一个整体就不会盈利。其实,通过给每个部门建立一个期望能达到的可控边际贡献标准,可以更好地达到上述目的。这样,部门经理可集中精力增加收入并降低可控成本,而不必在分析那些他们不可控的分配到的管理费用上花费精力。

三、内部转移价格

分散经营的组织单位之间相互提供产品或劳务时,需要制定一个内部转移价格。转移价格对于提供产品或劳务的生产部门来说表示收入,对于使用这些产品或劳务的购买部门来说则表示成本。因此,转移价格会影响到这两个部门的获利水平,使得部门经理非常关心转移价格的制定,并经常引起争论。

制定转移价格的目的有两个:一是防止成本转移带来的部门间责任转嫁,使每个利润中心都能作为单独的组织单位进行业绩评价;二是作为一种价格引导下级部门采取明智的决策,生产部门据此确定提供产品的数量,购买部门据此确定所需要的产品数量。但是,这两个目的往往有矛盾。能够满足评价部门业绩的转移价格,可能引导部门经理采取并非对公司最理想的决策;而能够正确引导部门经理的转移价格,可能使某个部门获利水平很高而另一个部门亏损。实践中,很难找到理想的转移价格来兼顾业绩评价和制定决策,而只能根据公司的具体情况选择基本满意的解决办法。

可以考虑的转移价格有以下四种。

(一) 市场价格

在中间产品存在完全竞争市场的情况下,市场价格减去对外的销售费用,就是理想的转移价格。

产品内在经济价值计量的最好方法是把它们投入市场,在市场竞争中判断社会所承认的产品价格。由于公司为把中间产品销售出去,还需追加各种销售费用,如包装、发运、广告、结算等,因此,市场价格减去某些调整项目才是目前未销售的中间产品的价格。从机会成本的观点来看,中间产品用于内部而失去的外销收益,是它们被内部购买部门使用的应计成本。这里,失去的外销收益并非是市场价格,而需要扣除必要的销售费用,才是失去的净收益。

完全竞争市场这一假设条件,意味着公司外部存在中间产品的公平市场,生产部门被允许向外界顾客销售任意数量的产品,购买部门也可以从外界供应商那里获得任意数量的产品。由于以市场价格为基础的转移价格,通常会低于市场价格,这个折扣反映与外销有关的销售费以及交货、保修等成本，因此，可以鼓励中间产品的内部转移。如果不考虑其他更复杂的因素，购买部门的经理应当选择从内部取得产品，而不是从外部采购。

如果生产部门在采用这种转移价格的情况下不能长期获利，公司最好是停止生产此产品而到外部去采购。同样，如果购买部门以此价格进货而不能长期获利，则应停止购买并进一步加工此产品，同时，应尽量向外部市场销售这种产品。

值得注意的是，外部供应商为了能做买卖可能先报一个较低的价格，并期望日后抬高价格。因此，在确认外部价格时要采用可以长期保持的价格。另外，公司内部转移的中间产品比外购产品的质量可能更有保证，并且更容易根据公司需要加以改进。因此，在经济分析无明显差别时，一般不应该依靠外部供应商，而应该鼓励利用自己内部的供应能力。

（二）以市场为基础的协商价格

如果中间产品存在非完全竞争的外部市场，可以采用协商的办法确定转移价格，即双方的部门经理就转移中间产品的数量、质量、时间和价格进行协商，并设法取得一致意见。

成功的协商转移价格依赖于下列条件：首先，要有一个某种形式的外部市场，两个部门经理可以自由地选择接受或是拒绝某一价格。如果根本没有可能从外部取得或销售中间产品，就会使一方或双方处于垄断状态，这样谈判的结果不是协商价格而是垄断价格。在垄断的情况下，最终价格的确定受谈判人员的实力和技巧影响。其次，在谈判者之间共同分享所有的信息资源。这个条件能使协商价格接近一方的机会成本，如果双方都接近机会成本，则更为理想。最后是最高管理层的必要干预。虽然尽可能让谈判双方来解决大多数问题，以发挥分散经营的优点，但是，对于双方谈判时可能导致的公司非最优决策，最高管理层要进行干预，对于双方不能自行解决的争论，最高管理层有必要进行调解。当然，这种干预必须是有限的、得体的，不能使整个谈判变成上级领导裁决一切问题。

协商价格往往浪费时间和精力，可能会导致部门之间的矛盾，部门获利能力大小与谈判人员的谈判技巧有很大关系，是这种转移价格的缺点。尽管有上述不足之处，协商转移价格仍被广泛采用，它的好处是有一定弹性，可以照顾双方利益并得到双方认可。少量的外购或外卖是有益的，它可以保证得到合理的外部价格信息，为协商双方提供一个可供参考的基准。

（三）变动成本加固定费转移价格

这种方法要求中间产品的转移用单位变动成本来定价，与此同时，还应向购买部门收取固定费，作为长期以低价获得中间产品的一种补偿。这样做，生产部门有机会通过每期收取固定费来补偿其固定成本并获得利润;购买部门每期支付特定数额的固定费之后,对于购入的产品只需支付变动成本,通过边际成本等于边际收入的原则来选择产量水平,可以使其利润达到最优水平。

按照这种方法,供应部门收取的固定费总额为期间固定成本预算额与必要的利润之和,它按照各购买部门的正常需要量按比例分配给购买部门。此外,为单位产品确定标准的变动成本,按购买部门的实际购入量计算变动成本总额。如果总需求量超过了供应部门的生产能力,变动成本不再表示需要追加的边际成本,则这种转移价格将失去其积极作用。反之,如果最终产品的市场需求很少,购买部门需要的中间产品也变得很少,但它仍然需要支付固定费。在这种情况下,市场风险全部由购买部门承担,而供应部门仍能维持一定的利润水平,显得很不公平。实际上,供应部门和购买部门都受到最终产品市场的影响,应当共同承担市场变化引起的市场波动。

(四)全部成本转移价格

以全部成本或者以全部成本加上一定的利润作为内部转移价格,可能是最差的选择。在案例分析13-1中已说明了这一点,它既不是业绩评价的良好尺度,也不能引导部门经理作出有利于公司的明智决策。它的唯一优点是简单。

首先,它以目前各部门的成本为基础,再加上一定的百分比作为利润,在理论上缺乏说服力。以目前成本为基础,会鼓励部门经理维持比较高的成本水平,并据此取得更多的利润。越是节约成本的单位,越有可能在下一期被降低转移价格,使利润减少。成本加成百分率的确定也是个困难问题,很难说清楚它为什么会是5%、10%、20%。

其次,在连续式生产的公司中,成本随产品在部门间流转,成本不断积累,使用相同的成本加成率会使后续部门利润明显大于前续部门。如果扣除半成品成本转移,则会因各部门投入原材料出入很大而使利润分布失衡。

因此,只有在无法采用其他形式转移价格时,才考虑使用全部成本加成办法来制定转移价格。

学习情景三 投资中心及其考核

一、投资中心的概念

投资中心是指某些分散经营的单位或部门,其经理所拥有的自主权不仅包括制定价格、确定产品和生产方法等短期经营决策权,而且包括投资规模和投资类型等投资决策权。投资中心的经理不仅能控制除公司分摊管理费用外的全部成本和收入,而且能控制占用的资产,因此,不仅要衡量其利润,而且要衡量其资产并把利润与其所占用的资产联系起来。

二、投资中心的考核指标

评价投资中心业绩的指标通常有以下两种。

(一) 投资报酬率

这是最常见的考核投资中心业绩的指标。这里所说的投资报酬率是部门营业利润除以该部门所拥有的资产额。

$$部门投资报酬率 = \frac{部门营业利润}{部门平均总资产}$$

【案例分析 13-2】 某公司有 A 和 B 两个部门,有关数据如表 13-2 所示。

A 部门的投资报酬率 = 108 000 ÷ 900 000 = 12%

B 部门的投资报酬率 = 90 000 ÷ 600 000 = 15%

用部门投资报酬率来评价投资中心业绩有许多优点:它是根据现有的会计资料计算的,比较客观,可用于部门之间以及不同行业之间的比较。投资人非常关心这个指标,公司总经理也十分关心这个指标,用它来评价每个部门的业绩,可促使其提高本部门的投资报酬率,有助于提高整个公司的投资报酬率。部门投资报酬率可以分解为投资周转率和部门营业利润率两者的乘积,并可进一步分解为资产的明细项目和收支的明细项目,从而对整个部门的经营状况作出评价。

表 13-2 投资报酬计算表

单位:元

项　　目	A 部门	B 部门
部门营业利润	108 000	90 000
所得税(税率为 25%)	27 000	22 500
部门税后营业利润	81 000	67 500
平均总资产	900 000	600 000
平均经营负债	50 000	40 000
平均净经营资产(投资资本)	850 000	560 000

部门投资报酬率指标的不足也是十分明显的:部门经理会放弃高于资本成本而低于目前部门投资报酬率的机会,或者减少现有的投资报酬率较低但高于资本成本的某

些资产,使部门的业绩获得较好评价,但却伤害了公司整体的利益。

假设【案例分析13-2】的公司要求的投资税前报酬率为11%。B部门经理面临一个投资报酬率为13%的投资机会,投资额为100 000元,每年部门营业利润13 000元。尽管对整个公司来说,由于投资报酬率高于公司要求的报酬率,应当利用这个投资机会,但它使这个部门的投资报酬率由过去的15%下降到14.71%。

$$投资报酬率 = \frac{90\,000 + 13\,000}{600\,000 + 100\,000} \times 100\% = 14.71\%$$

同样道理,当情况与此相反时,假设B部门现有一项资产价值50 000元,每年税前获利6 500元,投资税前报酬率为13%,超过了公司要求的报酬率,B部门经理却愿意放弃该项资产,以提高部门的投资报酬率:

$$投资报酬率 = \frac{90\,000 - 6\,500}{600\,000 - 50\,000} \times 100\% = 15.18\%$$

当使用投资报酬率作为业绩评价标准时,部门经理可以通过加大公式分子或减少公式的分母来提高比率。实际上,减少分母更容易实现。这样做,会失去可以扩大股东财富的项目,从引导部门经理采取与公司总体利益一致的决策来看,投资报酬率并不是一个很好的指标。

(二)剩余收益

作为业绩评价指标,它的主要优点是与增加股东财富的目标一致。为了克服由于使用比率来衡量部门业绩带来的次优化问题,许多公司采用绝对数指标来实现利润与投资之间的联系,这就是剩余收益或经济增加值。

部门剩余收益 = 部门营业利润 − 部门平均总资产应计报酬
= 部门营业利润 − 部门平均总资产 × 要求的报酬率

由于所得税是根据整个企业的收益确定的,与部门的业绩评价没有直接关系,因此,这里的"部门营业利润"通常使用税前营业利润,"要求的报酬率"使用资产的税前利润率。

剩余收益的主要优点是可以使业绩评价与公司的目标协调一致,引导部门经理采纳高于公司资本成本的决策。

续【案例分析13-2】,假设A部门要求的税前报酬率为10%,B部门的风险较大,要求的税前报酬率为12%。

A部门剩余收益 = 108 000 − 900 000 × 10% = 18 000(元)

B部门剩余收益 = 90 000 − 600 000 × 12% = 18 000(元)

B部门经理如果采纳前面提到的投资机会(税前报酬率为13%,投资额为100 000元,每年税前获利13 000元),可以增加部门剩余收益:

采纳投资方案后的剩余收益 = (90 000 + 13 000) - (600 000 + 100 000) × 12%

= 19 000(元)

B部门经理如果采纳前面提到的减少一项现有资产的方案(价值50 000元,每年税前获利6 500元,投资税前报酬率为13%),会减少部门剩余收益:

采纳减资方案后的剩余收益 = (90 000 - 6 500) - (600 000 - 50 000) × 12%

= 17 500(元)

因此,B部门经理会采纳投资资方案而放弃减资方案,与公司总目标是一致的。

采用剩余收益指标还有一个好处,就是允许使用不同的风险调整资本成本。从现代财务理论来看,不同的投资有不同的风险,要求按风险程度调整其资本成本。因此,不同行业部门的资本成本不同,甚至同一部门的资产也属于不同的风险类型。例如,现金、短期应收款和长期资本投资的风险有很大区别,要求有不同的资本成本。在使用剩余收益指标时,可以对不同部门或者不同资产规定不同的资本成本百分数,使剩余收益指标更加灵活。而投资报酬率评价方法并不区别不同资产,无法分别处理风险不同的资产。

学习情景四 部门业绩的报告和考核

一、业绩报告

业绩报告的目的是将责任中心的考核指标与预算比较,以判别其业绩。业绩报告是责任会计的重要内容之一。

(一)业绩报告的目的

(1)形成一个正式的报告制度,使人们知道他们的业绩将被衡量、报告和考核,会使他们的行为与没有考核时大不一样。这就与学生对于考试课及非考试课花费的精力不同类似。当人们明确知道考核标准并肯定知道面临考核时,会尽力为达到标准而努力。

(2)业绩报告显示过去工作的状况,提供改进工作的线索,指明方向。

(3)业绩报告向各级主管部门报告下属的业绩,为他们采取措施纠正偏差和实施奖惩提供依据。

（二）业绩报告的内容

（1）业绩实际完成的资料。它回答"完成了多少"，如部门的可控成本、收入、利润、投资报酬率等。实际资料可以通过账簿系统提供，也可以在账簿系统之外搜集加工。

（2）业绩目标的资料。它回答"完成了多少"。一般都根据预算和实际业务量进行调整。

（3）两者之间的差异和原因。它回答"完成得好不好，是谁的责任"。

（三）良好的控制报告应满足的要求

（1）报告的内容应与其责任范围一致。
（2）报告的信息要适合使用人的需要。
（3）报告的时间要符合控制的要求。
（4）报告的列示要简明、清晰、实用。

二、差异调查

业绩报告将使人们注意到偏离目标的表现，但它只是指出问题的线索。只有通过调查研究，找到原因，分清责任，才能采取纠正行动，收到降低成本的实效。

发生偏差的原因很多，可以分三类：

（1）执行人的原因，包括过错、没经验、技术水平低、责任心差、不协作等；

（2）目标不合理，包括原来制定的目标过高或过低，或者情况变化使目标不再适用等；

（3）核算过程有问题，包括数据的记录、加工和汇总有错误，故意的造假等。

只有通过调查研究，才能找到具体原因，并针对原因采取纠正行动。

三、奖励与惩罚

奖励是对超额完成目标成本行为的回报，是表示赞许的一种方式。目前，奖励的方式主要是资金，也会涉及加薪和提升等。奖励的原则是：奖励的对象必须是符合公司目标、值得提倡的行为；要让职工事先知道成本达到何种水平将会得到何种奖励；避免奖励华而不实的行为和侥幸取得好成绩的人；奖励要尽可能前后一致。

惩罚是对不符合期望的行为的回报。惩罚的作用在于维持公司运转所要求的最低标准，包括产量、质量、成本、安全、出勤、接受上级领导等。如果达不到最低要求，公司将无法正常运转。达不到成本要求的惩罚手段主要是批评和扣发奖金，有时涉及降级、停止提升和免职等。惩罚的目的是避免类似的行为重复出现，包括被惩罚人的行为和公司其他人的行为。惩罚的原则是：在调查研究的基础上，尽快采取行动，拖延会减弱惩罚的效力；预先要有警告，只有重犯者和违反人尽皆知准则的人才受惩罚；惩罚要一视同仁,前后一致。

四、纠正偏差

纠正偏差是业绩报告和评价的目的。如果一个业绩评价系统不能揭示差异及其产生原因,不能揭示应由谁对差异负责从而保证采取某种纠正措施,那么,这种评价系统仅仅是一种数字游戏,白白浪费了职能人员的许多时间。

纠正偏差是各责任中心主管人员的主要职责。如果业绩评价的标准是健全的并且是适当的,评价和考核也是按这些标准进行的,则产生偏差的操作环节和责任人已经指明。具有责任心和管理才能的、称职的主管人员就能够通过调查研究找出具体原因,并有针对性地采取纠正措施。

纠正偏差的措施通常包括:第一,重新制订计划或修改目标;第二,采取组织手段重新委派任务或明确职责;第三,采取人事管理手段增加人员,选拔和培训主管人员或者撤换主管人员;第四,改进指导和领导工作,给下属以更具体的指导和实施更有效的领导。

业绩评价的财务指标具有很强的综合性,无论哪一项生产作业或管理作业出了问题,都会引起财务指标失控。因此,纠正偏差的措施必须与其他管理职能结合在一起才能发挥作用,包括计划、组织、人事及指导与领导。

纠正偏差最重要的原则是采取行动,不采取行动就不可能纠正偏差。由于管理过程的复杂性和人们认识上的局限性,纠正行动不一定会产生预期的效果,从而会出现新的偏差。这种现象不是拒绝采取行动的理由,反而表明需要不断地采取行动。这就如同在高速公路上驾车,要不断地调整方向盘,才能确保汽车顺利前进,把定方向盘不动的后果是人尽皆知的。

任务三 技能训练

【实训一】 D公司为投资中心,下设甲、乙两个利润中心,相关财务资料如下:

资料一:甲利润中心营业收入为38 000元,变动成本总额为14 000元,利润中心负责人可控的固定成本为4 000元,利润中心负责人不可控但应由该中心负担的固定成本为7 000元。

资料二:乙利润中心可控边际贡献30 000元,部门营业利润为22 000元。

资料三:D公司部门营业利润为33 000元,部门资产为200 000元,该公司资本成本率为12%。

【要求】

(1) 根据资料一计算甲利润中心的下列指标:

① 利润中心边际贡献总额;

② 利润中心可控边际贡献总额;

③ 利润中心部门营业利润。

(2) 根据资料二计算乙利润中心负责人不可控但应由该利润中心负担的固定成本。

(3) 根据资料三计算D公司的剩余收益。

【实训二】 ABC公司下设A、B两个投资中心,A投资中心的总资产为700万元,经营负债有350万元,部门投资报酬率为20%;B投资中心的部门投资报酬率为22%,剩余收益为105万元,经营负债为320万元;ABC公司对A中心要求的平均最低部门税前投资报酬率为15%,对B中心要求的平均最低部门税前投资报酬率为20%,ABC公司的税后加权资本成本为10%。ABC公司决定追加投资400万元,若投向A投资中心,每年可增加部门税前营业利润80万元;若投向B投资中心,每年可增加部门税前营业利润60万元。ABC公司适用的所得税率为25%,假设没有其他需要调整的项目。

【要求】

(1) 计算追加投资前A投资中心的剩余收益。

(2) 计算追加投资前B投资中心的总资产。

(3) 若A投资中心接受追加投资,计算其剩余收益。

(4) 若B投资中心接受追加投资,计算其部门投资报酬率。

项目十四　短期经营决策

> 【知识学习目标】　了解决策分析的定义和一般程序，与决策有关的相关成本，短期经营决策的一般方法；掌握各种短期决策方法。
> 【能力培养目标】　会进行新产品开发决策，是否接受追加特殊订货的决策，零部件是自制还是外购的决策，会成本加成定价法和市场基础定价法。
> 【教学重点】　新产品开发决策，是否接受追加特殊订货的决策，零部件是自制还是外购的决策等方法。
> 【教学难点】　是否接受追加特殊订货的决策，零部件是自制还是外购的决策。

任务一　决策分析概述

学习情景一　短期决策分析

一、决策分析的含义

管理的重心在经营，经营的重心在决策。现代企业的决策分析贯穿于生产经营活动的始终。决策分析是指企业为实现预定的目标，由各级管理人员在科学预测的基础上，结合本企业的内部条件和外部环境，对未来经营战略、方针、措施与方法的各种备选方案可能导致的结果，进行测算和对比，权衡利弊，从中选择出最优方案的过程。

在企业的经营管理活动中，决策分析程序就是提出问题和解决问题的过程。为了实现决策目标，必须按照科学的程序来进行，一般而言，决策分析的程序可以概括为以下五个方面。

（1）提出决策问题，确定决策目标。决策目标是决策的出发点和归宿。首先要弄清该项决策要解决什么问题和达到什么目的,然后有针对性地确定决策目标。若有约束目标,应充分披露其约束条件,以便监督和反馈。

(2)收集相关资料。收集相关信息是决策分析的基础工作。针对决策目标,广泛收集尽可能多的、对决策目标有影响的各种可计量因素和不可计量因素的有关资料,特别是有关预期收入和预期成本的数据,并要善于对收集的各种零散、不系统的信息进行鉴别真伪和评价优劣,还要进行加工延伸,以保证所收集的信息具有决策的有用性。

(3)提出备选方案。针对决策目标,选择适当的方法,提出技术上适当、经济上合理的若干可行性备选方案。这是整个决策分析过程的重要阶段,是科学决策的基础和保证。确定每个备选方案务必保证企业现有的人力、物力和财力资源都能得到最合理的配置和最有效的使用。

(4)选择最优方案。选择最优方案是整个决策分析过程中最关键的环节。需要对备选方案作出定性和定量的综合分析,全面权衡有关因素的影响,并在不断比较筛选的基础上,选出最优方案。

(5)组织监督实施和信息反馈。决策方案选定后,就应该将其纳入计划,具体组织实施,并对实施情况进行检查监督,将实施结果与决策目标进行对比,找出偏离目标的差异及其原因,还要根据反馈的信息,采取相应的措施,在必要时,也可对原方案的目标进行适当的修正。尽可能地符合客观实际,有利于开展下一轮的决策,使决策过程处于动态的良性循环之中。

在实务中,上述五个步骤并不一定是按照顺序一次完成的,经常需要返回到以前的步骤。例如,选择最优方案时发现信息不充分,还要收集信息;如果发现原备选方案不够,就需要修改并设计新的决策方案。

二、决策分析的相关成本

用于内部管理决策的"成本"有着广泛的含义,常常针对不同的决策问题,需要使用不同的成本概念。

相关成本是指与特定决策相联系的、能对决策产生重大影响的、在决策分析中必须加以充分考虑的成本。如果某项成本只属于某个经营决策方案,若有该方案存在,就会发生这项成本,若该方案不存在,就不会发生该项成本,那么,这项成本就是相关成本。除了前面所讲述的固定成本、变动成本外,差量成本、边际成本、机会成本、假计成本、付现成本、重置成本、可避免成本、可递延成本、专属成本和可分成本等都是相关成本。其中,差量成本是指一个备选方案预计成本与另一个备选方案预计成本之间的差异额。边际成本是指当业务量以一个最小经济单位增加或减少时所引起的成本变化量。机会成本是指决策分析过程中,从各备选方案中选取最优方案而放弃次优方案丧失的潜在收益,也称机会损失。假计成本也称估算成本,是指与某项经济活动相关联,需要进行假定推断才能确定的机会成本。付现成本也称现金支出成本,是指那些由于某项决策而引起的、需要在未来或最近期间动用现金支付的成本。重置成本是指企业从目前市场上重新获得某项现有资产所需支付的成本。可避免成本是指与决策者的决策相关联的成本,若某项方案被采纳,这项成本就会发生;若该方案不予采纳,这项成本就可避免。如果对已选定的某一方案推迟实行,还不致影响企业大局,则与这一方案有关的成本就是可递延成本。专属成本是指那些明确归属于特定决策方案的固定成本。可分成本是指在半成品或联产品生产决策中,对于已产出的半成品或已经分离的联产品在进一步加工阶段中所需追加的变动成本。

无关成本是指与特定决策方案无关联或已经发生的成本。如果无论是否存在某决策方案,都会发生某项成本,那么,就可以断定该项成本是该方案的无关成本,如沉没成本、历史成本、不可避免成本、不可递延成本、共同成本和联合成本。无关成本是在决策分析时不予考虑的成本。

应该指出的是,相关成本和无关成本的区分不是绝对的。有些成本在某一决策方案中是相关成本,在另一决策方案中却可能是无关成本。

学习情景二　短期经营决策的一般方法

经营决策分析方法,是指应用数学等工具对决策过程中可供选择的多个备选方案进行定性和定量的描述和分析,提供经济指标,辅助决策者从中选择最佳方案的方法。确定型短期经营决策中常用的一般方法有差量分析法、贡献毛益分析法和本量利分析法三种。

一、差量分析法

(一)差量分析法的定义

企业进行短期经营决策的过程,实质上就是一个通过比较各个备选方案中的预期收入和预期成本,从中选择最大收益的过程。这种在分析研究不同备选方案的预期收入与预期成本之间的差别基础上,从中选出最优方案的方法,称为差量分析法,也称差别分析法。

(二)与差量分析法有关的概念

(1)差量,是指两个互斥备选方案同类指标之间的数量差异。

(2)差量收入,是指两个互斥备选方案预期收入之间的数量差异。

（3）差量成本，是指两个互斥备选方案预期成本之间的数量差异。

（4）差量损益，是差量收入与差量成本之间的数量差异，实际上就是两个互斥备选方案预期收益之间的数量差异。当差量收入大于差量成本时，其数量差异为差量收益；当差量收入小于差量成本时，其数量差异为差量损失。

（三）差量分析法的基本原理与应用

差量分析法是以差量损益作为方案取舍的标准，其基本原理如表 14-1 所示。

表 14-1　差量分析表

A 方案	B 方案	差　　量
预期收入 预期成本 预期损益	预期收入 预期成本 预期损益	差量收入 差量成本 差量损益

当差量损益>0 时，应选择 A 方案；当差量损益<0 时，应选择 B 方案。

应该注意的是：

（1）应用差量分析法时，既可以采用分步骤计算分析的方式，也可以采用编制差量分析表的方式；

（2）差量分析法所涉及的成本为相关成本，所涉及的收入为相关收入；

（3）两个备选方案并不严格要求哪个方案是比较方案，哪个方案是被比较方案，只要计算中遵循同一处理原则，决策结果是相同的；

（4）差量分析法仅适用于两个备选方案之间的决策，如果是多方案决策，只能分别先进行两个方案的决策，逐步淘汰，确定最优方案。

差量分析法是一种基本的方法，广泛应用于企业的多种经营决策，如生产产品的品种决策，半成品、联产品、副产品是否要进一步加工的决策，亏损产品是否停产或转产的决策，零部件是自制还是外购的决策，不需用的固定资产是出租还是出售的决策，是否接受追加特殊订货的决策等。下面以半成品是否需要进一步加工的决策和生产产品的品种决策为例，说明差量分析法的应用。

【案例分析 14-1】　某公司每年生产甲半成品 10 000 件，销售单价为 60 元，单位变动成本 30 元，全年固定成本总额 200 000 元。若把甲半成品进一步加工为乙产品，则每件需追加变动成本 20 元，乙产品的销售单价为 90 元。

（1）如果该公司具备进一步加工 10 000 件甲半成品的能力，且该能力无法转移，并需追加 60 000 元的专属固定成本，请作出甲半成品是直接出售还是进一步加工为乙产品的决策。

（2）如果该公司只具备进一步加工 7 000 件甲半成品的能力，且该能力可用于对外承揽加工业务,预计一年可获得贡献毛益80 000元,请作出甲半成品是直接出售还是进一步加工为乙产品的决策。

分析如下:

半成品既是公司连续生产的中间产品,也可直接出售。一般来说,继续加工后的产品售价要比半成品售价高,但相应地也需追加一部分变动成本,还可能追加一定量的专属成本,因此,如果进一步加工后所增加的收入大于进一步加工所追加的成本,则应进一步加工,否则,应直接出售半成品,根据上述资料分析计算如下:

(1) 编制差量分析表,如表14-2所示。

表14-2 差量分析表

单位:元

项目	进一步加工	直接出售	差量
相关收入	900 000(90×10 000)	600 000(60×10 000)	300 000
相关成本	260 000		260 000
其中:变动成本	200 000(20×10 000)		
专属成本	60 000		
差量损益			40 000

可见,进一步加工方案较优,可比直接出售甲半成品多获利40 000元。

(2) 此时的相关产量为7 000件,而不是10 000件,对外加工的贡献毛益就是一种机会成本,必须加以考虑。编制差量分析表,如表14-3所示。

表14-3 差量分析表

单位:元

项目	进一步加工	直接出售	差量
相关收入	630 000(90×7 000)	420 000(60×7 000)	210 000
相关成本	280 000		280 000
其中:变动成本	140 000(20×7 000)		
机会成本	80 000		
专属成本	60 000		
差量损益			−70 000

可见,由于继续加工比直接出售少得利润70 000元,故直接出售方案较优。

【案例分析14-2】 某公司现有设备的生产能力为80 000台时,可用于生产A产品和B产品。生产A产品,每件需消耗20台时,生产B产品,每件需消耗32台时。两种产品的有关资料如表14-4所示。该厂的其他条件要求只能生产其中一种,试分析应该选择哪种产品?

表14-4 A、B两种产品的有关资料

单位：元

项目	A产品	B产品
单位售价	30	50
单位变动生产成本	15	20
单位变动销售和管理费用	1	1.2
固定制造费用总额	40 000	
固定销售和管理费用	12 000	

根据资料编制差量分析表如表14-5所示。

表14-5 差量分析表

单位：元

项目	生产A产品	生产B产品	差量
相关收入 相关成本	120 000（80 000÷20×30） 64 000[4 000×(15+1)]	125 000（80 000÷32×50） 53 000[2 500×(20+1.2)]	-5 000 11 000
差量损益			-16 000

从表14-5可知，生产B产品比生产A产品多实现利润16 000元，所以，选择生产B产品。

二、贡献毛益分析法

（一）贡献毛益分析法的定义

一般地，若不改变生产能力，固定成本总额通常稳定不变，因此，可以直接比较各备选方案贡献毛益（总额）的大小进行决策。贡献毛益分析法是指在成本习性分析的基础上，通过对比不同备选方案所能提供的贡献毛益的大小来确定最优方案的一种方法。

应该注意的是：

（1）这里所说的贡献毛益，是指各种产品所提供的贡献毛益总额，或每人工小时、机器小时所提供的贡献毛益。

（2）在不存在专属成本的情况下，可以通过比较不同备选方案贡献毛益（总额）的大小进行正确的决策；在存在专属成本的情况下，首先应计算不同备选方案的剩余贡献毛益，然后通过比较不同备选方案剩余贡献毛益（总额）的大小进行正确的决策。

（3）在企业的某项资源受到限制的情况下，应通过计算、比较不同备选方案的单位贡献毛益的大小，进行正确的决策。

（4）贡献毛益分析法是由差量分析法演变而来的，有时必须结合差量分析法综合运用。

（二）贡献毛益分析法的应用

贡献毛益法适用于收入成本型方案的择优决策，尤其适用于多个方案的择优决策，如亏损产品是否停产或转产的决策、新产品开发的决策以及是否接受追加特殊订货的决策等。下面以亏损产品是否停产或转产的决策为例，说明贡献毛益分析法的应用。

企业生产多种产品时，若一个部门的产品或生产线亏损经营，就应该考虑是否停产的问题。如果按财务会计核算（即按全部成本法计算）出现了亏损，一般认为停产亏损产品可以使企业的整体利润提高。但按成本习性分析理论，停产亏损产品一般只能减少变动成本而不会减少固定成本，因此，对亏损产品应该针对不同情况进行决策。

1. 剩余生产能力无法转移时，亏损产品是否停产的决策

所谓剩余能力无法转移，是指当亏损产品停产后，闲置下来的生产能力无法被用于其他方面，既不能转产其他产品，也不能将有关设备出租或售出。这时，只要亏损产品的贡献毛益大于零，就不应停产。因为继续生产可以提供贡献毛益的亏损产品，至少可补偿一部分固定成本。如果停产，只能减少变动成本，并不能减少固定成本，进而要由其他产品负担此部分固定成本，最终导致企业的利润总额减少。

2. 剩余生产能力可以转移，亏损产品是否停产或转产的决策

若闲置的生产能力可以转移，如转产其他产品，或将有关设备出租或出售，亏损产品是否停产必须进一步考虑机会成本因素。首先，如果亏损产品所创造的贡献毛益大于生产能力转移的机会成本，就不应停产，否则，由此多损失相当于该亏损产品所提供的贡献毛益与有关机会成本之差的利润；如果亏损产品所创造的贡献毛益小于机会成本，应考虑停产。其次，如果转产产品所创造的贡献毛益大于亏损产品所创造的贡献毛益，那么，这项转产方案就是可行的；相反，如果转产产品所创造的贡献毛益小于亏损产品所创造的贡献毛益，就不应该转产，而应继续生产亏损产品。另外，如果亏损产品停产后，将有关设备对外出租，只要其租金收入大于亏损产品所创造的贡献毛益，出租方案就可行，否则，就不可行。

【案例分析14-3】 某公司本年产销甲、乙、丙三种产品，有关资料如表14-6所示。

表14-6 甲、乙、丙三种产品相关资料表

项目	甲产品	乙产品	丙产品
产销量（件）	2 000	1 000	800
销售单价（元/件）	30	60	40
单位变动成本（元/件）	15	48	20
单位生产工时（小时/件）	4	12	5
固定成本总额（元）	30 000（按各产品生产工时比例分配）		

试作出有关亏损产品应否停产或转产的决策分析。

分析如下：

(1) 计算甲、乙、丙三种产品负担的固定成本：

甲产品生产工时＝4×2 000＝8 000(小时)

乙产品生产工时＝12×1 000＝12 000(小时)

丙产品生产工时＝5×800＝4 000(小时)

固定成本分配率＝30 000÷(8 000＋12 000＋4 000)＝1.25(元/小时)

甲产品应负担的固定成本＝1.25×8 000＝10 000(元)

乙产品应负担的固定成本＝1.25×12 000＝15 000(元)

丙产品应负担的固定成本＝1.25×4 000＝5 000(元)

(2) 编制贡献毛益和营业利润计算表，如表14-7所示。

表14-7 贡献毛益和营业利润计算表

单位：元

项　目	甲产品	乙产品	丙产品	合　计
销售收入	60 000	60 000	32 000	152 000
减：变动成本	30 000	48 000	16 000	94 000
贡献毛益	30 000	12 000	16 000	58 000
减：固定成本	10 000	15 000	5 000	30 000
营业利润	20 000	－3 000	11 000	28 000

(3) 从表14-7可以看出，乙产品全年亏损3 000元，但应用贡献毛益法分析可以看出，乙产品有贡献边际12 000元，之所以亏损，是因为它分担的固定成本15 000元大于其所创造的贡献毛益，乙产品能提供贡献毛益12 000元，故不应停产。

如果将乙产品停产，不仅不能使企业增加利润，反而会使其损失更多利润，损失额相当于该亏损产品所能提供的贡献毛益。这是因为继续生产能够提供正的贡献毛益的亏损产品至少可以为企业补偿一部分固定成本，如果停止生产，其负担的固定成本仍要发生，且要转由其他产品负担，结果反而导致整个企业减少相当于该亏损产品所能提供的贡献毛益那么多的利润，其结果如表14-8所示。

表 14-8　贡献毛益和营业利润计算表

单位：元

项　　目	甲产品	丙产品	合　计
销售收入	60 000	32 000	92 000
减：变动成本	30 000	16 000	46 000
贡献毛益	30 000	16 000	46 000
减：固定成本	20 000	10 000	30 000
营业利润	10 000	6 000	16 000

其中：

固定成本分配率 = 30 000÷(8 000+4 000) = 2.5(元／小时)

甲产品应负担的固定成本 = 2.5×8 000 = 20 000(元)

丙产品应负担的固定成本 = 2.5×4 000 = 10 000(元)

由此可见，停止乙产品生产，企业不但没有增加利润，反而使整个企业的利润降至 16 000 元，减少了 12 000 元(28 000-16 000)，正好是乙产品所创造的贡献毛益。

三、本量利分析法

本量利分析法不仅有利于预测盈亏临界点、目标利润、目标销售量(或销售额)，而且在短期经营决策分析中也有重要应用。本量利分析法在短期经营决策分析中的应用，主要是根据各个备选方案的成本、业务量、利润之间的依存关系，确定在什么情况下哪个方案最优的方法。

采用本量利分析法进行决策分析时，应注意以下三点：

(1) 各个备选方案的业务量的单位必须相同；

(2) 只考虑各个备选方案不同的单位变动成本和不同的固定成本，不需要考虑各个备选方案相同的单位变动成本和固定成本；

(3) 不同方案的相关变动成本和相关固定成本恰好互相矛盾，即第一个方案的相关固定成本大于第二个方案的相关固定成本，而第一个方案的相关变动成本小于第二个方案的相关变动成本，否则，此法不再适用。

(一) 本量利分析法的基本原理

由成本习性分析可知，任何方案的总成本都可以用 $Y=a+bX$ 表述。应用本量利分析法的关键在于确定成本临界点(也称成本平衡点)，成本临界点就是两个备选方案的预期成本相等时的业务量。当计算出成本临界点后，就可以确定在什么业务范围内哪

个方案最优。其基本原理如下:

设第一个方案的固定成本为 a_1,单位变动成本为 b_1;第二个方案的固定成本为 a_2,单位变动成本为 b_2,且满足 $a_1>a_2$,$b_1<b_2$,则两个方案总成本相等时,有:

$$a_1 + b_1X = a_2 + b_2X$$

$$成本临界点业务量 X_0 = \frac{(a_1 - a_2)}{(b_2 - b_1)}$$

成本临界点的业务量如图 14-1 所示。

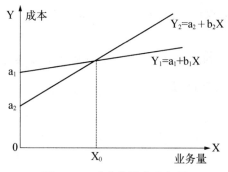

图 14-1 成本临界点业务量

(1)当业务量 $X>X_0$ 时,第一个方案的成本 $Y_1<$ 第二个方案的成本 Y_2,故第一个方案优;

(2)当业务量 $X<X_0$ 时,第一个方案的成本 $Y_1>$ 第二个方案的成本 Y_2,故第二个方案优;

(3)当业务量 $X=X_0$ 时,第一个方案的成本 $Y_1=$ 第二个方案的成本 Y_2,故两个方案效益相同。

(二)本量利分析法的应用

前面所讲的差量分析法和贡献毛益分析法都适用于收入型方案的决策,在许多不涉及收入只涉及成本的决策(即成本型的经营决策)中,可以应用本量利分析法,如零部件是自制还是外购的决策、设备租赁方式的决策、采用不同工艺进行加工的决策等。下面以设备租赁方式的决策为例,说明本量利分析法的应用。

【案例分析 14-4】 某公司打算租入一台专用设备,现有两个出租人可提供该种设备。出租人甲收取租金的条件是:年固定租金 10 000 元,再加承租人销售收入 2%的变动租金;出租人乙收取租金的条件是:年固定租金 2 000 元,再加承租人销售收入 6%的变动租金。

试作出该公司选择出租人的决策。

设支付给出租人甲的总租金为 Y_1，支付给出租人乙的总租金为 Y_2，销售收入为 X，则：

$Y_1 = a_1 + b_1 X = 10\ 000 + 2\% X$

$Y_2 = a_2 + b_2 X = 2\ 000 + 6\% X$

则成本临界点的销售收入为：

$X_0 = (10\ 000 - 2\ 000) \div (6\% - 2\%) = 200\ 000(元)$

（1）当业务量 X>200 000 元时，第一个方案的成本 Y_1<第二个方案的成本 Y_2，应从出租人甲租入设备；

（2）当业务量 X<200 000 元时，第一个方案的成本 Y_1>第二个方案的成本 Y_2，应从出租人乙租入设备；

（3）当业务量 X=200 000 元时，第一个方案的成本 Y_1=第二个方案的成本 Y_2，两个方案的效益相同，无论选择谁均可。

任务二　生产决策

企业生产决策需要解决的问题多种多样,通常情况下,需要重点解决以下三方面的问题:

(1) 生产或不生产什么产品;

(2) 生产多少产品;

(3) 如何组织和安排生产。

生产决策常用的方法包括差量分析法、贡献毛益分析法和本量利分析法等。本次任务主要介绍新产品开发的决策、是否接受追加特殊订货的决策和零部件是自制还是外购的决策。

学习情景一　新产品开发决策

为了维持和扩大市场占有率,企业就必须不断地开发新产品。开发新产品不仅包括开发新产品品种的决策,开发新产品与减少老产品的决策以及新产品试制方案的决策,而且包括由于开发新产品可能涉及的固定资产投资决策。以下主要介绍利用现有剩余生产能力开发有市场前景的新产品的多种方案决策。

【案例分析14-5】　某公司原来生产 A 产品,原设计生产能力为 120 000 机器工时,但实际开工率只有原生产能力的70%,现准备将剩余生产能力用来开发新产品甲或新产品乙。老产品 A 及新产品甲、乙的有关资料如表14-9所示。

表14-9　A 产品、产品甲、产品乙相关资料表

项　　目	A 产品(实际数)	新产品甲(预计数)	新产品乙(预计数)
每件定额工时(机器工时)	90	60	50
单位售价(元)	85	70	60
单位变动成本(元)	75	60	51
固定成本总额(元)	30 000		

(1) 根据以上资料作出开发哪种新产品较为有利的决策分析。

(2) 如果生产新产品甲需追加专属固定成本1 000元,生产新产品乙需追加专属固

定成本1 600元,则决策分析的结论又如何?

分析如下:

(1) 由于该公司是在生产能力有剩余的情况下开发新产品,原固定成本为无关成本,而且不需要追加专属成本。因此,可采用贡献毛益分析法,以新产品提供的贡献毛益总额的大小作为决策的依据。

根据资料,可知剩余生产能力 = 120 000×(1-70%) = 36 000(机器工时)

编制贡献毛益计算分析表,如表14-10所示。

表14-10 贡献毛益计算分析表

项　　目	新产品甲	新产品乙
每件定额工时(机器工时)	60	50
最大产量(件)	600(36 000÷60)	720(36 000÷50)
单位售价(元)	70	60
单位变动成本(元)	60	51
单位贡献毛益(元)	10	9
剩余生产能力提供的贡献毛益(元)	6 000(10×600)	6 480(9×720)

从以上计算结果来看,尽管单位新产品甲所提供的贡献毛益多于单位新产品乙所提供的贡献毛益,但开发新产品乙比开发新产品甲能提供更多的贡献毛益总额。应该选择开发新产品乙较为有利。

(2) 由于此时专属成本是相关成本,决策分析过程中必须加以考虑,但只需在表14-10的最后一行加以延伸,如表14-11所示。

表14-11 贡献毛益计算分析表

项　　目	新产品甲	新产品乙
每件定额工时(机器工时)	60	50
最大产量(件)	600(36 000÷60)	720(36 000÷50)
单位售价(元)	70	60
单位变动成本(元)	60	51
单位贡献毛益(元)	10	9
剩余生产能力提供的贡献毛益(元)	6 000(10×600)	6 480(9×720)
减:专属成本(元)	1 000	1 600
剩余贡献毛益(元)	5 000	4 880

从以上计算结果来看,在考虑专属固定成本以后,开发生产新产品甲比开发新产品乙能提供更多的剩余贡献毛益(总额),因此,选择开发新产品甲较为有利。

学习情景二　是否接受追加特殊订货的决策

当企业有剩余生产能力可以利用时,是否接受特殊价格的追加订货,是指当客户要求以低于正常价格,甚至以低于正常产量的平均单位成本的特殊价格追加订货。应该针对不同情况进行决策。

(1)当企业完全可以利用其剩余生产能力完成追加特殊订货的生产,且剩余能力无法转移时,如果不需要追加专属成本,只要特殊订货单价大于该产品的单位变动成本,就可以接受追加订货;如果需要追加专属成本,只要该方案创造的贡献毛益大于专属成本,就可以接受追加订货。

(2)若有关的剩余生产能力可以转移,又不需追加专属成本,则应将转移能力的可能收益作为追加订货方案的机会成本考虑,只要追加订货创造的贡献毛益大于机会成本,就可以接受追加订货。

(3)若有关的剩余生产能力不够生产全部的追加订货,从而减少正常订货销售收入,又不需要追加专属成本,则应将由此而减少的正常订货销售收入作为追加订货方案的机会成本,只要追加订货的贡献毛益大于机会成本,就可以接受追加订货。

【案例分析 14-6】 某公司甲产品的年生产能力为 20 000 件,目前的正常订货量为 16 000 件,销售单价 30 元,单位产品成本为 24 元,其组成如下:

直接材料	10 元
直接人工	5 元
变动制造费用	3 元
固定制造费用	6 元
单位产品成本	24 元

现有某客户向该公司追加订货,且客户只愿出价每件 22 元。

就以下各不相关方案作出是否接受该项订货的决策分析。

(1)订货 4 000 件,剩余能力无法转移,且追加订货不需追加专属成本。

(2)订货 4 000 件,剩余能力无法转移,但追加订货需要 1 台专用设备,全年需支付专属成本 10 000 元。

(3)订货 4 500 件,剩余能力无法转移,也不需要追加专属成本。

(4)订货 4 500 件,剩余能力可以对外出租,可获年租金 5 000 元,追加订货需追加专属成本 10 000 元。

根据上述资料计算分析如下:

(1) 因为特殊订价 22 元大于单位变动成本 18 元(10+5+3),所以,可以接受追加订货,并由此可多获利润:(22-18)×4 000=16 000 元。

(2) 编制差量分析表,如表 14-12 所示。

表 14-12　差量分析表

单位:元

方　案	接受追加订货
相关收入 相关成本 其中:变动成本 　　　专属成本	88 000(22×4 000) 82 000 72 000(18×4 000) 10 000
利　润	6 000

可见,接受追加订货可使公司多获利润 6 000 元,因此,应该接受追加订货。

(3) 因为企业剩余生产能力为 4 000 件,故追加订货 4 500 件中只能有 4 000 件可利用剩余生产能力,其余 500 件要减少正常订货量,但这 500 件不论是否接受追加订货均要安排生产,对于变动成本而言,属于无关产量,因而只有 4 000 件属于相关产量。此外,要将减少正常订货 500 件的正常收入作为追加订货的机会成本。此项追加订货决策也可用差量分析法分析,如表 14-13 所示。

表 14-13　差量分析表

单位:元

方　案	接受追加订货
相关收入 相关成本 其中:变动成本 　　　机会成本	99 000(22×4 500) 76 000 72 000(18×4 000) 4 000[(30-22)×500]
利　润	23 000

可见,接受追加订货可使公司多获利润 23 000 元,因此,应该接受追加订货。

(4) 在此种情况下,要将减少正常订货 500 件的正常收入和租金收入均作为追加订货的机会成本编制差量分析表,如表 14-14 所示。

表 14-14 差量分析表

单位：元

方　　案	接受追加订货
相关收入	99 000(22×4 500)
相关成本	91 000
其中：变动成本	72 000(18×4 000)
专属成本	10 000
机会成本	4 000[(30-22)×500]
机会成本	5 000
利　　润	8 000

可见，接受追加订货可使公司多获利润8 000元，因此，应该接受追加订货。

学习情景三　零部件是自制还是外购的决策

企业生产所需的有关零部件，既可利用本企业的设备加工生产，也可以从市场购进。当企业生产能力没有剩余时，可将原自制零部件改为外购，或增加设备自制；当企业生产能力有剩余时，为充分利用生产能力，可将原外购零部件改为自制，或将剩余设备出租；有时需用量确定，有时需用量不确定等。究竟是外购还是自制，需要考虑零部件的耗用数量、自制或外购的差别成本以及有关的机会成本等因素。

一、需用量确定时自制或外购的决策

（1）自制方案不需增加固定成本，剩余生产能力不能转移。由于自制零部件成本中包括一部分分摊的固定性生产费用，无论是自制还是外购都会发生，所以，该部分固定性制造费用属于无关成本，决策时不予考虑，只有自制的变动成本和外购成本才是相关成本。如果自制方案的变动成本大于外购成本，选择外购；否则，应选择自制。

（2）不自制，剩余生产能力可以转移。如果零部件不自制，剩余生产能力可以转移，如将剩余设备出租或用它加工其他产品或零件。在这种情况下，剩余生产能力转移所得到的收益将是自制方案的机会成本。如果自制方案的变动成本与机会成本之和大于外购成本，选择外购；否则，应选择自制。

（3）自制方案需要增加专属固定成本。因为现有生产能力没有剩余，若自制，需要增加专属固定成本。如果自制方案的变动成本与专属固定成本之和大于外购成本，选择外购；否则，应选择自制。

【**案例分析 14-7**】　某公司每年需用 F 零件 12 500 个，如向市场购买，每个零件的

进货价格(包括运杂费)为58元,若该企业辅助车间有剩余能力制造这种零件,预计每个零件的成本资料如下:

直接材料　　　　36元

直接人工　　　　13元

变动制造费用　　7元

固定制造费用　　10元

单位零件成本　　66元

就以下各不相关情况作出F零件是自制还是外购的决策分析。

(1) 公司具备生产12 500个F零件的剩余能力,且剩余能力无法转移,也即当辅助车间不制造该零件时,闲置下来的生产能力无法被用于其他方面。

(2) 公司具备生产12 500个F零件的能力,但剩余能力也可以转移用于加工H零件,可节约H零件的外购成本30 000元。

(3) 公司目前只具备生产F零件10 000个的能力,且无法转移。若自制12 500个F零件,则需租入设备1台,月租金2 000元,这样使F零件的生产能力达到15 000个。

(4) 公司目前只具备生产F零件10 000个的能力,且无法转移,但该厂可同时采取自制和外购两种方式,即可自制一部分,同时再外购一部分。

根据上述资料分析如下:

(1) 由于有剩余能力可以利用,且无法转移,F零件自制成本内的固定制造费用属于无关成本,不予考虑。据此可计算如下:

自制单位变动成本=36+13+7=56(元)

自制相关成本=56×12 500=700 000(元)

外购相关成本=58×12 500=725 000(元)

差量成本=700 000-725 000=-25 000(元)

由此可见,采用自制方案可比外购方案节约25 000元的成本开支,F零件应采用自制方案。

(2) 若安排自制,则会放弃加工H零件带来的成本节约30 000元,这种由于放弃相对节约额的好处,应作为自制方案负担的机会成本。有关计算如表14-15所示。

表14-15　差量分析表

单位:元

项　目	自　制	外　购	差量成本
变动成本	700 000	725 000	-25 000
机会成本	30 000		30 000
相关成本合计	730 000	725 000	5 000

从表 14-15 中可知,此种情况应安排外购,因为这样可节约成本 5 000 元,并用剩余能力加工 H 零件。

(3) 有关计算分析如表 14-16 所示。

表 14-16 差量分析表

单位:元

项 目	自 制	外 购	差量成本
变动成本 专属成本	700 000 24 000(2 000×12)	725 000	-25 000 24 000
相关成本合计	724 000	725 000	-1 000

由表 14-16 可见,自制成本低于外购成本 1 000 元,应该自制 F 零件。

(4) 此种情况下,应先按现有能力自制 10 000 个,其成本低于外购成本;超过 10 000 个的部分,如果自制,则其比外购节约的成本应能补偿增加的专属成本,否则,就应外购。补偿专属成本应生产的数量为 12 000 个(专属成本 24 000 元,每个自制比外购节约 2 元)。即 F 零件需要量超过 10 000 个时,超过的部分如果大于 12 000 个,则以自制为宜;超过的部分如果小于 12 000 个,则以外购为宜,而此种情况下,租入的设备最多能增产 F 零件 5 000 个(15 000-10 000)。故此情况下,应自制 10 000 个 F 零件,其余 2 500 个则应外购。各方案相关成本计算如表 14-17 所示。

表 14-17 差量分析表

单位:元

项 目	自 制	外 购	部分自制部分外购
变动成本 专属成本	700 000 24 000(2 000×12)	725 000	705 000(56×10 000+58×2 500)
相关成本合计	724 000	725 000	705 000

可见,自制 10 000 个、外购 2 500 个的总成本既低于全部自制,又低于全部外购。

二、需用量不确定时自制或外购的决策

当零部件的需用量不确定时,也可以采用本量利分析法进行决策分析,先计算出能保证补偿追加固定成本所需要的产量,也称为成本临界点或成本分界点:

$$\text{补偿追加固定成本所需产量} = \frac{\text{每年需增加的专属固定成本}}{\text{外购单价} - \text{自制的单位变动成本}}$$

【案例分析 14-8】 设某大型企业需某种零件。该零件既可自制,又可外购。如果自制,该零件的单位变动成本为 20 元,每年还需追加专属固定成本 12 000 元,如外购,

单位购价为30元,试作出在年需求量为多大时外购该零件以及在年需求量为多大时自制该零件的决策。

从上述资料可以看出,该产品自制将发生专属固定成本12 000元,单位变动成本为20元,则:

成本临界点业务量 $X_0 = \dfrac{12\,000}{30-20} = 1\,200(件)$

可见,当零件的年需要量小于1 200件时,外购成本低于自制成本,应选择外购方案。当年需求量为1 200件时,两方案均可;当年需求量大于1 200件时,外购成本比自制成本高,应选择自制。

任务三　定价决策

所谓定价决策,就是怎样为产品选择一个适当的价格,使得企业的经济效益最佳。一般而言,一方面,在既定的销售量下,销售单价越高,销售收入就越高,销售利润水平就越高;另一方面,产品售价的高低,直接影响销售量的高低,从而决定生产量的高低。在实务中,企业定价一般都应考虑产品成本、市场需求、产品生命周期、价格政策法规等影响产品定价的因素。

企业的定价方法具体包括成本加成定价法、市场基础定价法、新产品定价方法、追加特殊订货定价方法、保本定价法、保利定价法、极限定价法、心理定价法和折扣定价方法等。这里主要介绍成本加成定价法和市场基础定价法。

学习情景一　成本加成定价法

一、成本加成定价法的计算

(一) 成本加成定价法的理论基础

成本加成定价法的理论基础是产品的价格必须首先补偿成本,然后再考虑为投资者提供合理的利润。

(二) 计算方法

成本加成定价法是在单位产品成本的基础上按预定的加成率计算相应的加成额,进而确定产品的目标售价。

(三) 基本公式

成本加成定价法的计算公式是:

$$价格 = 单位产品成本 + 加成额 = 单位产品成本 + 单位产品成本 \times 加成率$$

按照计算产品价格所依据的产品成本不同,成本加成定价法进一步分为全部成本加成定价法和变动成本加成定价法两种。

1. 全部成本加成定价法

$$价格 = 单位产品总成本 + 单位产品总成本 \times 加成率$$

$$以总成本为基础的加成率 = \frac{目标利润}{成本总额} \times 100\%$$

$$价格 = 单位产品制造成本 + 单位产品制造成本 \times 加成率$$

$$以制造成本为基础的加成率 = \frac{目标利润 + 非制造成本}{制造成本总额} \times 100\%$$

2. 变动成本加成定价法

$$价格 = 单位产品总变动成本 + 单位产品总变动成本 \times 加成率$$

$$以总变动成本为基础的加成率 = \frac{目标利润 + 固定成本总额}{变动成本总额} \times 100\%$$

$$价格 = 单位产品变动制造成本 + 单位产品变动制造成本 \times 加成率$$

$$以总变动成本为基础的加成率 = \frac{目标利润 + 固定制造费用 + 非制造费用}{变动制造成本总额} \times 100\%$$

二、成本加成定价法的优缺点

企业采用全部成本加成定价法时的优点是：(1) 计算方法简便易行，资料容易取得；(2) 根据全部成本加成定价，能够保证企业所耗费的全部成本得到补偿，并在正常情况下能获得一定的利润；(3) 有利于保持价格的稳定。当消费者需求量增大时，按此方法定价，产品价格不会提高，而固定的加成也使企业获得较稳定的利润；(4) 同一行业的各企业如果都采用全部成本加成定价，只要加成比例接近，所制定的价格也将接近，可以减少或避免价格竞争。

但是，全部成本加成定价法是典型的生产者导向定价法。现代市场需求瞬息万变，竞争激烈，产品花色品种日益增多。只有那些以消费者为中心，不断满足消费者需求的产品，才有可能在市场上站住脚。因此，全部成本加成定价法在市场经济中也有其明显的不足之处。(1) 全部成本加成定价法忽视了产品需求弹性的变化。不同的产品在同一时期，同一产品在不同的时期（产品生命周期不同阶段），同一产品在不同的市场，其需求弹性都不相同。因此，产品价格在全部成本的基础上，加上一个固定的加成比例，不能适应迅速变化的市场要求，缺乏应有的竞争能力。(2) 以全部成本作为定价基础缺乏灵活性，在有些情况下容易作出错误的决策。(3) 不利于企业降低产品成本。为了克服完全成本加成定价法的不足之处，企业可按产品需求价格弹性的大小来确定成本加成比例。由于成本加成比例确定得恰当与否，价格确定得恰当与否，依赖于需求价格弹性估计的准确程度。这就迫使企业必须密切注视市场,只有通过对市场进行大量的调查和详细分析,才能估计出较准确的需求价格弹性来,从而制定出正确的产品价格,增强企业在市场中的竞争能力,增加企业的利润。

学习情景二　市场基础定价法

最优价格的确定有公式法和列表法两种方法。

一、公式法

【案例分析 14-9】 假定已知某企业甲产品的售价与销售量有以下关系：P=400-20X,总成本方程为：TC=500+20X^2。

计算最优价格和最优销售量。

解：由于总收入方程为：TL=PX=(400-20X)X=400X-20X^2

总成本方程为：TC=500+20X^2

则：边际收入 $ML=\dfrac{dTL}{dX}=400-40x$

边际成本 $MC=\dfrac{dTC}{dX}=40x$

当边际收入等于边际成本时,企业的总利润达到最大,即

400-40X=40X,解得 X=5

则 P=400-20X=400-20×5=300(元)

显然,当企业按每单位 300 元的价格销售 5 个单位产品时,可实现最大利润为：

(400X-20X^2)-(500+20X^2)=(400×5-20×5^2)-(500+20×5^2)=500(元)

二、列表法

根据【案例分析 14-9】的方程列表计算边际收入和边际成本,如表 14-18 所示。

从表 14-18 可知,当销售量的变动以一个单位递增时,最大利润 500 元所对应的最优销售量为 5 个单位,最优售价为 300 元,此时,边际利润为不小于零的最小值。在离散条件下,当边际收入等于边际成本(即边际利润等于零)时,可直接找到最优售价；当无法找到边际利润等于零时,边际利润为不小于零的最小值时的售价,就是最优售价。

表 14-18 边际利润计算表

单位：元

销售单价 (P)	销售量 (X)	销售收入 (TL)	边际收入 (ML)	总成本 (TC)	边际成本 (MC)	边际利润 (MP)	总利润
380	1	380	—	520	—	—	-140
360	2	720	340	580	60	280	140
340	3	1 020	300	680	100	200	340
320	4	1 280	260	820	140	120	460
300	5	1 500	220	1 000	180	40	500
280	6	1 680	180	1 220	220	-40	460
260	7	1 820	140	1 480	260	-120	340
240	8	1 920	100	1 780	300	-200	140
220	9	1 980	60	2 120	340	-280	-140
200	10	2 000	20	2 500	380	-360	-500
180	11	1 980	-20	2 950	420	-440	-940

任务四 技能训练

【实训一】 某公司现有生产能力 50 000 小时,目前的生产能力利用程度为 95%,剩余生产能力既可用来开发新产品 A,每件定额工时 4 小时,又可用来开发新产品 B,每件定额工时 5 小时,预计有关销售价格和成本资料如表 14-19 所示。

表 14-19 销售价格及成本资料

单位:元

产品 项 目	A 产品	B 产品
单位售价	40	48
单位变动成本	22	28
单位贡献毛益	18	20

【要求】

(1) 根据以上资料作出该公司利用剩余生产能力开发哪种新产品较为有利的决策。

(2) 如果生产新产品 A 需追加专属固定成本 3 400 元,生产新产品 B 需追加专属固定成本 2 000 元,又如何决策?

【实训二】 某公司原来专门制造甲产品,年设计生产能力为 11 000 件,目前,每年有 40% 的剩余生产能力未被利用,销售单价为 70 元,其实际平均单位成本的资料如下:

直接材料　　　　22 元
直接人工　　　　15 元
变动制造费用　　5 元
固定制造费用　　10 元
单位产品成本　　52 元

现有某客户要求该公司为他们制造甲产品 2 500 件,并在产品款式上有些特殊要求,需另购专用设备 1 台,预计全年需要支付专属成本 5 000 元。但客户只愿出价 45 元。

【要求】 试为该公司作出是否接受该订货的决策分析。

【实训三】 某公司打算租入一台机器,现在两个出租人可提供同样机器,出租人甲收取租金的条件是:年固定租金 20 000 元,再加承租人销售收入 2% 的变动租金;出租人乙收取租金的条件是:年固定租金 8 000 元,再加上承租人销售收入 5% 的变动租金。

【要求】 作出该公司选择出租人的决策。

【实训四】 某公司的设计生产能力为 20 000 机器小时,但实际开工率只有原生产能力的 80%,现准备将剩余生产能力用来开发新产品甲或新产品乙,新产品甲或新产品乙的有关预测资料如表 14-20 所示。

表 14-20 定额消耗表

项　　目	新产品甲	新产品乙
每件定额机器小时	8	5
销售单价(元)	60	40
单位变动成本(元)	36	23

【要求】

(1) 根据以上资料作出开发哪种新产品较为有利的决策分析。

(2) 如果生产新产品甲需追加专属固定成本 1 000 元,生产新产品乙需追加固定成本 3 600 元,则决策分析的结论又如何?

【实训五】 某公司生产甲产品,每年需 A 零件 4 000 件,过去 A 零件一直是外购,每件 A 零件的外购单价为 24 元。现该公司尚有部分剩余生产能力可以生产 A 零件,据会计部门预测,每件 A 零件的直接材料、直接人工和变动制造费用为 18 元,但每年需增加专属固定成本 18 000 元。

【要求】 试作出该公司对 A 零件是自制还是外购的决策。

参考文献

[1] 江希和,向有才.成本会计教程(第五版)[M].北京:高等教育出版社,2014年.

[2] 马卫寰.成本会计实务[M].北京:北京交通大学出版社,2014年.

[3] 周国安.成本会计实务(第三版)[M].北京:高等教育出版社,2015年.

[4] 财政部会计资格评价中心.初级会计实务[M].北京:中国财政经济出版社,2016年.

[5] 贾成海.管理会计(第3版)[M].北京:电子工业出版社,2013年.

[6] 胡冬鸣.管理会计(第4版)[M].北京:中国财政经济出版社,2016年.

[7] 中国注册会计师协会.财务成本管理[M].北京:中国财政经济出版社,2016年.

图书在版编目(CIP)数据

成本管理会计/张小红主编. —上海:复旦大学出版社,2017.8 (2020.7 重印)
ISBN 978-7-309-13071-3

Ⅰ.成… Ⅱ.张… Ⅲ.成本会计-高等职业教育-教材 Ⅳ.F234.2

中国版本图书馆 CIP 数据核字(2017)第 157512 号

成本管理会计
张小红　主编
责任编辑/鲍雯妍

复旦大学出版社有限公司出版发行
上海市国权路 579 号　邮编:200433
网址:fupnet@fudanpress.com　http://www.fudanpress.com
门市零售:86-21-65102580　团体订购:86-21-65104505
外埠邮购:86-21-65642846　出版部电话:86-21-65642845
上海华业装潢印刷厂有限公司

开本 787×1092　1/16　印张 21.75　字数 391 千
2020 年 7 月第 1 版第 2 次印刷

ISBN 978-7-309-13071-3/F·2384
定价:42.00 元

如有印装质量问题,请向复旦大学出版社有限公司出版部调换。
版权所有　侵权必究